总　序

　　粮食事关人民健康、经济发展、社会稳定，粮食安全直接影响人民生命安全、经济安全乃至国家安全。粮食安全影响中国，也影响世界；影响当前，也影响未来。

　　新中国成立 75 年来创造了中华民族农业史上的四个里程碑：彻底摆脱了持续数千年的饥饿困扰，彻底结束了持续 2 000 多年交"皇粮"（农业税）的历史，基本结束了持续数千年"二牛抬杠"依靠畜力耕地的历史，彻底消除了现行标准下的绝对贫困。2021 年，我国人均粮食占有量已经达到 483 千克，超越了联合国粮食及农业组织规定的人均 400 千克粮食占有量的温饱线（吃饱线），但距发达国家人均消费粮食 800 千克左右的"吃好线"还差 317 千克。可见，"吃饱没问题，吃好要进口"是中国粮食安全的基本国情，粮食安全问题将长期存在，我国必须走出一条具有中国特色的农业发展、粮食安全的发展道路，牢牢地把饭碗端在自己手中。

　　未来，粮食安全问题将更为突出，粮食安全鸿沟将长期存在，粮食安全将长期困扰人类生存与发展。当前，世界上 78.9 亿人中仍有 8.28 亿人没有吃饱，未来还将出生的 25 亿人吃什么？世界粮食安全期待第三次绿色革命，期待填平粮食安全鸿沟，期待人类粮食命运共同体的诞生！

　　在国际环境日益复杂多变的形势下，推动粮食产业高质量发展、稳住"三农"基本盘是应对国内外各种风险挑战、保障国家经济安全的战略要求。确保国家粮食安全，既需要足够的粮食产量和合理库存作为前提，又离不开相应的加工流通能力和产业链掌控能力。在复杂的地缘政治环境和不确定的贸易政策形势下，我国 1 亿多吨的粮食进口面临着国际粮源与供应链中断风险；在农业资源约束趋紧、粮食供需错配的背景下，6亿多吨的消费量、3亿多吨的存储量、2.4亿吨的跨省物流量，给国内粮食生产、收储、加工、流通带来了巨大压力和挑战。我国既可能面临国际市场风险加剧、国际供应链中断所带来的防御型安全威胁，又可能面临"谷贱伤农""米贵伤民"在粮食生产、流通领域的管理型安全威胁，必须统筹好粮食生产、储备、流通、贸易，大力发展粮食产业经济、健全粮食产业体系。

第七次全国人口普查数据表明，我国人口总量将在2025—2030年达到峰值14.5亿人，以人口老龄化为核心的人口结构性矛盾日益突出。为应对人口峰值和老龄化所形成的粮食安全保障与消费新需求，必须谋划粮食安全保障新战略和粮食产业发展新方式。同时，随着居民收入增长与消费升级，口粮直接消费（面粉、大米）逐步减少并趋于稳定，肉蛋奶的消费总体仍呈上升趋势，未来我国粮食消费结构中，除了主粮、饲料粮、蛋白饲料、能量饲料等需求将呈持续增长趋势。2021年我国人均国内生产总值（GDP）已达到12 551美元，但距高收入国家标准还有不小的差距。经验表明，进入高收入国家，食物消费结构将发生较大变化。目前，我国粮食需求仍然处于上升通道，保障粮食供应的任务十分艰巨，但同时也为粮食产业链的转型升级、高质量发展提供了战略性机遇。

产业强、粮食安，习近平总书记多次对粮食问题作出重要指示，强调抓好"粮头食尾""农头工尾"，抓住粮食这个核心竞争力，延伸粮食产业链、提升价值链、打造供应链，深入推进优质粮食工程，做好粮食市场和流通的文章，为保障国家粮食安全、加快粮食产业高质量发展指明了正确方向，提供了根本遵循。

为深入贯彻习近平总书记关于保障粮食安全的重要论述，全面系统研究中国粮食经济与安全领域的关键性理论问题，更好地支撑粮食经济与安全发展，中国农业出版社组织编写了"中国粮食经济与安全丛书"。该丛书围绕"立足新发展阶段、贯彻新发展理念、构建新发展格局、推进高质量发展"，在粮食产业高质量发展评价体系设计与应用的基础上，从流通、贸易、金融化、储备、基础设施、经济史等方面按照"高质量发展及支持政策的问题识别→解决短板、实现高质量发展的路径设计与机制识别→保障高质量发展的推进策略"的思路，进行流通、贸易、金融、储备、基础设施等关键环节的政策效果评估和路径优化研究，有利于构建链条优化、衔接顺畅、运转高效、保障有力的粮食产业体系，进而实现我国粮食安全保障战略和粮食产业高质量发展。该丛书共 7 册，分别为《粮食安全视角下中国粮食储备管理制度与风险防范研究》《"双循环"下中国粮食流通体制改革与创新研究》《地缘政治风险影响中国粮食价格的传导机制与实证研究》《中国跨国粮食供应链构建的现实逻辑与路径优化》《中国粮食生产高质量发展研究》《粮食安全战略下农业基础设施建设对粮食增产效应的研究》《中国粮食经济史》，是国内首套中国粮食经济与安全的系统性著作。

　　该丛书的顺利出版，对于构建具有中国特色的粮食安全与产业高质量发展理论体系、深化对以粮食为客体的若干重大关系的认识、破解粮食产业高质量发展政策目标错位的难题、指导粮食产业高质量发展评价等都具有重要意义。该丛书既可为我国粮食战线广大干部职工和科技人员学习研究提供参考，又可为政府部门制定与完善我国粮食安全战略和推动粮食产业高质量发展政策措施提供借鉴。

　　手中有粮，心中不慌。我国粮食安全问题是一个需要持续关注的兼具理论性和现实性的战略问题。该丛书对于相关问题的研究不免挂一漏万，希望更多的专家学者关注、研究中国粮食安全问题，为"中国人的饭碗任何时候都要牢牢端在自己手中，我们的饭碗应该主要装中国粮"作出新贡献。

清华大学国际生物经济中心主任

前　言

　　粮食安全是国之大者，粮价稳百价稳，粮食安天下安。粮食安全是关系国民经济发展、社会稳定和国家自主的全局性重大战略问题。随着 2001 年我国成功加入世界贸易组织（WTO），我国快速融入世界经济发展中，经济保持了持续稳定增长，产业结构不断优化，经济质量不断提高，经济总量稳居世界第二。在此期间，世界经济政治格局不断动荡，逆全球化思潮持续发酵、2008 年全球经济危机、2018 年中美贸易摩擦、2020 年新冠疫情、2022 年俄乌冲突等世界地缘政治事件对全球粮食价格产生了较大冲击，目前形势的发展很可能会引发新一轮全球粮食危机，对中国国内粮食市场或将产生较为明显的影响。为此，中国采取了积极的应对策略，尤其是党的十八大以来，面对外部诸多经济政治不确定性因素，习近平总书记提出了新时代中国粮食安全战略，有效确保了中国粮食价格总体平稳和粮食供应。从我国耕地、人口增长和经济高质量发展等现实来看，在未来一段时期内，中国粮食供给和需求仍将是脆弱的紧平衡态势，以国内稳产保供的确定性应对外部地缘政治风险带来的不确定性，仍然是守牢国家粮食安全这个底线的战略选择。因此，在地缘政治风险不断增加的背景下，为有效应对风险不确定性对中国粮食价格的冲击，有必要从理论上分析地缘政治风险作用于粮食价格的影响机制，实证探究地缘政治风险影响粮食价格的传导渠道并精准分析其影响效应；在此基础上，有针对性地提出防范地缘政治风险的应对机制和策略。为此，本书从理论上构建地缘政治风险影响粮食价格的影响机制的理论分析框架，实证上探究地缘政治风险对粮食价格影响效应，并考察"粮食金融化""粮食进出口贸易""能源价格"三个传导渠道的存在性及具体效果；最后提出保障粮食价格稳定和粮食安全的机制及应对策略。本书的相关探索具有十分重要的理论价值和现实意义。

本书采用"提出问题—剖析机制—现实考量—实证考察—提出保障机制和应对策略"的研究思路，分八章进行研究。第一章提出研究缘由，基于百年未有之大变局背景下，从粮食价格和粮食安全面临的挑战等方面提出研究缘起、梳理地缘政治风险与粮食价格方面的研究史及研究动态、提出本书的研究视角及研究内容等创新之处。第二章为理论框架分析，从粮食价格决定机制入手，探究地缘政治风险对粮食价格的影响机制；并从"粮食金融化""粮食进出口贸易""能源价格"三个方面分析具体的传导渠道及效应。第三章为地缘政治风险与粮食价格的历史及现实考量，深刻分析地缘政治风险对粮食价格影响的历史演进和中国粮食安全观内涵演变新要求，并从"粮食金融化""粮食进出口贸易""能源价格"等方面具体分析影响效果，最后分析地缘政治风险背景下保持粮食价格稳定面临的困境。第四至第七章为实证分析，采用现代计量经济学时间序列 VAR 模型和中介效应模型实证研究方法，以小麦、大豆、玉米和粳稻四类主要粮食作物的价格为分析对象，从总体上考察地缘政治风险对粮食价格的影响效果；接下来通过构建中介效应模型，科学检验"粮食金融化""粮食进出口贸易""能源价格"三个传导渠道的存在性及具体效应。第八章为保障粮食价格稳定的机制和对策分析，为了保障中国粮食价格稳定和粮食安全，基于较长历史时期的数据梳理和实证考察，提出"从田间到餐桌"、基于粮食"产、购、储、加、销"全链条协同构建粮食价格的保障机制。具体来讲，包括种子保障机制、"藏粮于地、藏粮于技"保障机制、粮食应急保障机制、国际合作机制、财税金融保障机制五个方面，在此基础上，提出相应的对策。

实证研究的发现可概括为以下四点。①地缘政治风险对我国粮食价格指数以及大豆、玉米、小麦和粳稻四类粮食作物的价格产生显著影响，且影响效果存在显著差异性。地缘政治风险指数上升引起粮食价格指数以及粳稻、大豆、玉米、小麦四种粮食价格的上涨，脉冲响应函数分析发现，当粮食价格指数，大豆、玉米、小麦的价格受到地缘政治风险的冲击之后会给出一个正向的反应，但粳稻价格会给出一个负向的反应。②基于粮食金融化传导渠道的实证研究结果表明，地缘政治风险通过粮食金融化间接地对中国粮食价格指数，粳稻、大豆、玉米、小麦的价格产生显著影响，验证了基于粮食金融化传导渠道的存在性。③基于粮食进出口贸易传导渠道的实证研究结果表明，粮食进口贸易的发展可以抑制国内粮食价格的上涨，地缘政治风险能够通过影响粮食进出口贸易，进而对国内粮食价格指数以及大豆、小麦、玉米和粳稻的价格产生显著影响，验证了基于粮食进出口贸易传导渠道的存在性。④基于能源价格传导渠道的实证研究结果表明，国际能源价格波动的正向冲击会导致国内粮食价格的同向波动，国际能源价格波动的正向冲击会使得国内小麦、玉米和粳稻的价格上涨，地缘政治风险通过影响国际能源价格，进而影响国内粮食价格指数以及国内大豆、小麦、玉米和粳稻的价格，验证了基于能源价格传导渠道的存在性。

本书从影响粮食市场供需两端出发，探讨地缘政治风险影响粮食价格的三个传导渠道及其效果，总结来讲，有如下三点创新之处：

第一，构建地缘政治风险影响粮食价格波动的理论分析框架。一方面针对现有研究不足，本书紧扣地缘政治风险因素的表征，综合采用地缘政治学、微观经济学、国际贸易学等学科基本理论，从理论上深入分析地缘政治风险影响粮食价格的作用机制；并将影响粮食市场供需两端的"粮食金融化""粮食进出口贸易""能源价格"等关键变量引入分析框架中，以此分析地缘政治风险通过上述三个载体的传导渠道及效应；另一方面，本书将粮食价格波动放到一个更加全面的理论分析框架中，探究地缘政治风险这个"最根本、具有决定地位"的不确定性因素的变动，引致资本市场粮食属性金融化拓展、进出口贸易市场数量波动、石油等能源成本上升三个中介作用于粮食价格供需两端，从而影响粮食价格波动的效应。该理论探讨有助于更加科学地认识粮食价格的脆弱性及其波动的复杂性和特殊性，为深刻理解粮食价格波动、确保粮食安全具有重要借鉴意义。

第二，采用计量经济学时间序列模型、中介效应模型分析方法，验证了地缘政治风险通过"粮食金融化""粮食进出口贸易""能源价格"三个渠道影响粮食价格波动的中介效应的存在性。在总体上回答地缘政治风险对粮食价格波动具有显著影响的前提下，创新性地把地缘政治风险与"粮食金融化""粮食进出口贸易""能源价格"分别联系起来，通过构建中介效应模型，验证地缘政治风险作用于粮食价格波动的传导渠道的存在性及效应。这些研究结论为我国政府制定稳定粮食价格的保障机制和应对策略提供了重要决策依据。

第三，基于较长历史时期的数据梳理和实证考察，提出"从田间到餐桌"、基于推进粮食"产、购、储、加、销"全链条协同构建粮食价格的保障机制。具体包括种子保障机制、"藏粮于地、藏粮于技"保障机制、粮食应急保障机制、国际合作机制、财税金融保障机制五个方面。

著　者

2022 年 8 月

目　录

第一章
地缘政治风险影响粮食价格的研究缘起

　　"国以民为本，民以食为天"，粮价是万价之基，对于促进经济社会健康发展、抑制通货膨胀等具有显著作用。没有稳定的粮食价格，粮食供应、粮食安全和经济社会发展必将受到重要影响。粮食作为一种生活必需品，其兼具战略物资属性，其价格波动早已超脱传统一般商品供需决定，越来越受到粮食供需市场之外的地缘政治等不确定因素影响。世界粮食价格波动的历史数据表明，粮价越是剧烈波动就越是与供求无关。20 世纪 70 年代爆发的中东战争引致了世界粮食危机，联合国提出粮食安全的概念[①]。历次世界地缘政治事件对粮食市场造成的冲击较大，发展中国家成为粮食危机最直接的受害者，一些粮食自给或出口的国家也沦为粮食进口国，因此各国均十分关注粮食价格波动，高度重视粮食安全问题。纵观世界局势可以看出，从 20 世纪的第一次世界大战、第二次世界大战、70 年代中东欧局势波动、两伊战争，到 21 世纪的美国"9·11"事件、2008 年的全球金融危机、2022 年的俄乌冲突，每一次地缘政治风险爆发，在重塑地缘格局的同时，都对全球粮食供给和粮食价格产生了巨大冲击。在 2008 年的世界经济危机之前，全球的粮食价格一直处于低位，而在经济危机爆发后的 10 多年来，国际粮价一直在高位徘徊，2020 年新冠疫情暴发、2022 年俄乌冲突等地缘政治事件导致全球主要粮食价格暴涨，引起新一轮的全球粮食危机。

　　中国作为世界人口大国，能否有效保障粮食安全，将饭碗牢牢端在自己手中，不仅事关广大人民群众的生计问题，更直接影响着全球的粮食格局[②]。改革开放以来，伴随着我国建立健全中国特色社会主义市场经济体制，我国政府

---

①　温铁军：《粮食金融化挑战中国粮食安全》，《农村工作通讯》，2015 年第 4 期，第 36 页。
②　杜志雄：《70 年中国粮食发展的成效与经验》，《人民论坛》，2019 年第 32 期，第 16-19 页。

十分重视粮食生产，积极稳妥推动粮食价格改革，形成了科学有效的粮食价格形成机制，并连续 21 年出台中央 1 号文件，坚守 18 亿亩^①耕地红线，通过加大资金支持、科技投入、粮食最低收购价格等一系列政策措施，使中国粮食生产取得举世瞩目的成就。2000 年，中国稻谷、小麦、玉米和大豆人均占有量分别为 148.3 千克、78.6 千克、83.6 千克和 12.2 千克^②。根据联合国粮农组织公布的数据，2021 年中国粮食总产量 6.828 5 亿吨，位列全球第一，粮食人均占有量达 483 千克，稻谷、小麦两大口粮产量 6 996 亿斤^③，自给率超过100%。口粮的人均占有量为 248 千克，超过消费量 48 千克，牢牢保障了中国人民口粮安全。因此，新中国成立 70 多年来，我国用占世界不足 10% 的耕地、6% 的淡水资源，养活了世界近 20% 的人口，创造了人类伟大奇迹。由此可见，我国政府对粮食市场采取的一系列政策措施，有力地确保了粮食丰产和粮食价格稳定，有力地保障了我国经济社会快速发展。随着我国经济高质量发展和消费结构不断升级，为了弥补部分粮食产量不足，改革开放以来，我国一直从世界进口部分粮食，并且近年随着国内消费结构升级和需求增加，我国进口粮食规模不断攀升，2021 年中国粮食进口量突破 1.6 亿吨，相当于国内粮食产量的24.1%，其中大豆进口 9 651.8 万吨，占进口总量的 58.7%，食用植物油进口1 039.2 万吨。粮食进口已经成为中国粮食供给市场的重要组成部分。然而，粮食对外依存度的提高，增加了我国进口粮源的风险，在地缘政治风险不断加剧的背景下，需要加以防范并有针对性地化解风险。

粮食安全是实现我国经济高质量发展、保障社会安全稳定、维护国家安全的重要物质基础。粮食安全一直是习近平总书记高度重视的战略问题，党的十八大以来，习近平总书记多次强调要绷紧粮食安全这根弦，指出粮食安全是"国之大者""当今世界正面临百年未有之大变局，和平与发展仍然是时代主题，同时不稳定性不确定性更加突出，人类面临许多共同挑战"^④，其中主要风险和挑战是地缘政治风险。地缘政治风险被认为是影响国际关系正常化与和平发展的风险（Caldara et al.，2018），是一个内涵宽泛的概念，其表现形式也较

① 亩为非法定计量单位，1 亩＝1/15 公顷。——编者注

② 李俊茹、石自忠、胡向东：《地缘政治风险对中国粮食价格的影响》，《华中农业大学学报（社会科学版）》，2021 年第 6 期，第 15-26，186 页。

③ 斤为非法定计量单位。1 斤＝500 克。——编者注

④ 新华网：《习近平在中法全球治理论坛闭幕式上的讲话》，https://www.ccps.gov.cn/xxsxk/zyls/201903/t20190327_130579.shtml。

多，其内容包括政治、社会、经济、外交、宗教、环境、族群、非政府组织等众多非商业因子，来源则一般包括东道国、地区、全球这三个层面[①]。此外，中美贸易摩擦、新冠疫情肆虐全球、2022 年俄乌冲突等一系列事件，加剧了全球紧张局势，全球各国的地缘政治风险均不断加大。地缘政治风险不确定性是全球经济发展过程中面临的一个突出风险，对于商品价格尤其是粮食价格来讲，地缘政治风险陡增，对全球粮食贸易、能源价格、大宗农产品期货价格等均会产生直接影响。此外，地缘政治风险导致的粮食禁运、贸易中断，影响了世界各国粮食市场正常流通，给全球粮食市场平稳运行带来了很大挑战。

因此，在全球地缘政治因素冲击导致粮食价格剧烈波动越来越突出的时代背景下，如何在"我国全面建成小康社会目标如期实现，要开启实现第二个百年奋斗目标新征程，朝着实现中华民族伟大复兴的宏伟目标继续前进"的新征程中确保国内粮食价格稳定、确保粮食安全、"端牢中国饭碗"是一个重要命题。为有效应对地缘政治不确定性对中国粮食价格的冲击，需要准确分析地缘政治风险作用于粮食价格的影响机制，探究地缘政治风险影响粮食价格的具体传导渠道并精准分析其影响效应；在此基础上，有针对性地提出防范地缘政治风险不确定性带来的冲击的保障粮食稳定的机制和应对策略。因此，本书从理论上构建地缘政治风险影响粮食价格的影响机制研究框架，实证上分析地缘政治风险对粮食价格影响的"粮食金融化""粮食进出口贸易""能源价格"三个传导渠道的存在性及效果；最后提出保障粮食价格稳定和粮食安全的机制及应对策略。本书对深入剖析地缘政治风险影响中国粮食价格和粮食安全的作用机制，深刻理解地缘政治风险影响粮食价格的多种传导路径，确保新时代中国粮食安全和粮食价格稳定，均具有十分重要的理论意义和现实价值。

第一节　地缘政治风险条件下中国粮食安全面临的新形势

本节旨在分析地缘政治风险下中国粮食安全面临的发展形势。本节分别从地缘政治风险对粮食价格和粮食安全带来挑战、中国经济高质量发展时代要

---

① 蒋姮：《"一带一路"地缘政治风险的评估与管理》，《国际贸易》，2015 年第 8 期，第 21-24 页。

求、世界背景下贸易政策不确定性和新冠疫情下面临新态势、新时代国家粮食安全战略地位提升四个方面进行分析，深刻阐释研究地缘政治风险影响中国粮食价格的时代背景。

一、地缘政治风险对粮食价格和粮食安全带来新挑战

公开数据显示，中国的地缘政治风险指数在较长历史时期（1990—2009年）之间相对比较平稳，位于 0.112 6~0.526 6，1999 年 5 月北约轰炸中国驻南联盟使馆事件发生后，中国的地缘政治风险上升至 0.743 4，随着该事件的后续解决，我国的地缘政治风险指数也随之下降至 0.5 以下。2001 年 9 月美国发生"9·11"恐怖袭击事件，受此影响，全球各国地缘政治风险都显著提升，中国的地缘政治风险指数也上升至 0.770 4，随后下降至 0.5 左右。党的十八大以来，随着我国综合国力的显著提升，尤其中国政府提出"一带一路"倡议以来，我国与共建"一带一路"国家年度贸易额从 2013 年的 1.04 万亿美元，扩大到 2021 年的 1.8 万亿美元，增长了 73%[①]。截至 2022 年 1 月，我国已与147 个国家、30 多个国际组织签署 200 多份共建"一带一路"合作文件。然而欧美等发达国家一些政客持续炒作"一带一路"是中国搞地缘扩张，在此背景下，我国地缘政治风险不断增加，2017 年 4 月地缘政治风险指数上升至1.077，尤其是 2018 年中美贸易摩擦发生后，我国地缘政治风险指数始终在 1左右徘徊。2022 年 3 月，随着俄乌冲突加剧，我国地缘政治风险指数达到2.052。从该风险指数变迁可以看出，近年我国地缘政治风险不断增加，这给我国和平发展道路带来新的挑战，也影响着我国的粮食安全和国内粮食价格的平稳运行[②]。

作为破坏性较强的外部冲击因素，目前俄乌冲突持续加剧，加深了世人对地缘政治风险的进一步认识，世界经济论坛发布的 2021 年《全球风险报告》

---

① 澎湃网：《商务部谈"一带一路"倡议：与沿线国家年度贸易额增长 73%》，https：//www. thepaper. cn/newsDetail＿forward＿18183460。

② 综合考虑现有度量地缘政治风险的数据优劣，本书中地缘政治风险的度量使用 Caldara 等（2016）提出的月度地缘政治风险指数（geopolitical risk，简称 GPR 指数）。该指数通过文本自动搜索程序统计全球权威报刊中各国不确定性风险报道，并通过选取特定关键词进行合并、加总构建指数。该指数越大，表明地缘政治风险越高。其具备的科学性、可复制性等特点，使其成为现阶段大多数学者比较认可的地缘风险测算方法，目前多数中国学者（如李俊茹等，2021；李丹等，2021；刘浩杰等，2021）均利用这一方法开展了地缘政治风险的相关研究。

指出，地缘政治风险始终是影响全球发展的五大风险之一。新华网的报道显示，俄乌冲突增加了全球粮食供应风险，乌克兰和俄罗斯合计占全球小麦出口的近 30%，是全球重要"粮仓"，俄乌冲突导致的供应链中断致使市场供应趋紧，引发全球粮食价格大幅波动①。另据联合国粮农组织公布的数据，联合国粮农组织 2022 年 3 月食品价格指数平均为 159.3，比 2022 年 2 月上涨 12.6%，2022 年 3 月已经达到 1990 年设立该指数以来的最高水平。谷物价格指数 2022 年 3 月比 2022 年 2 月高出 17.1%，主要是由于俄乌冲突导致小麦和所有粗粮价格大幅上涨。过去三年，俄罗斯和乌克兰分别占全球小麦和玉米出口的 30% 和 20% 左右②。俄乌冲突以来，由于桥梁、铁路等粮食运输通道被毁，粮食贸易中断，导致全球粮食供应紧张，助推粮食价格飙升。由此可以看出，地缘政治风险加剧了粮食价格波动，对粮食安全的冲击越来越显著。此外，俄乌冲突的持续加剧，引发了世界上主要粮食出口国禁止出口粮食，如印度于 2022 年 5 月宣布停止小麦出口，这无疑给粮食供给市场雪上加霜，进一步提升粮食价格，引发了新一轮全球粮食危机。

二、中国经济高质量发展提出新要求

党的十八大以来，以习近平同志为核心的党中央准确把握新发展阶段、全面贯彻新发展理念、加快构建新发展格局，中国经济高质量发展取得了举世瞩目的成就。党的十九大报告中指出，"我国经济已由高速增长阶段转向高质量发展阶段"，并强调"确保国家粮食安全，把中国人的饭碗牢牢端在自己手中"的总体任务要求。与传统经济发展模式不同，经济高质量发展阶段将更加强调创新、科技投入等要素的推动作用，而如何确保粮食价格稳定、保障粮食安全是经济高质量发展的必然要求。因此，新时代推动中国经济高质量发展首先要确保粮食安全和价格稳定。经济高质量发展涉及经济社会的方方面面，从产业结构调整到生产要素配置，这种发展模式不是短期内可以完成的，需要较长周期完成，而粮食作为经济社会发展的根基，为了确保经济高质量发展平稳推进，必须确保粮食安全和粮食价格的总体稳定。

---

① 新华网：《俄乌冲突增加全球粮食供应风险》，http://www.news.cn/world/2022-03/14/c_1128468713.htm。

② 中国新闻网：《联合国粮农组织：俄乌冲突致世界粮价创历史新高》，https://baijiahao.baidu.com/s？id=1729540935264361816&wfr=spider&for=pc。

粮食产业高质量发展也必然要求有效确保粮食价格稳定。2016 年，习近平总书记在黑龙江省考察时深刻指出，"以'粮头食尾''农头工尾'为抓手，推动粮食精深加工，做强绿色食品加工业"。粮食产业高质量发展以提高粮食产量，提高粮食生产率为重要前提，粮食生产和加工的产业体系更加完备，创新力和市场竞争力更强，资源配置更加合理，产能结构也更加合理①。因此，实现粮食产业高质量发展，构建现代化粮食产业体系是重要载体，这也需要确保粮食价格稳定。近年，我国政府十分重视粮食安全工作，形成了新的粮食安全观，2019 年国务院发布《中国粮食安全》白皮书阐明了"确保谷物基本自给、口粮绝对安全"的新粮食安全观，《中华人民共和国国民经济和社会发展第十四个五年规划和 2035 年远景目标纲要》首次将实施粮食安全战略纳入五年规划，进一步强调要夯实粮食生产基础，完善以粮食为首的重要农产品"产、购、储、加、销"体系，坚守"饭碗主要装中国粮"这一根本②。在国际环境日益复杂多变的经济形势下，对于我国来讲，加快推动粮食产业高质量发展、稳住"三农"基本盘是应对国内外各种风险挑战、保障国家经济安全的战略要求③。在复杂的地缘政治环境和贸易政策不确定性形势下，我国 1 亿多吨的粮食进口面临着国际粮源与供应链中断风险。在农业资源约束趋紧、粮食供需错配背景下，6 亿多吨的消费量、3 亿多吨的存储量、2.4 亿吨的跨省物流量，给国内粮食生产、收储、加工、流通带来巨大压力和挑战。我国既可能面临国际市场风险加剧、国际供应链中断所带来的防御型安全威胁，又可能面临源自"谷贱伤农""米贵伤民"等粮食生产、流通领域的管理型安全威胁。因此，粮食产业高质量发展事关社会安全、经济安全、政治安全等一系列重大国家安全问题，这就要求粮食价格稳定。

三、贸易政策不确定性和新冠疫情下面临新态势

贸易政策不确定背景下确保粮食价格稳定和粮食供应具有十分重要的现实紧迫性。自 2018 年美国政府单方面挑起并不断升级的中美贸易摩擦发生以来，我国经济社会发展面临的外部挑战不断加大，以习近平同志为核心的党中央沉着应对，采取一系列有力应对措施，将贸易政策不确定性对粮食市

① 张务锋：《加快建设粮食产业强国》，http://www.rmlt.com.cn/2018/0910/527909.shtml。
② 陈锡文：《大国粮食的永恒课题》，《人民周刊》，2022 年第 8 期，第 60-62 页。
③ 程国强：《推进粮食产业高质量发展的思考》，《中国粮食经济》，2019 年第 9 期，第 54-59 页。

场的冲击降到最小。中国是美国第一大粮食出口国，2021 年中美双边农产品贸易额达 464 亿美元，创历史新高。以大豆为例，作为世界上最大的发展中国家，中国对大豆的年均需求量巨大，约在 1.1 万亿吨，且产需缺口不断拉大，2021 年中国大豆进口依存度达到 85.48％，呈现不断上升的趋势，短期内中国因为种植环境、生产成本等多种因素制约，无法有效缓解对外依存度偏高的现象，短期内还需从世界进口。美国作为中国大豆的主要进口来源国之一，长期以来约占中国大豆进口贸易的 1/3，尽管受中美贸易摩擦影响，中国进口美国大豆数量锐减，但仍然位居中国进口大豆的第二名。因此，中美贸易政策不确定性持续加剧，会直接提升我国大豆进口价格，影响大豆进口贸易，导致国内粮食价格波动，不利于粮食价格稳定。有研究也证实了 2020 年暴发的新冠疫情检验了中国在国际重大突发公共安全事件中利用国外粮食资源与市场的能力，也暴露出中国长期以来对大豆进口的依赖可能面临的价格波动风险[①]。

此外，2020 年暴发的新冠疫情肆虐全球以来，新冠疫情扰乱了全球粮食贸易市场，引发了新的粮食危机。新冠疫情突发事件对粮食供应链中断的风险影响较大，在此突发背景下，维护粮食价格稳定，确保粮食安全是中国政府十分重视的头等大事。联合国粮农组织指出，新冠疫情成了全球粮食供应不安全的重要推手，全球粮价自 2020 年起步入上升通道，截至 2022 年 2 月，全球食品价格指数已突破 2011 年高位，奶类、谷物、植物油油脂等食品的价格指数均持续走高。因此，疫情背景下粮食价格稳定和确保粮食安全具有重要性和紧迫性。新冠疫情影响粮食正常生产过程，粮食生产过程中所必需的肥料、机械等物质装备面临生产中断的风险，粮食生产过程无法有效得到保护，且供应链和运输链等都受到一定程度的制约，限制了粮食物流正常运转，这给人们正常生活秩序带来严重威胁。疫情冲击下，世界粮食主要出口国为了自保，纷纷发布粮食出口禁令，这无疑造成了供应减少，粮食供需市场失衡。此外，新冠疫情背景下，加之洪涝灾害、高温干旱等自然风险，多种风险交织，给人们正常生活造成了新的困扰。因此，贸易政策不确定性和新冠疫情背景下，对于我国这样的人口大国而言，确保粮食安全和粮

---

① 杜志雄、高鸣、韩磊：《供给侧进口端变化对中国粮食安全的影响研究》，《中国农村经济》，2021 年第 1 期，第 15-30 页。

食价格稳定则显得十分紧迫。

四、新时代中国粮食安全战略地位进一步提升

党的十八大以来，以习近平同志为核心的党中央始终把粮食安全作为治国理政的头等大事，特别是中国特色社会主义进入新时代，国际国内形势的深刻变化对粮食安全提出了新的任务和要求。习近平总书记立足于新时代中国国情特点，提出了"确保谷物基本自给、口粮绝对安全"的新粮食安全观，并确立了"以我为主、立足国内、确保产能、适度进口、科技支撑"的国家粮食安全发展战略，带领中国人民走出了一条具有中国特色的粮食安全之路，习近平新时代粮食安全观是对新时代中国粮食安全面临新问题的精准把握[①]。

通过梳理习近平总书记近年关于粮食安全的重要指示，可以看出，习近平总书记高度重视粮食安全，始终强调粮食安全是"头等大事""永恒课题"。2020年在抗击新冠疫情期间，习近平总书记就中国粮食安全问题频频作出指示，强调"越是面对风险挑战，越要稳住农业，越要确保粮食和重要副食品安全"。2019年3月，习近平总书记在参加全国人大会议河南代表团审议时就明确指出，"确保重要农产品特别是粮食供给，是实施乡村振兴战略的首要任务""我国十三亿多张嘴要吃饭，不吃饭就不能生存，悠悠万事、吃饭为大。只要粮食不出大问题，中国的事就稳得住"。"把饭碗牢牢端在自己手中"是经济社会发展和国家安全的重要基础，关乎大局的稳定。从国际视角来看，粮食生产能力是大国必备的实力，习近平总书记认为"真正强大、没有软肋"的国家"都有能力解决自己的吃饭问题"，并指出"保障国家粮食安全是一个永恒课题，任何时候这根弦都不能松"。此外，习近平总书记提出目前中国粮食生产面临着"紧平衡"局面。解决好吃饭问题，是"头等大事""不能侥幸、不能折腾""粮食增产面临的水土资源、生态环境压力越来越大，连续增长空间并不大""粮食等农产品消费快速增长的趋势还会持续，相当长时期都不会逆转"。2018年9月，习近平总书记在黑龙江考察时，双手捧起一碗大米，意味深长地强调："中国粮食！中国饭碗！"基于粮食安全的战略地位，习近平总书记在多个场合反复强调"中国人的饭碗要牢牢端在自己手里，而且里面应该主

---

① 魏泓安：《习近平新时代粮食安全观研究》，《上海经济研究》，2020年第6期，第14-23页。

要装中国粮"。在我国当前"以我为主、立足国内、确保产能、适度进口、科技支撑"的粮食安全战略中，"以我为主、立足国内"是首要的。习近平总书记反复警告，如果一味地"买饭吃、讨饭吃"，依赖粮食进口，则会"被别人牵着鼻子走"。在"依靠自己保口粮"的同时，习近平总书记也提出要善于用好"两个市场、两种资源"，掌握农业"走出去"和粮食进口的主动权、稳定性和战略性。此外，习近平总书记还多次强调"耕地是粮食生产的命根子""必须守住耕地红线""吃饭的家底""要像保护文物那样来做，甚至要像保护大熊猫那样来做"等论断。因此，新时代中国粮食安全观新理念为确保中国粮食价格稳定和粮食安全指引了方向，是未来一段时期内中国粮食市场平稳运行的根本遵循。

第二节　地缘政治风险与粮食价格的学术史梳理

本节旨在对地缘政治风险与粮食价格的相关研究进行动态梳理。首先，对地缘政治风险、粮食金融化与粮食能源化等主要概念进行界定，随后分别从地缘政治风险相关研究理论、粮食价格决定及传导理论展开分析，最后对相关文献展开梳理并述评，进而提出本书全新的思考方向。

一、主要概念界定

（一）地缘政治风险

地缘政治风险是一个模糊而又宽泛的概念，其随着地缘政治产生，地缘政治包含了三层含义：现实的地理位置、地理区位方面边际效应关系、人类主体基于现实的地理环境所产生的相互作用和战略关系①。政治风险内涵界定尚未统一，国外学界研究较为丰富，比如 Bohl 等（2017）认为，地缘政治风险是由冲突和暴力行为或地缘行为主体之间权力竞争等引发的政治风险、全球或区域性经济与金融震荡等引发的经济风险以及突发或渐变性自然灾害等引发的自然风险三大风险共同作用形成的系统性影响的可能性②。针对我国提出的"一

---

① 刘文革、周洋：《地缘政治风险指数构建及其跨国比较》，《区域与全球发展》，2018 年第 2 期，第 5-29，154 页。

② 熊琛然、王礼茂、屈秋实、向宁、王博：《地缘政治风险研究进展与展望》，《地理科学进展》，2020 年第 4 期，第 695-706 页。

带一路"倡议，有学者认为其"地缘政治风险"是指共建"一带一路"国家的政策制定者，在西方地缘政治想象影响下所采取的对中国可能产生负面影响的地缘政治实践①。

地缘政治风险按照风险成因的性质和地域层次大致可以分为四种类型：地缘战略竞争、地缘政治竞争、地缘经济竞争和地缘文化竞争②。刘文革等（2018）认为，其内涵是由于东道国发生极端风险事件、政治事件或是本国与贸易伙伴国及第三国多边政治关系发生变化而对企业的正常运营和企业价值产生影响的可能性。蒋姮（2015）认为，其内容包括政治、社会、经济、外交、宗教、环境、族群、非政府组织等众多非商业因素。

地缘政治风险具有如下特征：

一是不确定性。地缘政治风险作为影响粮食价格的外部风险因素，具有不确定性、无法预测性。对于粮食价格来讲，其变动将通过改变粮食供应、粮食需求、粮食贸易等作用到粮食价格，从而引起粮食价格剧烈波动。

二是持续性较长。根据地缘政治风险的形成要素可知，地缘政治风险诱因十分复杂，且影响范围和周期较长。地缘政治风险将在较长时间内持续存在，对粮食市场的影响将会持续下去，对粮食市场的冲击相对持久。

三是系统性和破坏性大。地缘政治风险是当今世界各国之间相对棘手的风险之一。地缘政治风险等级相对高，一旦爆发，将对粮食市场带来系统性影响，同时影响粮食市场的供需双方，破坏性极大。

（二）粮食金融化

金融化，即金融媒介、金融行为参与者、金融市场和经济机构在经济中的作用日益增强（Epstein，2005），换句话说，金融化指的是金融动机、金融行动者、金融市场和金融机构在经济及各领域的治理机构运行中日益重要③。金融化过程可以理解为经济活动中利润的获取方法越来越多地通过金融投资和融资产生而不是通过生产活动发生。近年金融化在粮食领域中发挥着重要的决定性作用，粮食金融化过程体现在整个粮食金融化的价值链上，粮食公司被大型资产管理公司收购，公司通过管理和运作机构投资基金，从粮食交易中获利。

---

① 牟方君、孙利龙：《世界海洋政治概论》，武汉理工大学出版社，2017年。

② 科林·弗林特、张晓通：《"一带一路"与地缘政治理论创新》，《外交评论（外交学院学报）》，2016年第3期，第1-24页。

③ 崔学东、李春磊：《当代资本主义所有制结构研究》，经济科学出版社，2009年。

通过金融化投资，粮食公司的发展形势进一步地升级和改变，使得公司股东的财务利益最大化。粮食金融化概念是在 2006 年国际粮价频繁剧烈波动、2008 年金融危机的发生加剧粮食价格波动的背景下提出的，粮食价格波动导致金融投机活动转向大宗商品，粮食市场与期货市场、货币市场、外汇市场、金融衍生品市场交互作用发展形成多元的金融体系，从而全球粮食市场表现出明显的"金融化"趋势[①]。

对粮食金融化基本概念的理解，温铁军等（2014）认为，粮食金融化是指粮食的美元化，由于美元的大量增发，造成越来越多的过剩流动性冲击粮食市场，导致粮食价格出现剧烈波动；粮食市场同时成为过剩金融流动性的垃圾消纳场，粮价的一次大起大落就能替西方主导国家制造的过剩流动性做"消化"。这两方面都显示出粮食市场的运行脱离实体层面，而粮食被人为创造出"金融属性"[②]。当然，也有学者指出粮食企业的股权公开化和高流动性、粮食资产证券化也是粮食金融化的重要组成部分（李援亚，2012）。李援亚（2016）认为，粮食市场从风险承担的金融化维度来看，实际具备了金融市场的价格发现、投资套利、风险规避的功能。张鹏等（2018）认为，中国粮食金融化不仅包括粮食产品价格不断受到粮食金融衍生品市场冲击带来的粮食产品金融化，还包括粮食生产部门的股权公开化和证券化；不仅包括粮食产品交易过程的金融化，还包括粮食生产各环节的金融化。

（三）粮食能源化

生物燃料是指通过生物资源生产的燃料乙醇和生物柴油，可以替代由石油制取的汽油和柴油，是可再生能源开发利用的重要方向[③]。因此，本书定义的粮食能源化是指为了缓解日益紧张的能源供求形势，将粮食作为原料生产能源的行为。

粮食能源化现象源于石油、天然气等能源价格上涨，一旦能源价格上涨过快，受制于成本因素，各国政府尝试从生物领域寻求替代资源，比如用玉米提炼乙醇等，因此，对生物能源替代的需求增加，进而导致能源作物需求，最终导致粮食价格上涨。

---

① 李俊茹：《粮食金融化问题研究述评》，《农业农村部管理干部学院学报》，2021 年第 4 期，第 41-45 页。

② 温铁军、计晗、高俊：《粮食金融化与粮食安全》，《理论探讨》，2014 年第 5 期，第 82-87 页。

③ 夏天：《粮食真的能源化了吗——来自农产品与原油期货市场的经验证据》，《农业技术经济》，2008 年第 4 期，第 11-18 页。

二、地缘政治的相关理论

西方地缘政治学界对地缘政治的认识比较早，影响力也较大，地缘政治学源于政治地理学，产生于19世纪末期德国地理学家拉采尔提出的"国家有机体学说"和"生存空间理论"[①]。瑞典学者契伦在拉采尔学说的基础上，提出"地缘政治学"这一概念。西方地缘政治研究可以分为四个方面内容：第一种是"古典地缘政治理论"，该理论认为，应该以理性选择的视角看待一国的地缘利益，严格计算本国的成本与收益，同时认为竞争和冲突不但不可避免，还可能是一个"自然的"过程；第二种是"地缘政治实践"，是指地缘政治行为体（主要是国家）的地缘政治决定、行动或实践；第三种地缘政治类型被称为"大众地缘政治"，指的是地缘政治行为主体（主要是一国政府）通过电影、电视、歌曲等媒体，让大众自觉或不自觉地接受某种地缘政治思维；第四种是"批判地缘政治"，于20世纪80年代开始在学界流行，旨在揭露和批判古典地缘政治理论、地缘政治实践以及大众地缘政治中存在的权力关系[②]。"就目前西方地缘政治学界而言，大部分学者都认同批判地缘政治学。地缘政治也不再被视为一种政策实践，而是被理解为对政策实践的解读，是一种话语实践"[③]。目前，"西方地缘政治精英"的观点仍然相对有一定的"市场"，"他们头脑中存在着一个由三个层次构成的认识论体系：政治现实主义（追求权力或安全）、'现代地缘政治想象'及'古典地缘政治理论'"。

近年，我国学者也提出了不同的见解，不断构建中国特色的地缘政治学。叶自成等（1998）作出了开拓性研究，他认为，中国特色的地缘政治学在起源上自成体系、自成一家。中国的地缘政治思想强调与周边国家的和平共处，强调把自己的安全界定为他国不对自己构成直接的威胁，而西方则强调扩大生存空间和势力范围[④]。此外，倪世雄等（2008）提出的合作共赢的"新地缘政治"，潘忠岐（2008）提出综合、多层次、由近及远的地缘战略，苏浩（2004）提出"地缘重心论"，主张各个地缘重心国之间应该在相互尊重的基础上进行

---

① 曹胜强：《人文社会科学基础》，高等教育出版社，2014年。

② Gearoid O. Tuathail：*General Introduction*：*Thinking Critically about Geopolitics*，Routledge，1996。

③ 科林·弗林特、张晓通：《"一带一路"与地缘政治理论创新》，《外交评论（外交学院学报）》，2016年第3期，第1-24页。

④ 叶自成等：《地缘政治与中国外交》，北京出版社，1998年。

协调与合作，建构一个稳定的世界秩序，维持人类长久和平与繁荣。地缘政治的相关理论为研究地缘政治风险奠定了理论依据，为本书的后续实证研究提供了重要理论基础。

三、粮食价格决定及传导相关理论

基于西方经典的价格理论可知，商品价格主要受商品供需关系影响。在一个封闭的市场中，商品价格取决于该市场的供给与需求双方的力量平衡；在一个开放的市场中，外界因素将通过各种渠道作用于商品的供给与需求双方，最终传导给价格。

（一）粮食价格的决定理论

粮食价格或者农产品价格的决定机制与其他正常商品一致，在一个完全竞争和开放市场中，其价格通常围绕其市场均衡价格上下波动。在商品世界里，粮食与一般商品还存在差异，其被政府赋予战略储备、金融等多重功能。因此，其价格波动通常是由人口增长、粮食供求关系、政府政策（贸易政策、价格政策、扶持政策、税收政策、生物能源政策等）、自然环境（气候变化、高温干旱、洪灾等）、金融市场波动（利率、汇率、通货膨胀等）、外部不确定因素（战争、恐怖主义、地缘政治风险、经济制裁等）、能源（原油、天然气、煤炭等）价格等多种因素综合影响。

1. 静态价格理论

微观经济学中商品均衡价格理论是一种经典静态价格决定理论，是价格理论的基本模型之一。对于粮食市场来讲，当粮食市场充分自由时，各种要素自由流动，市场信息顺畅流通，不存在信息不对称情况，那么最终的粮食价格将通过买卖双方的价格博弈进行动态调整从而达到买方需求量与卖方供给量相等的均衡状态，此时对应的粮食价格即为均衡价格。上述理论分析被称为"马歇尔的均衡价格理论"，该理论将商品价格视为供给价格函数和需求价格函数的均衡解，当供给方最优价格与需求方最优价格相等时，均衡价格便被确定下来。按照均衡价格进行交易可以实现商品市场"出清"，从而实现资源最优配置。马歇尔的均衡价格理论已经成为目前主流微观经济学派的理论核心与基础，至今仍然为许多经济学者所信奉[①]。根据上述理论，这里可以将粮食的供

---

① 车圣保：《地缘政治影响国际原油价格的机理分析》，《价格月刊》，2015 年第 11 期，第 23-25 页。

给量、需求量与市场价格间的关系，用以下三个方程表示：

$$\begin{cases} Q_d = a - bP \\ Q_s = c + dP \\ Q_d = Q_s \end{cases} \quad (1-1)$$

模型 1-1 是静态价格理论决定的一般分析模型，其中 Q_s 和 Q_d 分别代表粮食市场的供需数量，P 代表粮食价格，a、b、c 和 d 是常数，且有 $b>0$、$d>0$。当粮食供给与需求相等时粮食价格达到均衡状态，当粮食供给低于粮食需求时市场上会出现短缺 $\Delta Q = Q_d - Q_s$，此时，粮的市场价格就会比一般均衡价格要高。因此，当影响粮食价格的任意一个因素（人口增长、政府政策、自然环境、金融市场波动、外部不确定因素、能源价格等）发生变化时，粮食供给曲线将会发生移动，从而造成均衡价格的变动。

2. 动态蛛网模型

由于粮食的特殊性，粮食价格形成及决定的动态性和特殊性，经典静态价格均衡模型无法有效解释粮食价格形成的过程。因此，需要从动态的角度对粮食价格的形成进行分析，粮食价格蛛网模型是动态价格均衡分析模型，该模型能够动态分析影响粮食价格变动时粮食价格是如何从当前均衡位置变动到下一个均衡位置或者继续波动。

在蜘网模型的基本假设中，粮食供需的决定因素来自不同时期：当期粮食供应量 Q_{ts} 是由当期粮食预期价格 P_t^e 来决定，而 P_t^e 取决于前一期粮食的实际价格 P_{t-1}；但当期需求量 Q_{td} 是由本期价格 P_t 决定的。因此，由于粮食价格时滞的存在，粮食的供需始终无法完全匹配，无法达成均衡位置，具体来讲，粮食价格蛛网模型可以用以下方程式表示：

$$\begin{cases} Q_{td} = a - bP_t \\ Q_{ts} = c + dP_t^e \\ P_t^e = P_{t-1} \\ Q_{td} = Q_{ts} \end{cases} \quad (1-2)$$

通过求解，可以得出粮食供求均衡时的价格为：

$$P_t = \left(\frac{a-c}{b}\right) - \left(\frac{d}{b}\right) P_{t-1} \quad (1-3)$$

其中，公式中 a、b、c 和 d 均为常数且均大于零。在蛛网模型中粮食均衡价格是由供求曲线决定，但是与静态价格决定机制不同在于，供需弹性的不同，会导致出现不同的动态反应路径。根据这种反应路径的不同，可以将蛛网模型分为三种：发散型、收敛型和封闭型。

（二）粮食价格的传导理论

从上述商品价格决定理论可以看出，假设市场外部因素发生变动，将会传导至供需两端，最终影响价格波动。市场外部因素十分复杂且种类繁多，比如不确定性风险（地缘政治风险、自然风险、经济风险）、政府政策变动（税收、金融、外贸等）、石油价格波动、人们预期等发生改变时，将通过如下两个渠道影响粮食价格波动。

首先，通过需求端。粮食市场需求在很大程度上属于刚性需求，即使发生很严重的情况，居民对粮食的需求仍将保持之前水平，或者提高需求，而不会轻易降低需求水平。比如遇到突发自然灾害或者地缘政治事件，出于对未来状况的担忧，人们一般会抢购食品，增加囤货行为，这就会提高粮食需求，进而引起物价波动。

其次，通过供给端。粮食供给总量在很大程度上取决于播种面积、气候等自然资源。在种植环境和资源禀赋没有发生较大改变时，粮食供给量相对稳定，外部因素一旦发生改变，则会影响供给量，比如能源价格突然增加，会通过成本途径传导到供给方面，比如石油价格上涨会直接带动农用柴油、化肥、机械等农资价格上涨；地缘政治风险加大时，对于可能出现的粮食禁运、运输渠道中断等情况，粮食出口商往往会采取暂停粮食运输行为，即使正常运输，也会增加运输成本。因此，这会传导给供给端，从而引起粮食供给减少。

综上所述，当不确定性因素增加时，会通过成本渠道、人们心理预期渠道等传导给粮食供给和需求两端，从而最终影响粮食均衡价格。

四、学术史及研究动态梳理

通过梳理文献可知，从世界发展格局来看，地缘政治风险作为一种不确定性较强的风险种类，其对粮食价格的影响越来越频繁。因此，本部分文献综述的研究思路如下：首先对地缘政治风险的相关文献进行梳理，其次对粮食价格的文献进行述评，再次从粮食金融化、粮食进出口贸易和能源价格三个方面评述其与粮食价格的动态关系，最后为文献述评。

（一）地缘政治的相关研究

关于地缘政治的相关研究在西方国家起步相对较早，并且在国际局势变动中赋予地缘政治新的意义。既有文献大多从地缘政治的内涵阐述、类型特征、不同国家在不同历史时期采取不同的地缘政治战略、关于中国地缘政治理论发展的新思想、地缘政治风险及其指数等视角切入。

1. 地缘政治学基本理论及发展等方面的研究

首先，对地缘政治学的理论分析。对于传统地缘政治理论，解楠楠等（2020）认为，地缘政治思想源于西方社会，19世纪末到第二次世界大战将西欧地区地缘政治实践推向高潮。葛汉文（2011）、黄凤志等（2012）提出，德国是现代地缘政治理论研究的重要发源地之一，第二次世界大战后研究中心转移至美国。传统的地缘政治学以国家、地理位置的视角（如麦金德提出的"世界岛理论"和斯派克曼提出的"缘地带理论"）探讨国家权力与地理扩张的相互关系和影响。稳固国家内部权力、拓宽国家势力范围、稳定国家势力，防范内陆大国与海权大国的威胁，是地缘政治学研究的核心（黄凤志等，2019）。一些学者借助地图工具对地缘政治理论进行研究，如胡志丁等（2020）发现地图综合以及地图要素在西方地缘政治学的研究过程中扮演着尤为重要的角色。何光强等（2014）在地图投影与地缘政治研究中指出，投影变形后的地图为地缘政治研究提供了空间框架，起到了认知桥梁的作用。第二次世界大战期间，美国地缘政治战略空间观念通过不同的地图投影逐渐接近现实地球空间，地图投影的准确性增强了美国参战的合理性和战略决策的正确性（何光强，2019）。

其次，传统地缘政治理论的发展。黄凤志等（2012）认为，全球化的纵深发展以及国与国之间政治、经济、文化联系日益紧密，传统地缘政治理论无法适应特定历史时期与科学技术的变化，并以国际环境、科技条件的变化为背景，从全球化、区域化、多极化、信息化四个新维度重构地缘政治理论。张微微（2010）指出，在冲突性价值观下，传统地缘政治表现出对抗冲突、追求国家控制力与谋求大国为中心的特征。与之相反，在以"和平""发展""合作"为主题的和谐世界下所倡导的是一种非对抗性、不谋求控制力以及多边合作的地缘政治理念。王铮等（2016）认为，在信息全球化和经济一体化视角下各国定位也逐渐明确，经济分工是各国研究地缘政治经济学的基础，影响其对国家地缘政治战略的判断与实施。地缘政治本质特征是空间性（张晓通等，2020），于海洋等（2021）认为，传统的地缘政治理论体系分为全球体系与区域体系，在全球崇尚海陆两极对峙，在区域强调毗邻者为敌的设想。这种思想使得传统地缘政治发展僵化，形成国家冲突、霸权主义与强权政治的局面，传统地缘政治理论具有浓厚的"宿命论"色彩。针对传统地缘政治理论的批判也多围绕"去冲突化""去国家化"以及"去地理化"展开。葛汉文（2010）认为，批判地缘政治理论并没有跳出传统地缘政治理论的基础框架，反而使得地缘政治研究具有多样性，对传统理论具有过度矫正的现象。冷战之后，地缘政治研究从经典思路与后现代主义两方面展开（葛汉文，2015）。

2. 地缘政治学的认知的差异性研究

从不同国家来看，不同国家对地缘政治学的解读不同。德国地缘政治学以德国为中心，为德国权力扩张提供理论依据；美国地缘政治学研究为美国扩张势力提供了有力支撑；英国的地缘政治学力求重新振兴英国在国际中的大国地位。可见，西方国家对地缘政治学的研究多以本国为地缘主体，为本国势力向外扩张提供合理解释（刘文波，2016）。

在经历冷战之后，德国、意大利和日本地缘政治理论的发展开始侧重于现实主义的国际政治倾向以及使用地理历史分析手法分析地缘政治战略；法国地缘政治研究，则以其历史和现实环境为基础，另辟蹊径，开创了独特的演进路径。由于历史问题、政治文化、地理位置和国家内外部环境的巨大差异，印度、巴西、土耳其、乌克兰、捷克等国的地缘政治思想的发展具有鲜明的国家特点（葛汉文，2014）。在东北亚海岸线与第二次鸦片战争背景下，俄国为推动自身海洋战略与权势扩张，通过与中国签订条约、充当调停者，割占与封锁海洋地理位置优越的东北亚地区，最终占据东北亚海岸线，完善自身海洋军事战略布局，最终使得东北亚地缘政治格局发生改变（赵欣，2019）。之后，俄罗斯学者将传统地缘政治理论与俄罗斯民族文化相结合，关注后冷战时代欧亚大陆地缘政治演进的内涵与发展趋势，试图寻找一种恢复俄罗斯大国荣誉地位、实现民族复兴的新型地缘政治战略（葛汉文，2012）。黄正多（2019）分析了尼泊尔作为海陆权力交会地带，对南亚、中亚以及中印地缘政治影响显著。在"一带一路"倡议下，尼泊尔与中国展开密切合作，不断加强双方经贸合作与文化交流，推动区域地缘政治向和平与发展转变。

3. 中国的地缘政治的相关研究

从学者对中国地缘政治的研究来看，诸多学者对中国及周边国家地缘政治的研究多集中于中国"一带一路"倡议提出之后。中国早在春秋战国时期便意识到地理环境对人类政治活动的影响。王正毅（1999）对中国地缘政治理论作了理论回顾，认为中国的地缘政治研究主要经历了朝贡体制、条约体系下"封闭式"地缘发展模式、"一边倒"的地缘政治形式以及多边地缘政治模式。21世纪以来，中国综合实力的上升加剧了东亚地区地缘政治的不稳定，打破了传统以美国为首、日韩参与的政治格局，美日也将中国的崛起视为打破东亚规则的最大威胁（黄凤志等，2014）。传统地缘政治理论源于欧美国家，服务于其向外扩张势力的战略实践。对于中国而言，传统地缘政治理论不符合中国开放合作的发展理念，很难正确诠释中国现实地理环境（黄凤志等，2012）。

中国的"一带一路"倡议同中国地缘政治理念与经济发展相契合。高永久等（2018）从"人类命运共同体"与"一带一路"的角度，论述中国西部边境牧区地缘政治治理测度指标、依据和范围。从国际地缘格局来看，中国"一带一路"所涉及的国家大多位于亚欧大陆腹地，中国西部地区通过"一带一路"倡议能够更好地发挥辐射作用，发挥地理优势。中国的"一带一路"倡议，能够有效推动双边经济贸易与人文往来、维护双边军事、贸易与地区稳定，"一带一路"倡议的提出超越了传统地缘政治，打破了传统地缘政治中关于国家崛起与发展的桎梏，有助于突破以国家为中心的权力思维模式，与霸权思维不同，体现了中国作为负责任的大国为推动世界和平发展，构建"人类命运共同体"迈出的重要一步。刘文波（2016）分别从全球地缘政治层面、亚太区域层面、中国国内发展的地缘政治层面分析了中国"一带一路"倡议，其认为"一带一路"从陆地、海洋两条路线深化了中欧、中俄的合作，重塑了全球地缘政治。中国"一带一路"倡议符合中国地缘政治环境，是海陆并进发展的地缘政治大战略。但是，在中国"一带一路"倡议的实践中，也会面临诸多风险挑战。科林·弗林特等（2016）指出，针对中国"一带一路"倡议可能遇到的风险，需要加强共建"一带一路"国家的交流与合作，打造互利共赢、共享发展成果的新平台。

4. 地缘政治风险及其风险指数的相关研究

首先，地缘政治风险内涵、影响因素等方面。目前，国内外学者对地缘政治风险的讨论尚未形成完整体系，缺乏对地缘政治风险的定义阐述与理论分析。与政治风险不同，地缘政治风险更强调国家地理位置以及地理与政治之间关系的研究。蒋姮（2015）认为，"一带一路"沿线65个国家其地缘政治风险因子主要包括社会、经济、政治、外交等多方面多角度的非商业因子。周平（2016）从地缘政治的角度对于"一带一路"倡议进行考察，对于"一带一路"的地缘政治意义、可能面临的地缘政治风险以及如何妥善应对等提出相应的建议。罗思思（2017）认为，在推进"一带一路"倡议的过程中，要把握"一带一路"面临的地缘政治风险，制定出规避和管控地缘政治风险的策略。张晓通等（2020）给出了地缘政治风险复杂的定义，即着重解释"地缘因素"包括了国家地理位置、国家或地区之间的竞争、对争议地区的开发利用、自身利益是否受到影响而引发的国家政治风险。肖方昕等（2020）通过研究中国在非洲的铁路项目，指出中国在非洲的铁路项目中面临着西方国家基于"地缘政治想象"插手干预中国在非铁路建设；此外，由于各国民主政治以及当地利益结构、国有矛盾使得中国铁路项目在非洲地缘政治风险加剧。郭鹏（2021）分析了地缘政治风险对各国股票市场的影响，结果表明地缘政治风险对股票市场的影响主要体现在地缘政治风险改变了商业投资模式，地缘政治风险通过影响投资者情绪与异质信念、羊群效应等路径对股票市场产生影响。

其次，地缘政治风险指数的相关研究方面。Caldara 等（2016）提出构建地缘政治风险指数的具体方法，其构建思想将地缘政治风险划分为地缘政治威胁、紧张局势、地缘政治事件和地缘政治行为四大类，并在此基础上界定相关词语作为搜索关键词，统计报刊中每月提及相关词语的报道篇数比例作为地缘政治风险指数[①]。该地缘政治风险包括 1985 年以来全球地缘政治风险指数和 18 个新兴经济体地缘政治风险指数，涵盖地缘政治风险和事件各方面，是目前可以公开获取用于实证分析的最全面可靠数据[②]。近年，还有一些学者基于上述地缘风险指数测算方法，对其他经济体的地缘政治风险进行度量，如对区域全面经济伙伴关系协定（RCEP）地区地缘风险进行测算（李丹等，2021）。此外，部分中国学者尝试构建地缘政治风险指数，并以此对比分析各国的地缘政治风险指数，如刘文革等（2018）提出，从政治制度距离指数（细分为 12 个指标）和经济质量指数（细分为 9 个指标）两个大维度入手构建地缘政治风险指数评价体系，并以此测算了 127 个国家的地缘政治风险。

（二）粮食价格的相关研究

现有文献中关于粮食价格的相关研究颇丰，视角也较为宽泛，具体来讲，主要聚焦在如下几个方面：

---

① 刘浩杰、林楠：《地缘政治风险、短期资本流动与外汇市场压力》，《亚太经济》，2021 年第 6 期，第 31-41 页。

② 李俊茹、石自忠、胡向东：《地缘政治风险对中国粮食价格的影响》，《华中农业大学学报（社会科学版）》，2021 年第 6 期，第 15-26，186 页。

1. 粮食价格影响因素的研究

粮食价格的影响要素可以分成内部要素和外界要素两种。内部要素会对粮食价格产生内在的基础性影响，如粮食销售市场的供需转变、生产成本等。外部因素会随着社会经济的发展不断变化，例如，地缘政治、金融市场、能源价格、社会发展等因素。

首先，内部因素对粮食价格波动的影响效果。凯恩斯的需求理论表明，商品的价格受到市场供求的影响，从而达到一种相对稳定的状态。Headey 等（2008）、Sugden（2009）等通过研究发现，长期稳定的粮食供给和长期增加的需求两者之间的矛盾成为 2006—2008 年国际粮食价格疯狂上涨的最主要原因。同时指出，生物燃料需求的减少、农村经济的发展都是缓解粮食价格长期上涨的有效方法。Krugman（2010）认为，粮食的供需关系是影响粮食价格变动的主要原因，世界经济的不断发展导致对农产品等大宗商品的需求不断增加，从而推动农产品价格快速上涨。除了供需因素之外，粮食的生产成本和粮食库存量也是影响粮食价格变动的内在因素。Apergis 等（2003）通过构建模型发现粮食的生产成本和粮食价格之间存在着正向相关关系，并且粮食生产成本每增加一个单位，粮食价格就会上涨 0.75 个单位。Mitra（2008）发现，粮食库存是影响国际粮食价格波动的主要原因。

其次，市场外部因素对粮食价格的影响。除了粮食市场自身的因素在影响粮食价格变动之外，政府的参与、自然灾害等因素也会在一定程度上影响粮食价格的变动。Rosegrant（1998）以印度尼西亚的四种主要粮食价格为研究对象，发现政府的粮食价格扶持和农业投资政策是影响粮食产量和粮食价格的重要因素。Hassan（2009）基于自然灾害这一新的视角，研究降水量和温度对粮食产量的影响，结果显示，粮食的产量会随之增加，但是当这些影响因素超过一定的限度之后，粮食的产量则会下降。李国祥（2011）发现，自 2003 年以来中国的农产品价格有过两轮明显的上涨趋势，除了受自然灾害的影响外，最主要的是因为农产品的供求、国家的宏观经济调控、农业政策等因素影响。陈祥新等（2014）运用协整检验发现，粮食生产量、农业生产资料价格指数、居民消费价格指数、粮食消费量、国际粮食价格等多方面的因素都对粮食的零售价格具有显著影响。王学真等（2015）发现，各国的粮食价格波动会受到前期粮食价格、粮食供给数量、粮食需求数量和热钱数量波动的影响。王锐等（2015）以 2003—2013 年中国粮食市场为研究对象，采用非结构化的向量自回归模型发现，粮食价格的滞后性是其自身变动的最主要的因素。王彦（2016）发现，小麦价格波动受稻谷价格、生产资料价格以及物价水平的影响，我国小麦的价格更多地受到市场因素的影响。钱加荣等（2019）的研究结果表明，价格支持政策对政策执行地区和非执行地区的粮食市场价格均能产生明显影响。康依雯（2022）以2003—2018年江苏省为研究对象，从农业机械化程度、农业种植技术水平、农业现代化水平、受自然灾害程度以及耕作水平五个方面研究影响粮食价格变动的影响因素。

最后，国际因素方面，进出口贸易、汇率等均对粮食价格产生影响。周兴（2015）通过研究2012—2014年中国的粮食贸易、国际粮食价格以及我国粮食价格的变动趋势发现，三者的波动趋势大致相同，这在一定程度上证实在贸易传导机制的作用下，国际粮价和汇率对我国的粮食价格具有显著的影响。公茂刚等（2017）得出了国际粮价与我国粮价间的双向溢出效应主要体现在价格水平和价格波动两个方面。范成方（2019）采用主成分回归模型和向量自回归模型分析发现汇率对我国的粮食价格影响最大，然后依次是生产成本、国际粮食价格、国际原油价格，除此之外它还受到自身波动的影响。陈泰龙等（2021）发现，我国的玉米期货市场对价格的影响要大于现货市场的影响。吴玲霞（2020）发现，受全球新冠疫情的影响，各国采取的封锁、隔离等措施导致全球的粮食贸易受到了影响，粮食抢购、限卖等对粮食流通造成了冲击，导致国际粮食价格受到影响，进而影响中国粮食价格。李先德等（2020）的研究结果表明，随着新冠疫情在全球范围内的大规模扩散，市场对全球经济衰退的担忧会进一步加剧，会造成市场上的恐慌，粮食作为全球抗风险和抵抗通货膨胀的主要商品之一，人们对粮食的保值避险需求会大幅度增加，进而导致粮食价格的大幅上涨。李辛一等（2021）发现，新冠疫情对全国的晚籼米和粳米价格的冲击分为两个阶段：第一阶段是新冠疫情初期，受到冲击之后的粮食市场价格出现了短期的波动；第二阶段是经历了新冠疫情初期冲击之后，粮食市场的价格趋于平稳，粮食消费水平逐渐恢复到以前水平。赵川等（2021）认为，新冠疫情影响中国粮食市场，尤其是大豆这类外贸依存度较高的农产品，价格变动更为显著。因为新冠疫情的影响，我国大豆进口数量下滑，市场供给减少，导致大豆的价格上涨。付宗平（2021）分析了新冠疫情对印度大米价格的影响，发现印度大米出口量有了减少的趋势，但是国际粮食价格的上涨，刺激了印度大米的出口量，造成印度国内粮食供应紧张，进而导致印度国内粮食价格上涨。童馨乐等（2022）以蛛网模型为基础，结合我国玉米的"市场化收购＋生产者补贴"政策实施前后的表现进行分析，发现粮食期货市场能够增加粮食现货市场的需求弹性，降低供给弹性，并且当粮食期货市场足够发达时，粮食现货市场会由"发散性蛛网"转变为"收敛性蛛网"，现货市场的价格下降并趋于稳定。

2. 粮食价格波动特征的分析方法研究

目前，研究粮食价格波动特征的方法主要有 Hamilton 转换模型中的马尔科夫时态转换模型、结构性突变时态转换模型、ARCH 模型等，由于 ARCH 模型能够对时间序列进行精准地模拟，所以是研究价格波动的常用方法[①]。李剑等（2013）通过 X-12-ARIMA 模型和 ARCH 模型发现，中国的粮食价格季节性波动在逐年减弱，而且具有明显的波动集聚性，其中小麦价格波动的非对称性不显著，而大豆价格波动的非对称性显著。付莲莲等（2016）通过 ARCH 模型发现，中国粮食价格具有"尖峰肥尾、非正态"的特征。韩磊（2016）基于 EGARCH 模型的信息冲击曲线和 H-P 滤波法发现，1998—2015 年我国小麦的集贸市场价格波动具有最强的持续性和集聚性，稻谷、小麦和大豆的价格波动具有明显的非对称性。张娜（2017）通过 ARCH-M、EGARCH 和 CGARCH 模型发现，我国的粮食价格波动呈现出明显的集聚特征，粮食市场并没有呈现出高风险高收益的特点。周洲等（2017）利用 ARCH 模型发现，中国粮食价格波动具有显著的异方差性和集簇性。崔海莹等（2022）在新冠疫情这一大背景下，通过 DCC-MGARCH 模型发现，我国的小麦、玉米、大豆的价格会受到国际粮价的影响，并通过"国际疫情恶化—国际粮食价格波动—国内粮食价格波动"的传导机制产生影响，并且三大主粮对新冠疫情冲击的反应存在一定的差异。

3. 中国粮食价格波动特征的研究

目前，粮食价格已经进入了频繁的波动期，分析粮食价格波动特征可以帮助国家更好地预测未来粮食价格波动的方向，从而更好地安排农业生产活动，保障中国粮食的安全和粮食价格的稳定。李国祥（2011）通过分析 2003—2008 年的相关数据发现，中国经历了两轮农产品价格的上涨，粮食生产价格的上涨

---

① 朱智敏：《中国粮食价格波动特征研究——基于 ARCH 类模型》，《中国物价》，2015 年 10 期，第 64-66，88 页。

尤为明显。其中，小麦、稻谷的价格涨幅超过了 30％。龚芳等（2012）基于"价格—主体—行为"对我国的粮食价格波动机制进行了解释，并通过相关的数据分析得到我国的粮食政府价格与市场价格分别呈现出 6～8 年和 2～3 年的波动周期，前者受国内物价水平和国际粮价的影响显著，贡献率分别为 75％、25％；后者受供需、货币以及国内外价格水平的影响，贡献率分别为 50％、40％、10％。导致这种情况的根本原因是市场主体的参与程度以及主体的行为特征差异性[①]。李剑（2013）通过研究发现，小麦的价格波动不具有非对称性，而大豆的价格却具有非对称性的特征，并且上期价格上涨的信息所造成的波动影响要大于下跌信息所引起的波动。韩磊（2016）发现，1998—2015 年我国的稻谷、小麦、玉米和大豆的集贸市场价格是呈现波动上涨的趋势。其中，大豆的波动趋势尤为明显，其波动趋势与国际大豆价格波动的趋势大致相同，主要原因是我国的大豆供给主要是进口。徐振宇等（2016）认为，中国粮食价格形成机制日益逆市场化，并最终固化为以政府定价为核心。孙中叶等（2018）认为，中国粮食市场在价格"天花板"与成本"地板"的双重挤压下，粮食保护价累积的政策性矛盾日益凸显，探寻中国粮食价格形成机制和粮食收储政策改革方向迫在眉睫。范成方（2019）发现，1998—2016 年我国的小麦、玉米、稻谷的价格呈现上升的趋势，且波动轨迹大致上是相同的。贾世云等（2022）分析了河南省的主要粮食价格，发现除了稻谷的价格在 2021 年时平稳运行之外，小麦、大豆、玉米的价格在这一年的时间里都出现了大幅度的上涨。王树娟等（2022）研究发现，我国的粮食价格指数大体上呈 10 年一个周期的变化，并在之前粮食价格变化趋势的基础上预测了 2021—2025 年中国粮食价格指数，在这五年期间平均预测指数为 100.7。崔海莹等（2022）分析了 2020 年国际和中国粮食价格的波动趋势，发现我国的粮食价格波动受到国际市场的影响。其中，小麦、玉米的价格波动整体上比较平稳，波动幅度较小，但是大豆的价格波动较为显著。

（三）粮食金融化、粮食能源化与粮食价格

20 世纪 80 年代资本主义世界出现的新自由主义经济政策诱发了粮食金融化发展，但粮食金融化这一现象真正得到学界重视起源于 2008 年的全球金融

---

① 龚芳、高帆：《中国粮食价格波动趋势及内在机理：基于双重价格的比较分析》，《经济学家》，2012 年第 2 期，第 51-60 页。

危机。随着 2008 年全球金融危机的爆发并愈演愈烈，大量投资者包括对冲基金、私人股本集团、投资银行等开始购买农田，投资粮食产业，争取获得更多的利益。金融危机之后，由于全球人口不断增长引致对肉类需求增加以及生物燃料市场不断发展，粮食价格随之不断上涨。总之，粮食金融化和粮食能源化之后，二者对粮食价格影响较为显著，现有文献在二者关系方面展开了深入研究，大致归为如下几类：

1. 粮食金融化的产生及发展

在粮食金融化现象产生之后，学者们开始关注粮食金融化的内涵及其影响。Burch 等（2009）首次明确阐述粮食、农业和食品金融化，并认为由于金融投资在经济领域的影响力日益增强，这导致粮食、农业、食品行业正处于一场"金融深度参与"的市场转型中。投资者对于粮食生产、粮食物流以及粮食食品公司的金融投资是粮食系统金融化的典型表现（Fairbairn，2014b）。还有一些学者关注粮食金融化在食品链条上发挥的作用，包括在零售环节（Burch et al.，2012）、粮食商品贸易交换环节、粮食金融化的风险和投入领域（Isakson，2014）。通过粮食金融化，投资者寻求对粮食以及食品部门的投资机会，而更多的农业食品公司开始转向金融渠道，以获得更高的收入和利润。国内研究方面，有研究表明，自 2000 年以来，国际粮食的消费品属性逐渐弱化，而投资品和能源品属性显著增强，以金融因素为主导、金融化和能源化相交织已成为当下影响国际粮价的核心因素①。因此，应该积极倡导和参与国际合作，减少和防范投机资本炒作国际粮价，实现粮食去"金融化"（辛毅等，2015）。

2. 粮食金融化与粮食价格的关系

随着全球化和金融化进程的不断发展，粮食价格不再简单地受粮食市场供求的影响，金融市场也逐渐成为影响粮食价格的重要因素。Dornbusch（1987）从产业经济学的角度出发研究了汇率对价格的影响发现，如果一个国家的粮食对外依存度比较高且农产品比较单一，那么这个国家的粮食价格就容易受汇率波动的影响。Barnett 等（1998）研究了狭义的货币供应量与广义的货币供应量对美国粮食价格的影响，发现美国的货币供应量不会直接影响粮食价格。Saunders（1988）发现，没有直接证据证明美国的广义货币供应量的增长率能

---

① 高帆、龚芳：《国际粮食价格的波动趋势及内在机理：1961—2010 年》，《经济科学》，2011 年第 5 期，第 5-17 页。

够影响粮食价格的变动，但是美国的货币供应量的变化对粮食价格的变动存在滞后效应，只是滞后期数并不确定。Mitchell（2008）分析了美元贬值与国家粮食价格之间的关系，发现2002年1月至2008年6月美元贬值使全球粮食价格增加了15%，然而在这一过程中，美国的粮食价格却没有相应地上升，这与美元贬值对其他国家粮价造成的冲击有很大关系。Trostle（2008）研究了外汇储备与粮食价格的关系，研究发现拥有大量外汇储备的国家已经成为主要的粮食进口国。Ghosh等（2012）通过实证研究发现，在粮食金融化过程中投资者对商品期货投机行为的增加与商品实际价格之间存在很强的相关性。还有研究表明，在粮食金融化的过程中，粮食商品的现货市场的价格波动率随着期货市场投机行为和资金的流动性的增加而增加，但波动率的严重程度取决于其衡量方式（Ghosh et al.，2012）。事实上，全球小麦、玉米和大豆等关键商品期货市场的价格变化正越来越多地主导现货市场的价格变化，这表明粮食衍生品市场的金融参与者正直接影响着全球粮食价格（Hernandez et al.，2010）。

3. 粮食能源化与粮食价格

除了粮食金融化能够显著影响粮食价格之外，粮食能源化也是一个重要影响因素。随着生物能源的提出，将粮食市场与能源市场联系起来，能源市场的变动会通过其他因素传导到粮食市场，从而影响粮食价格的变动。石油价格的上涨会带动包括生物能源在内所有能源的价格上涨。Baffes（2007）、Chen（2010）发现，乙醇汽油等生物能源的价格会打破其生产的盈亏平衡点，增加对生物能源的需求，从而造成对粮食需求的巨大冲击。石油价格借助生物能源对粮食需求产生冲击从而推动粮食价格的上涨。Mitchell（2008）发现，粮食价格上涨的主要原因是美国和欧盟的生物能源生产消耗了大量的谷物和油籽，生物能源生产直接或间接导致国际粮食价格上涨70%～75%。

国内的相关研究基本上对粮食能源化持否定态度，如黄季焜（2009）利用全球贸易与能源分析模型对引起粮价变动和国内外差异进行了定量分析，研究结果发现，全球能源的价格上涨、生物能源的生产规模扩大分别导致国际玉米价格上涨30.6%和44.0%，并且他们还发现，如果我国没有政府对粮价的干预，石油价格的上涨和生物燃料的发展可能会使我国玉米的价格上涨54.2%。林艳兴等（2006）认为，粮食能源化对粮食安全产生重大影响，若不加制止，将会成为粮食安全问题新的"导火线"。张艳红（2007）也提出，中国应该严格限制和控制粮食能源化现象。吕捷等（2019）认为，粮食能源化、金融化趋势加剧了全球粮食供求的波动，使国内外粮食价格的形成机制变得更为复杂，增加保障国内粮食安全的外部不确定性。

（四）粮食进出口贸易与粮食价格

经济全球化背景下，各国之间粮食贸易频繁，从历史数据来看，粮食进出口贸易与粮食价格之间关系也十分密切，相关研究也较多，本书主要聚焦在如下几个方面：

1. 粮食进出口贸易相关研究

（1）国外粮食贸易相关研究。目前，国外关于粮食贸易的研究主要集中在粮食贸易与宏观经济发展之间的关系方面。全球的粮食贸易规模曾经维持在一个很低的水平，直到 20 世纪 70 年代之后，越来越多的发展中国家开始从发达国家进口粮食[1]。因此，学者们开始将研究注意力集中在粮食贸易与经济发展、人口与粮食供给、粮食进口与粮食安全等影响因素方面。

①粮食进出口贸易的影响因素。Mellor（1983）认为，经济增长对粮食进口的影响是一个动态过程，并且随着国家经济的发展水平有所不同。Veeman 等（1992）以世界上 74 个欠发达的国家为研究对象，通过实证研究发现，人均收入水平和粮食的进口数量之间呈现正相关的关系。Smil（1995）通过研究发现，当日本本地的粮食生产不足时，政府会紧急从他国进口大米，这会导致国际粮食市场上大米价格上涨。Uzunoz 等（2009）以土耳其为研究对象发现了同样的结论，除了经济发展水平之外，人口的不均衡发展也是引发国家粮食贸易的一个根本原因。Rakotoarisoa 等（2012）以 1980—2007 年的非洲为研究对象，通过比较人口、人均粮食消费和粮食净进口的增长速度发现，人口的增长是粮食净进口持续增加的主要原因。还有一些学者从供给的角度来研究粮食贸易。Parry 等（2005）研究了天气气候的变化对粮食供给能力的影响，Adejuwon（2006）也从气候变化角度入手，研究了其对粮食安全的影响。Deng 等（2006）以土地利用为研究视角分析了影响粮食供给能力的影响因素。Rask（2011）通过实证研究发现，一个国家能否降低粮食进口量取决于本国的耕地禀赋。Sadler 等（2011）认为，北非和中东国家成为全世界最大的粮食净进口地之一的主要原因可能是因为耕地和水资源匮乏。

---

[1] 高道明、田志宏：《国家粮食进口的决定因素：来自国际面板数据的证据》，《国际贸易问题》，2018 年第 9 期，第 25-37 页。

②关于粮食进口与粮食安全之间的研究。对于粮食贸易和粮食安全之间的关系，不同的学者持有不一样的意见。Brown（1995）以布基纳法索、马里和尼日尔三个国家为研究对象，研究发现本国的粮食价格不仅会受到周边国家环境的影响，同时还会受到世界粮食市场价格的影响。Ishim（1996）通过相关数据研究发现，日本的粮食自给率仅有 40%，因此国际石油价格的上涨会对日本的粮食安全造成一定的影响。Pual（2008）通过对不同国家粮食价格的稳定政策效果进行分析发现，依靠市场机制来稳定粮食价格比通过依靠国内的粮食库存来稳定粮食价格更加有效。Conceicao 等（2009）认为，国家应该通过开展单边或者多边合作来解决本国的粮食危机，确保国家的粮食安全。Tanaka 等（2011）通过研究发现，粮食的贸易开放会降低本国粮食的自给率，使得本国粮食市场的供应更加依赖于从国际粮食市场的进口，从而导致粮食供给不再安全，特别是当考虑到农业和自由贸易之间是不完全相容的，粮食的进口会更加导致本国粮食安全水平的下降。Matthews（2014）认为，开放的、可预测的贸易体系对促进国家的粮食安全具有重大意义。Bacon（2015）认为，国家之间有效的农业合作可以促进更加公平的贸易并保障国家粮食安全。

（2）国内粮食贸易研究综述。我国作为一个人口大国，粮食贸易问题一直是学术界研究的重要方向。现阶段很多学者认为，可以利用当下国际粮食市场的差异性按需进口粮食，从而保证国家的粮食安全。但是到底每年要进口多少粮食，目前还没有具体的结论。此外，粮食贸易可以分为粮食出口和粮食进口，现阶段的主流观点是用两者之间的缺口来衡量粮食的安全问题。

①粮食贸易演变和贸易格局研究。由于粮食具有关乎国计民生的重要价值，在各国的经济发展过程中一直处在特殊的地位，粮食贸易流动和贸易格局分布特征一直是学者们研究的重点，研究成果比较丰富。刘明宇（2012）基于价值链、供应链、产业链的价值网络分工模型发现，新中国成立初期工业发展极为落后，农业人口比重大，初级商品价格相对廉价，在国际贸易中的比较优势较为明显，成为我国当时的主要出口产品。但是随着我国经济和工业化水平的不断发展，以及我国参与国际合作的程度不断加深，我国的主要出口产品变为了工业品，经历了从出口粮食向进口粮食的转变过程。陈旭华（2014）发现，2001 年中国加入世界贸易组织（WTO）后，粮食进出口总额大幅增长，粮食贸易品种结构失衡，出口以玉米和大米为主，进口以大豆为主。王荣华（2015）研究表明，世界粮食贸易在 21 世纪以后会逐渐增加，在全球粮食贸易

中，小麦占比最高，但是，玉米和大豆的贸易量比小麦增长更快。卞静（2019）认为，从粮食贸易结构上看，亚洲国家既是全球稻米出口国，又是全球稻米进口国；欧洲、美洲国家是全球小麦出口国，而亚洲、非洲国家则是小麦进口最多的国家；从玉米的角度看，美国是玉米的主要出口国，而亚洲国家和美国则是玉米主要的进口国。Han Dong 等（2020）通过对"一带一路"沿线各国的分析得出，俄罗斯、印度和乌克兰是中国粮食贸易的主要枢纽，对"一带一路"沿线各国的贸易产生了重要的影响。

②粮食贸易的影响因素研究。一个国家参与粮食国际贸易的程度往往取决于该国的土地、水资源等自然禀赋以及劳动力、资金和技术等生产要素，国家工业化水平，对外贸易政策以及国际环境等因素。朱四海（2008）通过分析发现生产力、比较优势、消费结构、政府偏好、政府能力和劳动力就业 6 个因素共同决定着粮食贸易的走向，并且论证了粮食贸易的经济可行性。朱晓华等（2001）发现，频繁发生的水旱会对中国粮食产量造成严重影响。颜晓飞等（2009）通过计量模型分析同样发现，在不考虑其他影响因素的情况下，干旱和洪涝会使我国的粮食产量减少，并且干旱对粮食产量所产生的影响要比洪涝所产生的影响大。王新华等（2014）通过逐步回归法发现，汇率和国际粮价对中国粮食进口会产生显著的负向影响，我国实行的鼓励政策会对粮食进口产生显著的正向影响，国民收入、中国的粮食产量和粮食进口的配额管制政策对我国的粮食进口并没有显著影响。刘春雨等（2015）研究发现，国际的粮食价格波动和国内的粮食价格波动对中国粮食进口具有显著影响，从供给量来看，国际市场对我国的粮食进口的影响并不显著，而国内市场却是我国的粮食进口的主要因素。李靓等（2015）以中国和澳大利亚粮食贸易为研究对象，通过 CMS模型分析中澳粮食贸易的增长因素发现，结构效应是促进中国从澳大利亚进口粮食的主要原因。廖家惠等（2016）发现，粮食的供求状况是决定中国粮食贸易的内在因素，而影响粮食供求因素的变动通过作用于供求关系从而影响粮食的进出口，其中生产要素的投入，包括耕地、劳动力和资本三大要素通过影响粮食的产量进而影响粮食的进出口数量；人口规模和国民收入水平通过影响粮食的需求进而影响粮食的进出口数量。郝晓燕等（2018）选取具有代表性的小麦、玉米、稻谷以及大豆四类具有代表性的粮食产品，采用 MS-VAR 模型对粮食贸易波动状态进行分析，发现政策的不确定性是粮食贸易波动的主要因素。

2. 地缘政治风险与粮食贸易关系研究

从现有文献分析，国内外很多学者都认为，地缘政治风险会给国家带来或多或少的负面影响，即地缘政治冲突造成的风险增加和地区不安感升级会加剧金融市场的波动，进而影响国际资本流动。也有不少学者研究发现，地缘政治风险对国家经济带来的负面影响表现在其负面冲击将会影响宏观经济和国际贸易流动。黄河（2015）认为，地缘政治风险的出现增加商业和交易成本，从而使得国际贸易往来和资本流动成本增加，大大降低各国的对外开放程度。李兵等（2018）研究发现，外部冲击和恐怖主义等行为会造成不可挽回的经济后果，主要表现为国际贸易中高高筑起的贸易壁垒，对国与国之间的经济贸易造成了严重影响。杨承佳等（2018）研究了中国和共建"一带一路"国家贸易合作的可能性和竞争性，发现共建"一带一路"国家和中国的贸易既有合作又有竞争，各国之间贸易联系紧密，在竞争的同时也表现出强烈的合作愿景。

此外，也有不少学者从政治动乱和国际恐怖主义角度探讨地缘政治风险与国际贸易之间可能存在的关系。Levy等（1999）通过研究发现，地缘政治风险的增加，如战争等对国际贸易几乎没有影响，突然爆发的战争虽然会造成战争双方短暂的贸易停滞，但是一旦战争结束，战争双方的贸易往来会在短时间内恢复，并且在战争过后的一段时期，双方的贸易往来会表现出比战争前更频繁的局面。也有学者对此表达不同的观点，Click等（2010）将研究对象集中在战争国家和战争中立国之间在战争前后的贸易往来情况，通过研究发现，战争对两国间的贸易产生了深刻而持久的影响，显然这一影响是负面的影响。Martin等（2008）研究了两国间的军事冲突对国际贸易的影响，研究发现多边贸易减少了国家之间的双边贸易开放程度，同时也增加了两国之间的政治冲突和军事冲突，使得两国间爆发战争的可能性增加。Cheng等（2018）研究了地缘政治风险对新兴经济体活动的影响，以及检验地缘政治风险是否会对该国的消费和投资等造成实质影响以及影响程度。研究发现，在贸易全球化时代，地缘政治冲突的性质实际上是全球性的，地缘政治风险不仅会影响国内的经济贸易活动，同时也对国际关系和国际贸易产生深远影响。

3. 粮食进出口贸易与粮食价格

在粮食贸易和粮价之间的关系上，多数学者都认为，粮食交易有利于稳定粮价。钟福宁（1995）指出，在防止食品价格人为波动方面，需要实行稳定政策，实行统一市场。轩尼诗（1998）认为，政府的农业扶持政策会促进农户对生产要素进行投资，从而影响到粮食的价格。黄继坤（2009）认为，中国的粮食调控政策对中国粮食价格的稳定起到了很好的促进作用。Dorosh（2008）对各国粮食价格稳定政策的影响进行了分析，结果显示，在国际粮食贸易中，更多参与到国际粮食贸易活动中的国家粮价较为稳定，粮食供应机制更为有效。康西科等（2009）认为，为了应对食品危机、稳定食品价格和保障全球食品供应，今后应该进行双边或多边的合作。Anderson等（2012）认为，出口限制是国际食品价格上涨的原因之一。Brooks（2014）认为，OECD（经济合作与发展组织）国家的粮食政策在不断变化，价格支持政策和保护政策的国际溢出效应正在减弱。Matthewsa（2014）指出，一个开放和可预见的贸易系统在推动世界食品价格的稳定、提高国际食品系统的效率以及对可能危及食品安全的突然冲击的反应中扮演了重要角色。何树全等（2014）以2003—2012年国内外大豆、玉米、小麦、大米四种粮食作物的进出口量和月度价格数据为例进行研究，结果表明，各粮食作物的国内外现货价格对其贸易量所产生的影响程度不尽相同。国内大豆的进口与大米的出口对其国际价格具有较为显著的"大国效应"，小麦的进口与玉米的出口对其国际价格的反馈作用并不明显。巴肯（2015）认为，高效的农业合作对推动公平贸易和食品保障是有益的。张经纬（2015）指出，我国的食品进口风险逐渐增加，对我国整体的健康发展不利。肖晓（2016）指出，粮食是国家战略储备，对进口的过度依赖，对中国的社会危害极大，对中国食品市场的健康发展构成了直接的威胁。肖国安等（2017）认为，应将国际资本、国际资源、国际技术等纳入中国粮食安全问题的综合分析体系。郑旭云等（2021）发现，在中国的小规模进口阶段，国际玉米价格对中国玉米价格的传导作用大于中国大规模进口的玉米。

（五）能源价格与粮食价格

能源作为粮食生产过程中的投入要素，其对粮食价格的影响也是直接的，具体来讲，主要分为如下三个方面：

1. 地缘政治风险与能源价格波动研究

一是国外的相关研究。Kang等（2013a、2013b）发现，尽管实际总需求和特定需求影响油价上涨，进而对地缘政治风险产生影响，但石油供应对美国地缘政治风险没有太大影响。Antonakakis等（2014）指出，石油需求的波动对地缘政治风险有负面影响。Bekirose等（2015）发现，经济政策的不确定性为预测油价变化提供了有用的信息。Ojogho（2015）发现，经济不确定性将对农产品价格产生影响，导致农产品价格波动，损害农产品生产者和消费者的利益。Aloui等（2016）使用coupula方法研究地缘政治风险对原油回报的影响，结果表明，地缘政治风险指数衡量的高度不确定性仅在某些时期显著提高了原油收益。Kang 等（2017）研究了地缘政治风险对油气公司股票收益的影响，发现地缘政治风险会对股票收益产生负面影响。Marc JoëTS 等（2017）通过构建 TVAR 模型研究了宏观经济不确定性对石油和大宗商品价格的影响，发现农产品和工业产品对宏观经济不确定性更为敏感。Bahmani-oskooee 等（2018）在研究地缘政治风险对各国原油价格的影响时发现，由于油价是由全球市场供求规律决定的，不确定事件导致供应中断，而大多数国家的经济增长推高了油价。Tan 等（2018）研究地缘政治风险对农产品产业链各个环节的影响，结果表明，与地缘政治风险相比，经济不确定性对农产品产业链价格的影响更大。

二是国内的相关研究。冯美兴等（2016）、朱德中等（2017）等学者先后探讨地缘政治风险与油价波动的关系。结果均表明，原油产量的变化将导致地缘政治风险单向波动。Shi 等（2016）确认地缘政治风险将对中国畜产品价格产生影响，并且这种影响将持续下去。魏仲景等（2017）通过 SVAR 模型和 HP 过滤方法研究了全球不确定性与国际粮价之间的关系，发现地缘政治风险对不同粮食品种的影响是不一致的。田青松等（2018）的研究结论表明，地缘政治风险确实会对粮食价格产生影响，其影响效应有正和负，甚至正负交替的趋势，不同谷物品种之间的影响存在差异。魏彦锋（2019）研究油价和地缘政治风险对中国贸易的影响，发现地缘政治风险的影响将显著减少中国的实际出口。

2. 能源价格与粮食价格关系的研究

国外研究方面，Mitchell（2008）研究发现，2002—2008 年石油价格的上涨，导致玉米、大豆、小麦的生产成本上升 32.3%、25.6%、31.4%。Serra 等（2011）发现，原油价格、汽油价格、乙醇燃料价格和玉米价格之间具有协整关系。Chang 等（2010）发现，原油价格对粮价具有很强的正向冲击。Uddin（2021）从长期和短期分析粮食价格和能源价格正负冲击影响，发现能源价格上涨对粮食价格所产生的影响比能源价格下降所产生的影响大，并且持续时间更长。

国内对于原油价格和粮食价格之间的实证研究相对较少，方燕等（2015）利用 ARDL 模型发现，国际石油价格不论是在长期还是在短期内都会对大豆、水稻、玉米的价格产生积极的影响，对小麦的价格产生消极的影响，并且长期的效应要显著高于短期影响。顾智鹏（2017）利用非对称消除趋势波动分析法，发现石油的价格和粮食价格之间在长期内存在正相关的关系，且石油价格下跌比上涨的效果更明显。

3. 能源价格对粮食价格传导渠道的研究

能源价格是影响粮食价格的一个主要因素。因此，关于能源与粮食价格之间的关系以及能源价格对粮食价格的作用机制，学术界已有很多研究。具体来讲，分为如下几个方面：一是通过生物能源带动粮食价格上涨。粮食价格和能源价格的关系本来不高，但是由于石油价格上涨促进了生物能源的发展，从而导致了对用来生产生物能源的玉米、大豆的需求量持续增长，使得能源和粮食的价格有更高的关联性。Silvernoinen 等（2016）以西得克萨斯中质原油（WTI）和咖啡为基础，研究了 WTI 与农产品期货（包括粮食）的动态相关性。研究发现，大部分的农产品，都与 WTI 的期货价格存在一定的相关性；在粮食等农产品期货价格走高后，玉米、大豆等的价格与 WTI 的价格有很高的相关性。杨志海（2012）以中国粮食及大庆地区 1998—2011 年的原油月库存数据为样本的研究发现，现货原油价格对现货稻米价格具有明显的正效应，而对现货小麦价格则存在负效应。从长远来看，原油价格对大米、玉米、大豆价格的长期影响要比对其短期效应大。二是通过生产成本带动粮食价格上涨。吴方伟等（2009）分析了玉米乙醇的发展对中国粮食安全的影响，验证了能源价格向粮食价格传导的生产成本通道。kancs（2011）认为，当没有生物能源生产时，能源价格主要通过生产成本渠道影响粮食价格。能源投入要素在农业生产中的重要性越高，能源对粮食的价格传导弹性就越大。当有生物能源生产时，能源价格是传递粮食价格的生产成本渠道[①]。能源价格通过影响农业生产成本以及运输过程中的成本来改变粮食价格。三是通过交通费用带动粮食价格上涨。迪伦等（2013）认为，不断上升的国际石油价格使得埃塞俄比亚、肯尼亚、坦桑尼亚以及乌干达的粮食价格上升。翁明（2015）通过对中国粮食市场的挤压作用机制进行研究，得出 2015 年国际原油价格的大幅下跌将使国际粮食运输成本降低，国际粮食运输费用的减少会使进口谷物的到达港价格进一步下降。

（六）文献述评

综上所述，已有研究为本书提供了重要的学理支持和研究基础，尚存在进一

---

① 尹靖华：《能源价格与粮食价格关系的研究综述》，《浙江外国语学院学报》，2017 年第 1 期，第 95-101 页。

步拓展研究的必要性。①多数文献实证分析了粮食价格的变动特征和影响因素的具体作用效果，但是考察角度较为单一；②现有文献也提出了粮食金融化、国外粮食价格、粮食进出口贸易等对国内粮食价格的具体影响效果，然而对地缘政治风险如何传导的路径研究方面视角单一，缺乏综合地从粮食金融化、粮食进出口贸易和能源价格三个"内外渠道"的传导路径的研究；③研究方法较为单一，多数选用单一的时间序列模型分析，缺乏中介效应模型的应用；④在得出地缘政治风险对粮食价格波动的影响前提下，如何构建应对地缘政治风险、确保粮食价格稳定和粮食安全的机制的研究还比较缺乏。

因此，本书将在如下方面进行深入研究：一是将地缘政治风险作为外部冲击因素纳入粮食供需模型中，从理论上阐述地缘政治风险对粮食均衡价格的冲击效应及内在机制。二是采用计量经济学时间序列模型和中介效应模型等实证研究方法，验证粮食金融化、粮食进出口贸易、能源价格三个传导路径的存在性，丰富现有研究成果。三是基于较长历史时期的数据梳理和实证考察，"从田间到餐桌"，基于粮食"产、购、储、加、销"全链条协同构建粮食价格的保障机制。具体包括种子保障机制，"藏粮于地、藏粮于技"保障机制，粮食应急保障机制，国际合作机制，财税金融保障机制五个方面，从而有效确保中国粮食价格基本稳定。

第三节　结构安排及研究方法

本节对整书的研究结构、研究思路、方法与数据进行概括描述，提出本书研究的创新之处以及研究价值与意义，为全书后续研究提供思路。

一、结构安排

本书共分八章，具体章节结构安排如下。

第一章为研究缘起。在百年未有之大变局背景下，从粮食价格和粮食安全面临的挑战等方面提出研究缘起，梳理地缘政治风险与粮食价格方面的研究史及研究动态，总结地缘政治、价格决定及传导的相关理论，提出本书的研究视角及研究内容等创新之处。

第二章为理论框架分析。从粮食价格决定机制入手，探究地缘政治风险对粮食价格的影响机制；并从"粮食金融化""粮食进出口贸易""能源价格"三个方面分析具体的传导渠道及效应。

第三章为地缘政治风险与粮食价格的历史及现实考量。深刻分析地缘政治风险对粮食价格影响的历史演进和中国粮食安全观内涵演变新要求，并从"粮食金融化""粮食进出口贸易""能源价格"三个方面具体分析影响效果，最后分析地缘政治风险背景下，保持粮食价格基本稳定面临的困境。

第四章为地缘政治风险对粮食价格影响的实证研究。采用现代计量经济学时间序列 VAR 模型分析方法，以中国粮食价格指数及粳稻、大豆、玉米、小麦四大主要粮食品种价格为例，分别估计地缘政治风险对其影响效果。

第五章为基于粮食金融化传导渠道的实证研究。采用现代计量经济学时间序列 VAR 模型和中介效应模型研究方法，实证检验基于粮食金融化传导渠道的存在性及显著性。首先检验粮食金融化对粮食价格的影响，其次通过中介效应模型检验粮食金融化在地缘政治风险对粮食价格影响过程中所起的中介作用。

第六章为基于粮食进出口贸易传导渠道的实证研究。采用时间序列分析模型中的 VAR 模型和中介效应模型，实证检验基于粮食进出口贸易传导渠道的存在性及显著性。首先验证粮食进出口贸易对粮食价格指数及小麦、大豆、玉米和粳稻价格的影响，其次通过中介效应模型检验粮食进出口贸易的作用机制。

第七章为基于能源价格传导渠道的实证研究。采用时间序列分析模型中的 VAR 模型和中介效应模型，实证检验基于能源价格传导渠道的存在性及显著性。首先验证能源价格对粮食价格指数及小麦、大豆、玉米和粳稻价格的影响，其次通过中介效应模型检验能源价格的作用机制。

第八章为保障粮食价格稳定的机制和对策分析。基于较长历史时期的数据梳理和实证考察，提出"从田间到餐桌"、基于粮食"产、购、储、加、销"全链条协同构建粮食价格的保障机制，并提出应对策略。

二、研究思路、研究方法和数据

（一）研究思路

本书采用"提出问题—剖析机制—现实考量—实证考察—提出保障机制和应对策略"的研究思路，从理论上构建地缘政治风险影响粮食价格的影响机制的分析框架，实证上分析地缘政治风险对粮食价格影响的"粮食金融化""粮食进出口贸易""能源价格"三个传导渠道的存在性及效果；最后提出确保粮食价格稳定的保障机制和应对策略。具体研究思路如图 1-1 所示。

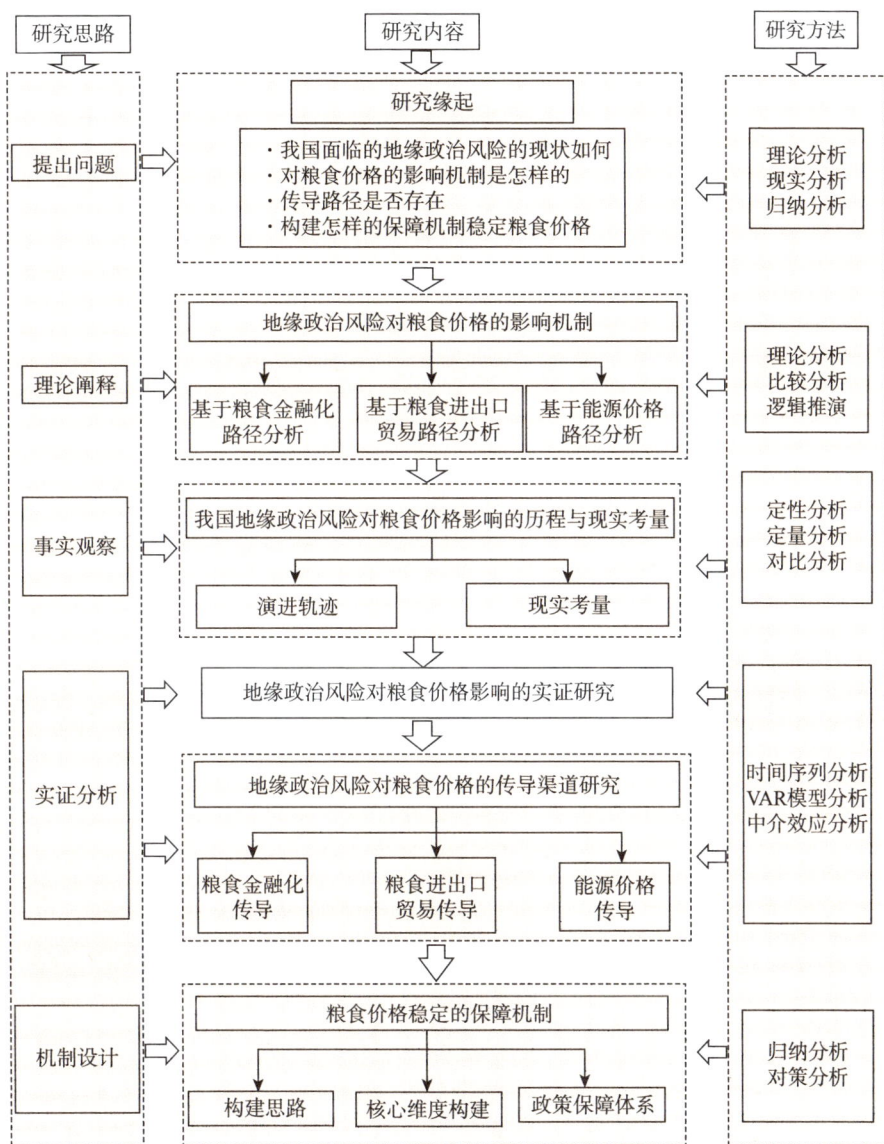

研究思路	研究内容	研究方法
提出问题	**研究缘起** ·我国面临的地缘政治风险的现状如何 ·对粮食价格的影响机制是怎样的 ·传导路径是否存在 ·构建怎样的保障机制稳定粮食价格	理论分析 现实分析 归纳分析
理论阐释	地缘政治风险对粮食价格的影响机制 基于粮食金融化路径分析　基于粮食进出口贸易路径分析　基于能源价格路径分析	理论分析 比较分析 逻辑推演
事实观察	我国地缘政治风险对粮食价格影响的历程与现实考量 演进轨迹　现实考量	定性分析 定量分析 对比分析
实证分析	地缘政治风险对粮食价格影响的实证研究 地缘政治风险对粮食价格的传导渠道研究 粮食金融化传导　粮食进出口贸易传导　能源价格传导	时间序列分析 VAR模型分析 中介效应分析
机制设计	粮食价格稳定的保障机制 构建思路　核心维度构建　政策保障体系	归纳分析 对策分析

图 1-1　研究思路

（二）研究方法

（1）计量经济学研究方法。综合采用计量经济学的时间序列 VAR 模型、中介效应模型等实证分析方法，实证考察地缘政治风险通过粮食金融化、粮食进出口贸易、能源价格三个渠道对粮食价格的具体传导效应。

（2）对比分析方法。选取小麦、玉米、大豆和粳稻四种主粮价格，对比分析地缘政治风险对其价格波动的影响差异，并检验通过粮食金融化、粮食进出口贸易、能源价格三个渠道对上述四大粮食价格的具体传导效应的差异性。

（三）数据来源

本书中使用的数据来源如下：中国的地缘政治风险指数，根据现有文献的研究做法，本书不再构建新的指标体系，而是采用现有的地缘政治风险的度量，这里使用 Caldara 等（2016）提出的月度地缘政治风险指数。粮食价格指数（包括粳稻、小麦、玉米、大豆等主要品种）、粮食进口量、粮食出口量、能源消费总量、货币和准货币供应量、外汇储备量、GDP 增长率、城镇和农村人均可支配收入等均来自《中国统计年鉴》。优质强筋小麦和粳稻的期货交易数据来自郑州商品交易所，大豆 1 号和玉米的期货交易相关数据来自大连商品交易所。国际粮食价格来自世界银行公布的数据，国际原油价格来自国泰安数据库。

三、创新之处

通过前面的文献梳理与述评可知，研究地缘政治风险对粮食价格、粮食安全的影响的相关文献还相对较少，较为零散，没有形成系统性研究，缺乏整体性、系统性分析。在目前全球地缘政治风险不断加大的背景下，需要全面地考察地缘政治风险对粮食安全和粮食价格的影响机制、影响效果和保障机制。

本书立足中国粮食市场的实际情况，全面搜集整理相关统计数据，实证分析地缘政治风险对中国粮食价格的影响机制，主要创新点有以下三点：

第一，构建地缘政治风险影响粮食价格波动的理论分析框架。针对现有研究不足，本书紧扣地缘政治风险因素的表征，综合采用地缘政治学、微观经济学、国际贸易学等学科基本理论，从理论上深入分析地缘政治风险影响粮食价格的作用机制；并将影响粮食市场供需两端的"粮食金融化""粮食进出口贸易""能源价格"等关键变量引入分析框架中，以此分析地缘政治风险通过上述三个载体的传导渠道及效应。将粮食价格波动放到一个更加全面的理论分析框架中，分析地缘政治风险这个"最根本、具有决定地位"的不确定性因素的变动，如何引致资本市场粮食属性金融化拓展、进出口贸易市场数量波动、石油等能源成本上升三个中介作用于粮食价格供需两端，从而影响粮食价格波动。该理论探讨有助于更加科学地认识粮食价格波动的复杂性、特殊性和脆弱性，对深刻理解粮食价格波动、确保粮食安全具有重要借鉴意义。

第二，采用计量经济学时间序列 VAR 模型和中介效应模型，验证了地缘政治风险通过"粮食金融化""粮食进出口贸易""能源价格"三个渠道影响粮食价格波动的中介效应的存在性。在总体回答地缘政治风险对粮食价格波动具有显著影响的前提下，创新性地把地缘政治风险与"粮食金融化""粮食进出口贸易""能源价格"分别联系起来，通过构建中介效应模型，验证地缘政治风险作用于粮食价格波动的传导渠道的存在性及效应。这些研究结论为我国政府制定粮食价格稳定的保障机制和应对策略提供了重要决策依据。

第三，基于较长历史时期的数据梳理和实证考察，提出"从田间到餐桌"、基于推进粮食"产、购、储、加、销"全链条协同构建粮食价格的保障机制。具体包括种子保障机制，"藏粮于地、藏粮于技"保障机制，粮食应急保障机制，国际合作机制，财税金融保障机制五个方面。

四、研究价值及意义

一是为新时期中国粮食价格稳定和粮食安全战略提供重要参考。在当前世界形势波动比较频繁的宏观背景下，如何坚守粮食安全底线，从民族复兴的大历史观看待当前的粮食价格稳定问题，审视地缘政治风险对粮食价格的冲击效应，显得尤为重要。本书为深入剖析地缘政治风险影响中国粮食价格和粮食安全的作用机制，深刻理解地缘政治风险影响粮食价格的多种传导路径，确保新时代中国粮食安全和粮食价格稳定等提供重要参考。

二是为构建具有中国特色的粮食产业高质量发展理论体系提供参考。目前，学术界对粮食价格影响因素的研究相对较多，尤其关注地缘政治风险、贸易政策不确定性对粮食价格的影响报道多，学理性的研究少；宏观、笼统、理论分析多，实证研究少；基于粮食商品属性研究多，基于粮食商品与金融投资品等属性研究少。本书针对现有研究的内容碎片化、阶段时效化的不足，试图基于不确定性冲击视角，从地缘政治致险因子入手，将"粮食金融化""粮食进出口贸易""能源价格"纳入新的分析体系，分别从直接和间接渠道，剖析地缘政治风险对粮食价格的作用机制，并以实证验证间接渠道存在的现实依据，构建粮食产业稳定供应体系和粮食安全保障体系，为中国粮食产业高质量发展提供理论支撑。

三是为在错综复杂的形势下保障粮食安全提供中国经验和中国治理方案。粮食具有公共物品、商品、金融、政治和外交等多重属性，粮食安全问题考验着国家应对粮食危机的能力。新中国成立以来，我国经历粮食禁运、三年困难及重大公共卫生事件和自然灾害的重重考验，尤其是 2003 年 SARS（重症急性呼吸综合征）事件、2008 年南方雪灾和全球粮食危机、5·12 汶川地震、新冠疫情全球大流行和多国禁止粮食出口。一系列外部冲击说明，即使粮食供给充足，局部地区仍旧可能会发生粮食不安全现象。通过构建我国应对粮食价格波动的保障机制，为应对突发公共事件和全球粮食危机提供中国经验和中国治理方案。

四是促进双循环良性互动的客观需要。我国是世界最大的粮食贸易国和进口国、粮食市场已深度融入国际市场，随着全球粮食供求关系和贸易格局变化，保障国家粮食安全面临更多挑战，迫切需要提高粮食产业链供应链稳定性、增强收储调控能力。习近平总书记提出，要"逐步形成以国内大循环为主体、国内国际双循环相互促进的新发展格局"。新发展格局要求必须加快推动粮食物流体系升级、进一步提升粮食仓储物流能力、畅通粮食供应链节点。新冠疫情期间，多个国家实施粮食限制出口政策，保障国家粮食安全面临更多挑战，迫切需要利用好两种资源、两个市场，提高粮食安全资源保障能力和产业链供应链稳定性，构建起以我国为主的全球粮食跨国供应链体系。通过分析地缘政治风险对粮食价格的影响机制，厘清"粮食金融化""粮食进出口贸易""能源价格"对粮食价格的作用效果，为建构双循环格局提供重要的现实参考。

第二章
地缘政治风险影响粮食价格的传导机制分析

本章主要从理论上解决地缘政治风险影响粮食价格的直接和间接传导路径，旨在通过传导路径分析，明晰地缘政治风险对粮食价格波动的具体传导机制，全面深入剖析地缘政治风险通过"粮食金融化""粮食进出口贸易""能源价格"三种重要途径影响粮食价格的传导路径，为后面实证分析奠定理论基础。

第一节　地缘政治风险对粮食价格的影响分析

地缘政治风险作为影响粮食价格的不确定因素之一，其对粮食价格的传导路径如下：地缘政治风险因子→政府经济政策不确定性增加→影响粮食供给端和粮食需求端→粮食供需失衡→粮食价格波动。一般来讲，地缘政治风险一是来自国与国之间的紧张局势带来的不确定性因素，比如领土冲突、战争威胁、恐怖主义等；二是来自一个国家内部，比如政权更替、极端自然灾害等地缘政治风险因素。这两种风险因素均会影响粮食供需市场，进而对粮食价格造成冲击和影响。由于粮食除了口粮之外，兼具物资储备、金融投资品等属性，对其价格波动及其影响因素的作用机制分析，需要完善现有理论分析框架。就粮食价格波动的影响因素来讲，一般来说，其主要受粮食生产成本、粮食市场供求关系、市场结构和市场外部不确定因素等多重因素的综合影响。在众多影响因素中，地缘政治风险属于影响粮食波动的市场外部因素之一，地缘政治风险因其表现形式多样、具有不可预测、突发性强、冲击力持久和不可抗力等特征，一旦爆发，将对粮食价格形成机制等产生系统性影响。此外，随着地缘政治关系的网络化与复杂化，越来越多的人意识到粮食价格波动受不确定性因素影响越来越大，尤其是全球化愈演愈烈，粮食价格波动与政权更迭、国际合作、恐怖主义等多种地缘政治风险相互关联度不断攀升。

一、静态模型下的地缘政治风险对粮食价格变化的影响分析

在静态模型下，地缘政治风险作为影响粮食供需市场的外部因素，当地缘政治风险增加时，其将影响粮食供给和需求曲线，即当地缘政治风险增加时，粮食出口国采取禁运、限制出口等措施，导致粮食供给减少；同时，地缘政治风险增加，会加剧人们的悲观心理，对未来不确定预期更为强烈，人们对此会采取抢购、囤货等保守行为，这无疑会增加粮食需求，因而最终的均衡价格会提高。

合作机制、财税金融保障机制等五个方面，在此基础上，提出相应的对策。静态模型下地缘政治风险对粮食价格变化的影响效果如图 2-1 所示。

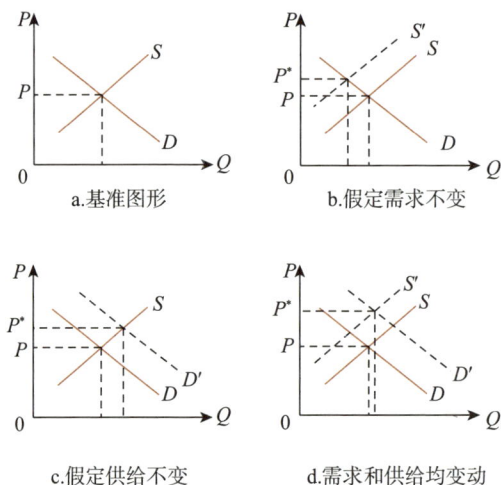

a.基准图形　　　　　　　　b.假定需求不变

c.假定供给不变　　　　　d.需求和供给均变动

图 2-1　地缘政治风险作用于粮食价格的变化

注：该图由笔者整理。

图 2-1 为地缘政治风险作用于粮食价格的 4 种变化图，其中图 2-1a 为基准图形，在静态时，其均衡价格由供需双方决定。当地缘政治风险增加时，图 2-1b 是假定需求曲线不变的情形下，地缘政治风险会导致供给减少，供给曲线向上移动，从而形成新的均衡价格 P^*，该均衡价格大于基准价格 P，从而引起价格波动；类似的，图 2-1c 为假定供给曲线不变的情形下，地缘政治风险会导致需求增加，需求曲线向上移动，从而形成新的均衡价格 P^*，该均衡价格大于基准价格 P，从而引起价格波动。图 2-1d 是地缘政治风险同时引起

粮食供给和需求双方同时变动的图形，从中可以看出，地缘政治风险导致供给减少和需求增加，二者形成新的均衡价格 P^*，该均衡价格大于基准价格 P，从而引起价格波动。总之，无论哪种情形，地缘政治风险通过作用于粮食供需两端，进而引起价格波动。

二、蛛网模型下地缘政治风险对粮食价格变化的影响分析

在蛛网模型中粮食均衡价格依然是由其供求曲线决定，从其均衡价格的表达式可以看出，其大小不仅取决于上一期实际价格，而且还取决于供需弹性大小。供需弹性的不同导致出现不同的动态反应。当地缘政治风险增加时，对粮食供需两端同时施加影响，其对均衡价格的影响取决于供给弹性和需求弹性的大小，具体分为三种情况（图2-2）。①当供给弹性小于需求弹性：收敛型蛛网。供给弹性小于需求弹性，意味着价格变动对供给量的影响小于对需求量的影响。这时价格波动对产量的影响越来越小，价格与产量的波动越来越弱，最后自发地趋于均衡。这种情况形成一个向内收敛的蛛网。②供给弹性等于需求弹性：循环型蛛网。当供给弹性等于需求弹性，意味着价格变动对供给量的影响和对需求量的影响是相同的。这时，价格和产量的波动幅度相同，既不趋向均衡点，也不远离均衡点，价格与产量始终保持相同的波动程度，这种蛛网波动称为循环型蛛网。③供给弹性大于需求弹性：发散型蛛网。当供给弹性大于需求弹性，意味着价格变动对供给量的影响要大于对需求量的影响。这时，价格与产量的波动越来越强，越来越远离均衡点，这种蛛网波动称为发散型蛛网。总之，地缘政治风险来临时，初期会引起供需两端的剧烈波动，随着政府采取稳定市场的措施，最终会将价格稳定下来，然而，此时粮食价格与初始价格相比，多数情况下还是有所提高。

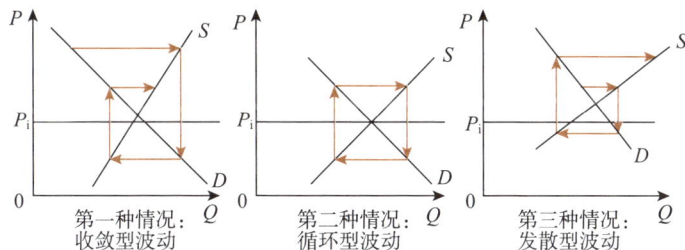

图2-2　地缘政治风险作用于粮食价格的蛛网模型

注：该图由笔者整理。

第二节　地缘政治风险影响粮食价格的
传导机制分析

本书将地缘政治风险影响粮食价格的传导路径定义为，地缘政治风险通过影响其他经济变量（粮食金融化、粮食进出口贸易和能源价格）而对粮食价格波动产生的影响渠道及效果。本节将分别分析地缘政治风险通过"粮食金融化""粮食进出口贸易"和"能源价格"三个渠道对粮食价格的传导机制。

根据地缘政治风险的表现，结合粮食价格的形成机制，参考 Caldara 等（2016）、Bohl（2017）等学者对地缘风险内涵的界定，本书认为，地缘政治风险对粮食价格的影响机制如图 2-3 所示。

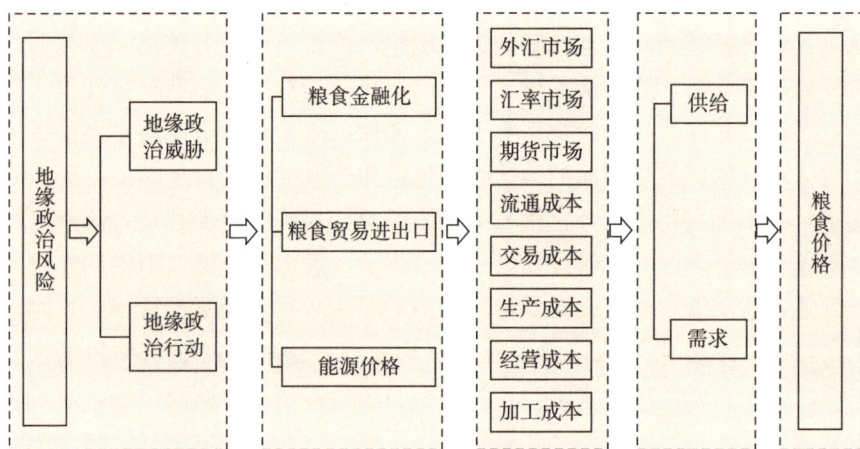

图 2-3　地缘政治风险对粮食价格的影响机制

注：该图由笔者整理。

首先，地缘政治风险（GPR）分为地缘政治威胁（GPT）和地缘政治行动（GPA）两个子指数。这两类子风险构成地缘政治总风险，无论这两类子风险单一爆发还是综合爆发，均对资本市场、外汇市场、粮食期货市场等金融市场，粮食进出口贸易、粮食物流、粮食综合批发等粮食市场，原油价格、天然气价格、煤炭价格等生产要素价格带来剧烈波动，进而这些要素进一步作用到粮食供给和粮食需求两端，最终影响粮食均衡价格。

其次，国与国之间存在的政治纠纷、战争、紧张局势等会直接导致各国商品、粮食贸易禁运乃至中断，这不仅对正常的粮食进出口贸易造成冲击，而且还会扰乱全球粮食市场，助推粮食价格飙升，加剧粮食价格波动。具体来说，地缘政治风险一旦发生，粮食出口国基于政治和经济考量，往往会限制大宗农产品和主要粮食出口，国际粮食企业也会因为担心受到所在国家政策不确定影响，而可能作出限制出口的举措，这无疑提升了粮食流通和交易成本。同时，金融市场尤其是资本市场，对各国地缘政治风险爆发带来不可估量的后果反应最为敏感，容易造成股票价格大跌、期货价格飙升、汇率市场巨幅波动，从而使得粮食金融化现象更加突出，这进一步作用到粮食供给和需求两端。此外，地缘政治风险的陡增，导致全球贸易流、物流等供应链面临中断，从而使得粮食生产、加工、运输等成本飙升，提高粮食批发市场的价格预期，对粮食市场将会产生直接和显著的影响。

最后，地缘政治风险对粮食价格的影响，最终通过上述渠道传导到粮食供需关系方面。第一，就粮食价格波动因素的属性来看，地缘政治风险属于粮食市场之外、对粮食供需产生重大影响的不确定因素，严重威胁着正常的粮食贸易，加大了粮食运输成本。地缘政治风险还会快速传导到石油等能源价格，导致粮食生产、储运等多个过程的成本增加，进而影响粮食价格。第二，地缘政治风险带来各国之间对抗情绪上升，从情绪渠道来看，根据前景理论，相对于不确定性的结果而言，人们更偏好确定性结果，在对抗情绪上升的背景下，全球贸易保护主义抬头，这在某种程度上影响粮食期货市场行情，进而传导到粮食现货市场，对粮食价格波动产生影响。因此，地缘政治风险爆发属于不确定风险，加深了人们对不确定性的担忧，民众抢购储备食物的行为增多，这在一定程度上也导致需求增加。总之，地缘政治风险爆发对于一国粮食市场来讲，属于不可抗拒因素，这对于粮食价格波动的影响将是持续的。多数研究地缘政治风险的文献也验证了这种传导路径。大量相关文献也证明，地缘政治风险对全球能源价格，比如原油、天然气、煤炭等价格的影响也十分直接，这又间接助推粮食生产成本飙升。因此，在地缘政治风险不断增加的前提下，无论是外汇市场还是能源市场，还是粮食市场本身，均会对此反应十分显著，各国均会采取应对措施，确保粮食市场平稳，粮食价格趋稳①。

---

① 李俊茹、石自忠、胡向东：《地缘政治风险对中国粮食价格的影响》，《华中农业大学学报（社会科学版）》，2021 年第 6 期，第 15-26，186 页。

具体来讲，对地缘政治风险通过"粮食金融化""粮食进出口贸易"和"能源价格"三个渠道影响粮食价格的传导路径分析如下：

一、基于粮食金融化的传导路径

通过分析过去粮食价格波动的成因可知，伴随着全球农产品价格的普遍上涨，农产品期货和现货价格也剧烈波动。资本市场上大量金融资本和金融投机分子热衷于炒作粮食，粮食成为国际游资追捧的热点之一，导致了粮食价格波动异常频繁。因此，地缘政治风险通过影响粮食金融化现象，进而影响粮食价格波动，地缘政治风险一旦形成，将在较长时间内存在，将对粮食市场稳定产生重大不利影响。

首先，将粮食属性由单一"食用"属性向"投资品"等金融属性拓展。粮食金融化最终体现到粮食价格上，通过金融因素改变传统粮食供需特性，金融市场导致粮食价格波动以及金融工具的使用推动粮食定价权的争夺愈演愈烈。在地缘政治格局动态调整下，粮食往往也作为战略工具被霸权主义所选用，粮食被赋予新的用途，其通过资本市场操作，对相关粮食期货价格进行投机，从而使得粮食期货价格影响粮食现货价格，粮食价格波动因素在一定程度上受资本市场影响大于其实际粮食市场供需影响，从这个意义上来讲，粮食的属性将被改变，其价格波动受资本市场影响越来越大。

其次，地缘政治风险还将改变资本市场上大宗农产品交易，扰乱正常期货交割，助推资本市场投机行为，从而导致粮食价格的更大波动。金融资本介入粮食的初始目的是稳定粮食产业发展，规避粮食生产风险以及粮食价格波动。但是金融市场背后追逐利益的投机者又在一定程度上使得金融与粮食市场结合的初衷发生偏移。起初，粮食市场供求双方力量平稳，投机资金流入市场，从而打破价格趋势稳态，而投机资本又进一步借助市场供求波动引导价格预期走势，引起市场现货价格波动，导致粮食成为金融投机品。粮食的本质为人类生存的必需品，其价格波动应主要受供求双方力量的博弈影响，而国际社会以美元计价粮食价格，使得美元汇率波动直接传导给粮食价格，粮食价格与美元及其他金融资产间内在关联不断增强，使得粮食更易成为金融市场上投机者进行逐利的交易产品。

最后，粮食金融化的参与使得粮食价格受多方力量驱使而更具复杂性。粮价波动不再局限于传统供求力量的博弈，与投入市场资金量的大小关系越来越密切。传统粮食期货参与者主要包括两类：一类目的在于规避现货市场粮食价格风险进行套期保值的生产商以及贸易商，另一类是依靠对市场的判断为赚取差价而进行投机、套利交易的投机商，两类参与者在期货市场上各取所需。投机者的参与极大提高了市场活跃度，套期保值者有了交易对手，期货市场便有条件发挥其价格发现功能①。但是金融创新的发展和粮食所表现出来的投资品性，吸引如投资银行、对冲基金、指数交易等金融参与者进入商品期货市场。

因此，综上分析，在全球经济一体化的背景下，国与国之间密切的经济联系导致粮食的国际化，而粮食的国际化受到金融市场流动性过剩的冲击，造成粮食市场脱离实体层面。在全球粮食供应短缺的背景下，国际粮食价格波动具有明显的金融化特征。地缘政治风险通过作用于粮食金融化，进而影响粮食价格，在当前国际形势下，粮食金融化越来越成为影响粮食价格的重要因素。

二、基于粮食进出口贸易的传导路径

地缘政治风险通过影响粮食进出口贸易，从而导致粮食价格波动，极端的地缘政治事件将极大冲击全球粮食贸易格局。处于地缘政治旋涡中的国家，往往会采取诸如战争等极端手段，对粮食市场进行干预，同时，地缘政治风险一旦凸显，多数粮食企业出于自身安全及担忧是否违反所在国政府禁令，往往会禁止粮食进出口，这极大地影响了全球粮食市场供应，扰乱了市场正常供应体系，这将减少粮食出口甚至中断粮食贸易。同时，也将使得粮食需求市场受到干扰，哄抬物价、囤货等投机行为随之产生。因而，地缘政治风险通过影响全球粮食进出口贸易市场稳定，进而影响一国国内粮食价格。

首先，就地缘政治风险对粮食进出口贸易的影响来看。基于现有文献研究结论，从地缘政治的风险特征可知，地缘政治风险增加时，会直接作用于全球粮食进出口贸易，对粮食进出口产生负面影响。作为地缘政治的主要表现形式，当地缘政治风险来临时，对于相关国家之间的经贸关系会产生较为严重的负面影响，地缘政治风险对国家经济带来的负面影响表现在其负面冲击将会影

① 修阳：《浅析粮食金融化实质》，《中国饲料》，2020 年第 1 期，第 107-110 页。

响一国的宏观经济和国与国之间的贸易正常流动；对于表现较为严重的地缘政治风险，如恐怖主义和冲突时，这种地缘政治风险会造成不可挽回的经济后果，主要表现为国与国之间高高筑起的国际贸易壁垒，对国家间的经济贸易活动造成严重影响；地缘政治风险影响进出口贸易的抑制作用途径是因为地缘政治风险的出现增加了商业和交易成本，增加了商品贸易流通的不确定性，从而使得国与国之间贸易往来和资本流动成本增加，大大降低了各国的对外开放程度和对外贸易交往频度。通过对现代地缘政治事件梳理可知，当地缘政治风险来临时，短期内对相关国家正常的商品贸易活动冲击较大，然而随着各国政府的及时干预和外交努力，一旦地缘政治得到圆满解决，双方的贸易往来会在短时间内恢复，双方的贸易往来会转为正常。然而对于极端情况，如国际上霸权主义持续地对某些国家长期的冷战和贸易制裁，即使局势缓和，制裁取消，短时间内粮食贸易也无法恢复正常。

其次，就粮食进出口贸易对粮食价格的影响来看。从前面分析粮食价格决定机制可以看出，粮食进出口贸易作为影响粮食供需两端的外部因素，其对粮食价格的影响也是直接的。在国际贸易中，若是一国没有粮食定价权，只能被动接受国际价格，那么该国国内粮食市场会成为国际价格的被动接受方。国际粮价的上升会使现货市场的进口粮食价格上升，从而使得国内粮食价格上升。此外，在正常的国际贸易关系中，国与国之间的粮食交易有利于稳定国内粮价。在国际粮食贸易中，更多地参与和依赖于市场机制来稳定粮食价格，要比对国内粮食储备进行调节效果更好。当面临地缘政治风险时，一国的粮食进口风险逐渐增加，对国内粮食市场健康发展不利。尤其是对进口的过度依赖，对国内社会危害极大，对国内粮食市场的健康发展构成了直接的威胁。

因此，在经济全球化时代，各国经济相互渗透，一旦出现地缘政治风险事件，粮食进出口贸易首当其冲，进而通过价格传导，影响国内粮食价格稳定和国家粮食安全。综上所述，一般来看，世界各地发生地缘政治风险之后，由于会出现粮食禁运，这往往会导致粮食价格波动，如 Tarrant 等研究发现，在苏联入侵阿富汗之后，1979—1980 年美国对苏联实行粮食禁运，导致美国粮食价格大跌。研究中美贸易摩擦的文献认为，美国可能利用其政治、经济及世界粮食贸易地位，影响中国的粮油、饲料等农产品价格，而 2018 年 5 月美国政府宣布恢复对伊朗的制裁措施导致原油价格持续暴涨，国际原油价格上涨抬高国际粮食生产成本，进而对国际粮食价格造成影响①。

三、基于能源价格的传导路径

地缘政治风险通过影响能源价格波动进而影响粮食价格波动。石油、天然气等能源一直是粮食生产过程中所必需的生产要素，地缘政治事件一旦发生，其带来的地缘政治风险将很快传导到全球能源供应市场，进而影响粮食生产和运输成本，导致粮食价格波动。一方面，地缘政治风险背景下，霸权主义国家联合使用能源供应与其他手段对相关国家进行制裁甚至武力摧毁相关能源设施，这无疑提高了粮食价格；另一方面，地缘政治风险还将能源价格与粮食价格紧密联系在一起，在错综复杂的政治背景下，能源与粮食均作为战略储备物资，二者存在很大的关联性。

首先，就地缘政治风险影响能源价格的作用机制来看，地缘政治风险与能源密切相关。世界上能源越是密集的地区，其地缘政治越是十分复杂，如中东海湾地区，因此，地缘政治风险与能源价格往往呈现出相互影响的局面。地缘政治风险会对能源价格产生直接影响，当地缘政治风险来临时，一方面会通过影响原油输出，进而提高其运输成本，从而提高其价格；另一方面，油价是由全球市场供求规律决定的，不确定事件导致供应中断，而目前大多数国家对石油需求是刚性的，从而推高了油价。能源对地缘政治风险的影响也较为直接，当油价持续上涨时，会直接影响各国经济社会发展的成本，世界各国会反过来要求石油生产国采取措施稳定石油价格，国与国之间的博弈行为会导致地缘政治风险增加。

其次，就能源价格与粮食价格相互影响来看。能源价格是影响粮食价格的一个主要因素，能源价格的传导途径主要有生产成本、生物能源需求、交通成本等。就生产成本来讲，能源是粮食生产过程中必需品，从粮食生产、收获、储备到消费，每一个环节均需要大量能源，能源价格提高会直接带动粮食生产成本的提升，进而提高粮食价格。就生物能源需求来讲，由于石油价格上涨促进生物能源的发展，对诸如玉米、大豆这样可用于生产生物能源的粮食的需求持续增长，使得能源和粮食的价格有更高的关联性。通过交通成本影响粮食价

---

① 张礼卿：《地缘政治风险加大，国际原油价格大起大落》，《国际金融研究》，2019 年第 1 期，第 11 页。

格也较容易理解，因为一旦能源价格上涨，就会直接提高能源运输成本，根据成本加成定价法，最终还是将额外的成本传导到粮食价格，从而导致粮食价格上升。

因此，在地缘政治事件加剧地缘政治风险的时代背景下，地缘政治风险正在渗透到粮食市场的方方面面，无论是通过资本市场的粮食金融化现象，还是到粮食进出口贸易、能源市场等，其对粮食价格的影响将是深刻的、全方位的。本书后续章节将采用现代计量经济学的时间序列 VAR 模型和中介效应模型等实证研究方法，利用中国的地缘政治风险、四大主要粮食品种国内价格和进口价格等相关数据进行实证分析，分别验证上述三个传导渠道的存在性及具体效果，并对比分析不同传导渠道的差异性。

第三章
地缘政治风险对粮食价格影响的现实考量

时代背景的急剧变化深刻地影响着中国面临的地缘政治风险，从而对中国粮食价格波动产生重大影响。本章主要研究地缘政治风险对中国粮食价格的动态影响并进行现实考察。本章首先分析国际、国内粮食价格波动的发展动态以及历史上地缘政治风险对国际、国内粮食价格波动的冲击。其次，研究中国粮食安全观的演变历程以及在新时代背景下对中国粮食安全观提出的新要求。再次，分析中国地缘政治风险、粮食金融化、粮食进出口贸易以及能源价格的发展特征。最后，基于对地缘政治风险的现实考量，提出当前地缘政治风险背景下中国粮食价格所面临的困境，为研究地缘政治风险对粮食价格的影响提供现实依据。

第一节 地缘政治风险对粮食价格 影响的动态演进

地缘政治事件所带来的地缘政治风险直接影响粮食价格波动。本节旨在分析国际、国内粮食市场中粮食价格波动的动态历程，并基于此考察地缘政治风险事件对粮食价格波动的现实影响。

一、国际粮食价格波动的动态演进

粮价是万价之基，其波动幅度及方向直接影响着其他商品价格，乃至影响经济社会发展的方方面面。本书搜集整理了自 20 世纪 70 年代至今的大豆、玉米、小麦和大米四种主要粮食价格的波动曲线，如图 3 - 1 所示。从中可以看出，总体来讲，以 2007 年为分割点，在此之前，粮食价格波动相对较小，自 2007 年之后，粮食价格呈现剧烈波动态势。

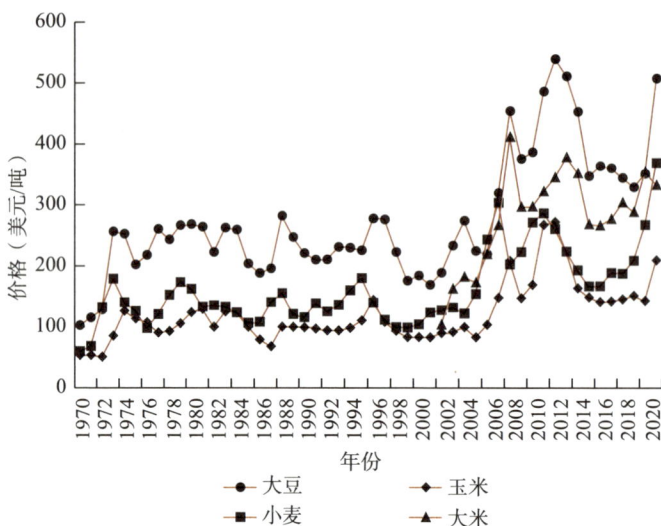

图 3 - 1　1970—2020 年四种粮食年度价格波动

资料来源：International Monetary Fund。

具体来看：

第一，粮食价格相对平稳时期（1970—2006 年）。在这段时间内，虽然全球政治经济动荡十分频繁，但四大粮食品种的价格波动却并不剧烈，换句话说，这四种粮食价格的波动依旧维持在可接受的合理区间内。每年的小麦和玉米均价大概在每吨 200 美元以内，每吨大豆和大米的均价大概在 300 美元以内。

第二，粮食价格波动剧烈时期（2007—2020 年）。从 2007 年开始，国际粮食价格便从稳步上升转变为急速上升态势，尤其在 2008 年以后上涨达到极值，粮食价格呈现出大幅上涨的态势。据 FAO（联合国粮食及农业组织）公布的数据统计，在 2008 年 3 月，每吨小麦的成交价稳定在 439.72 美元，同年 4 月每吨玉米和大米的价格分别为 246.67 美元和 1 015.21 美元，同年 7 月，每吨大豆的价格达到了 554.15 美元，创下了历史新高。与 2007 年 3 月同期相比，小麦的价格上涨了 120.85%，玉米和水稻的价格则较 2007 年 4 月上涨了61.67% 和 63.99%，而大豆的价格则上涨了 67.77%。2008—2014 年，粮食价格总体稍有回落，至 2019 年又大幅飙升，大豆、玉米、小麦、大米价格分别为 507.91 美元/吨、209.61 美元/吨、369.54 美元/吨和 333.08 美元/吨，再创历史新高。

总体来看，较上一阶段，新冠疫情暴发使这一阶段粮食价格波动较大。进入 21 世纪，世界粮食价格已经进入了频繁的波动期，无论是波动次数还是波动频率，均较 20 世纪大有提高，这就启发人们思考背后的原因，探究粮食价格波动的影响因素及其作用机制。

二、重要地缘政治事件与粮食价格波动

回顾 20 世纪 70 年代以来世界地缘政治事件，可以看出，每次地缘政治事件所带来的地缘政治风险直接导致了主要粮食价格飙升，引发了粮食危机。具体结果如表 3-1 所示，从中看出，自 20 世纪 70 年代爆发中东石油危机以来，世界先后有多次引起世人瞩目的地缘政治事件，每次事件对世界粮食供给的影响是直接的，冲击效应较大。尤其是 2008 年国际金融危机后，全球经济陷入调整和转型阶段，全球经济复苏乏力，加之发达国家出现的"逆全球化"思潮。世界大国之间的贸易、高科技等保护不断升级，各种竞争不断加剧，贸易保护主义在全球范围内盛行。全球地区冲突不断、恐怖袭击日益增多，全球地缘风险日益呈现激烈化和上升趋势[①]。因此，地缘政治风险对粮食价格的影响也随着全球金融市场的发展、能源金融化、能源价格波动较大等现象而显得越来越复杂，这应该引起人们警觉。

表 3-1 世界上主要的地缘政治事件与粮食价格波动

序号	地缘政治事件	具体表现	对粮食价格波动等的影响
1	20 世纪 70 年代中东石油危机	第一次石油危机（1973 年 10 月至 1974 年 3 月），源于第四次中东战争爆发。第二次石油危机（1978 年底至 1980 年底），源于伊朗的伊斯兰革命导致的原油生产量大幅下滑	1973—1980 年，原油价格上涨超过 18 倍，加剧粮食价格波动，从 1971—1974 年，世界粮食价格上涨了 153%，其中大豆价格上涨了 51%
2	2003 年伊拉克战争	以英美军队为主的联合部队在 2003 年 3 月对伊拉克发动军事行动。美国以伊拉克藏有大规模杀伤性武器并暗中支持恐怖分子为由，绕开联合国安理会，对伊拉克实施军事打击	导致石油价格上升，但是幅度有限。粮食中东航线基本停运，国际运粮船只绕道南非，运输成本增加，促使粮食价格飙升

① 李丹、董琴、武杰：《地缘风险、政策不确定性与 RCEP 贸易合作》，《安徽师范大学学报（人文社会科学版）》，2021 年第 3 期，第 125-135 页。

（续）

序号	地缘政治事件	具体表现	对粮食价格波动等的影响
3	2007—2009年全球金融危机	2007年夏，由美国华尔街涤荡开来的次贷危机迅速演变成一场世界范围内的金融危机。雷曼的破产引发了金融市场大面积信心危机，流动性紧缩从货币和信贷市场迅速传递到全球金融市场，导致世界上主要经济体经济不确定性进一步加剧	对世界主要经济体的信贷扩张政策发生较大程度变化，爆发粮食危机。金融危机加之全球气象灾害连连，澳大利亚、阿根廷发生干旱天气，引发全球粮价恐慌性上涨，并于高位持续一年多，使37个国家爆发粮食危机，全球10多亿贫困人口遭受饥饿威胁。2008年度世界粮食库存由2002年度的30%下降到14.7%，为以往30年来之最低；世界粮食储备仅为4.05亿吨，只够人类维持53天，而2007年初世界粮食储备可供人类维持169天。各个国家采取限制贸易的办法，一些主要大米出产国为保障国内供应限制出口，致使大米价格大幅上涨
4	英国脱欧	2016年6月，英国全民公投决定"脱欧"。经过近4年多轮谈判，2020年1月，欧盟正式批准英国脱欧。同年12月，经过多轮激烈谈判，欧盟与英国终于就包括贸易在内的一系列合作关系达成协议	对英国经济长期发展不利，在英国造成粮食价格的高企，粮食危机可能发生
5	2018年中美贸易摩擦	中美贸易摩擦是中美经济关系中的重要问题，贸易争端主要发生在两个方面：一是中国比较具有优势的出口领域，二是中国没有优势的进口和技术知识领域。2018年中美贸易摩擦升级，在互相征收几轮关税后，双边经贸谈判几经波折，终于在2020年1月达成了第一阶段协议	美国贸易政策不确定性对中国粮食价格的冲击呈现渐弱趋稳、大幅波动和冲击加深三个明显的阶段性特征；对大豆价格主要是正向冲击，对玉米、小麦和大米价格主要是负向冲击[1]

① 邓俊锋、郑钊、石建、花俊国：《美国贸易政策不确定性对粮食价格的时变冲击效应与政策启示》，《农业经济与管理》，2022年第1期，第79-92页。

（续）

序号	地缘政治事件	具体表现	对粮食价格波动等的影响
6	新冠疫情	新冠疫情是指新型冠状病毒感染导致的疫情	严重阻碍农业生产，冲击全球粮食供应链，干旱、洪水、拉尼娜等极端天气导致全球粮食产量下降，同时推高全球粮食价格。从 2020 年上半年起便不断攀升，2022 年 3 月的世界粮食价格更是大幅跃升，达到自 1990 年设立以来的历史最高水平
7	2022 年 2 月至今俄乌持续冲突	2022 年 2 月 24 日，乌克兰宣布与俄罗斯断交，乌克兰边防部队称俄军突入基辅地区，目前冲突仍在持续中	引发能源危机，2022 年布伦特原油期货平均价格达到每桶 100 美元，这是自 2013 年以来的最高水平。爆发粮食供应危机，乌克兰为主要粮食输出国，在小麦贸易中可以占到全球贸易总量的 30%，面临中断。导致小麦价格飙升约 40%，大米价格上涨 16%。印度跟进禁止小麦出口

注：由笔者根据公开数据整理。

　　为了更好地描述典型地缘政治事件对主要粮食价格的冲击，本书以中东石油危机、全球金融危机、新冠疫情等为例，对全球大豆、玉米、小麦和大米四种主要粮食作物进行分析，具体结果如图 3-2、图 3-3、图 3-4 所示。

　　首先，总体来看，地缘政治风险对大豆、小麦、玉米和大米四种主粮价格影响十分明显，无论是中东石油危机、全球金融危机还是新冠疫情，上述地缘政治事件均对粮食价格产生了明显冲击，导致粮食价格波动十分频繁。

　　其次，对比分析来看，地缘政治风险对粮食价格的冲击存在差异性。其中对大豆价格冲击最大，对玉米价格冲击相对较小。然而其价格波动走势大致一致，也呈现出相似的反应路径。

　　最后，地缘政治风险对粮食价格冲击将持续较长时间。如 20 世纪 70 年代的中东战争对粮食价格的影响持续将近 10 年时间，全球金融危机对粮食

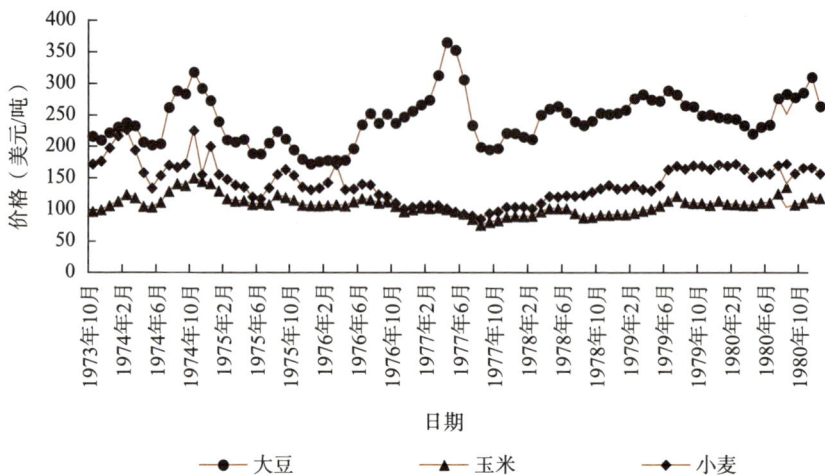

图 3-2　1973 年 10 月至 1980 年 10 月中东石油危机期间粮食价格波动
注：数据来自联合国粮农组织和布瑞克农业数据库。

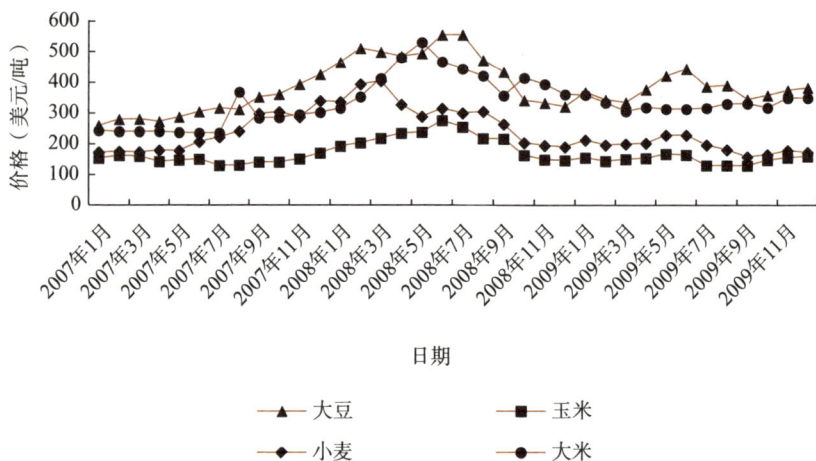

图 3-3　2007 年 1 月至 2009 年 12 月全球金融危机期间粮食价格波动
注：数据来自联合国粮农组织和布瑞克农业数据库。

价格的影响也持续 3 年多时间。新冠疫情暴发以来，世界主要粮食价格一直高位运行。

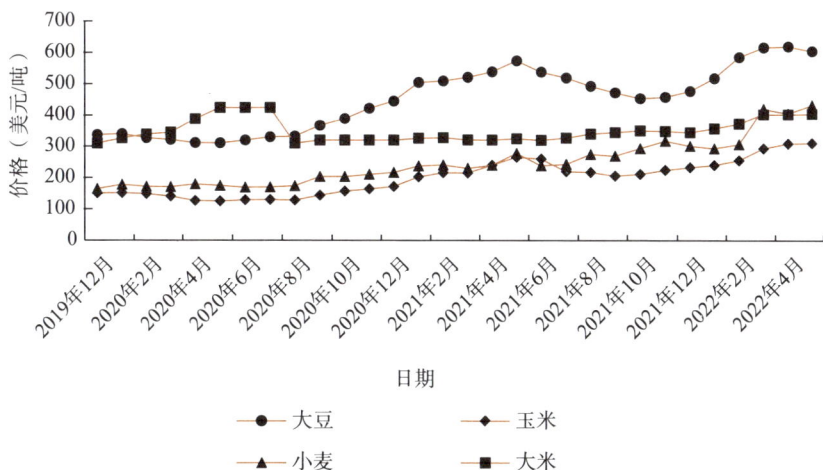

图 3-4　2019 年 12 月至 2022 年 6 月新冠疫情期间粮食价格波动

注：数据来自联合国粮农组织和布瑞克农业数据库。

三、中国粮食价格的动态演进

（一）中国粮食价格的总体波动

为了对比分析地缘政治风险对国际粮食价格、我国国内粮食价格的冲击效应的差异，这里对我国四大主要粮食品种价格年度数据进行对比，其结果如图 3-5 所示。借鉴现有文献研究法，这里采用四种主粮的集贸市场价格当期值代表粮食价格（这里将月度数据进行加总，转换为年度平均数据），从中看出如下情况：

一是自 2003 年以来，中国粮食价格也呈现出稳步增长趋势。比如大豆价格由 2003 年的 2.96 元/千克上升至 2021 年的 7.28 元/千克，粳稻由 2003 年的 1.2 元/千克上升至 2021 年的 3.2 元/千克，小麦由 2003 年的 1.14 元/千克上升至 2021 年的 2.83 元/千克，玉米由 2003 年的 1.14 元/千克上升至 2021 年的 2.79 元/千克。

二是粮食价格上升幅度呈现差异性。其中大豆增长近 3 倍，高于其他三种主粮价格，这也能够从侧面反映我国目前粮食市场需求结构中大豆占比较高的需求特征。

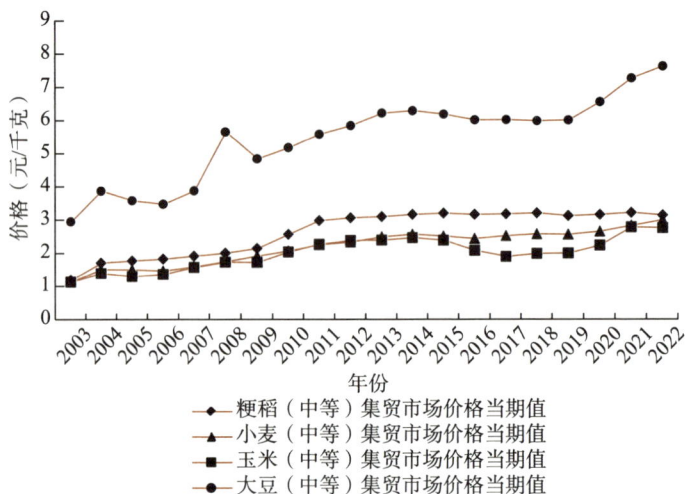

图 3-5 2003—2022 年我国大豆、玉米、小麦和粳稻 4 种主要粮食价格的波动曲线

数据来源:《中国统计年鉴》,由于本书实证分析所使用的数据包含月度数据,而大米的月度数据缺失严重,无法进行实证分析,基于数据的可获得性,选择稻谷中的粳稻作为衡量指标,下同。

(二)地缘政治风险下中国粮食价格波动

为了更加直观地分析地缘政治风险与粮食价格波动曲线的关系,这里采用统计数据,对地缘政治风险对粮食价格的影响进行现实分析。其中,地缘政治风险指数采用 Caldara 等(2016)提出的月度地缘政治风险指数(geopolitical risk,简称 GPR 指数)加总成为平均年度数据;粮食价格采用小麦、大豆、玉米和粳稻 4 类主要粮食国内价格为分析对象(将月度数据进行加总,转换为年度平均数据)。2003 年开始至今我国地缘政治风险指数与中国大豆、玉米、小麦和粳稻 4 种主要粮食价格的波动曲线如图 3-6 所示。

首先,地缘政治风险指数呈现出"先平稳运行再快速上升"局面。2003—2016 年,我国地缘政治风险指数在 0.5 左右波动。自 2017 年以来,随着中美贸易摩擦等地缘政治事件的发生,我国地缘政治风险不断增加,由 2016 年的 0.45 快速增加至 2017 年的 0.81,2022 年前几个月的平均值达到 1.46。

其次,地缘政治风险指数与粮食价格波动呈现出相似的波动走势,尤其是自 2017 年以来,伴随着我国地缘政治风险不断加大,我国四大主要粮食品种价格波动幅度相对较大。

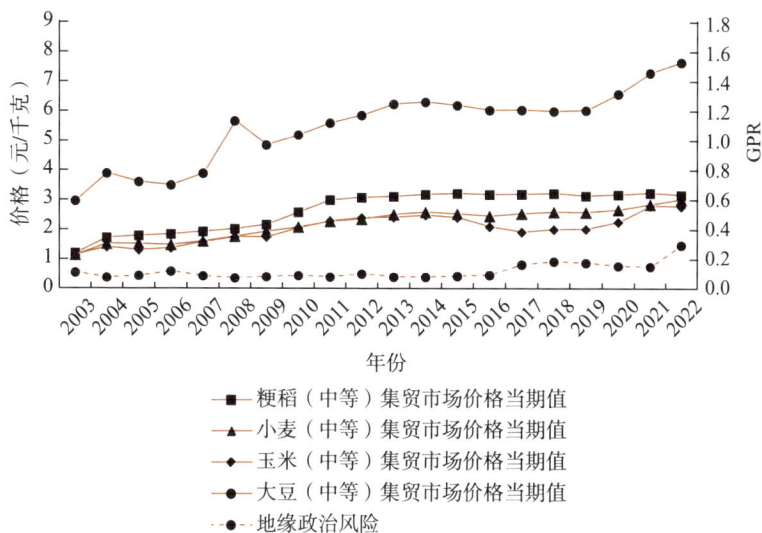

图 3-6　2003—2022 年地缘政治风险指数与中国大豆、玉米、
小麦和粳稻 4 种主要粮食价格的波动曲线

数据来源：国内主粮价格数据来自《中国统计年鉴》；地缘政治风险指数来自 Caldara 和
Iacoviello 所构建的全球和中国地缘政治风险指数。

第二节　中国粮食安全观内涵演变新要求

中国自古以来便是农业大国，有着"仓廪实而知礼节，衣食足而知荣辱"的思想观念。纵览历史，农业兴盛、农民安定、粮食富足，则国家统一、社会稳定；农业衰败、农民不安、粮食不足，则国家分裂、社会动荡。自 1921 年中国共产党成立以来，始终将解决百姓的粮食问题放在第一位[1]。毛泽东在为《湘江评论》撰写创刊宣言时指出，"世界什么问题最大？吃饭问题最大"[2]。邓小平也曾指出，"不管天下发生什么事，只要人民吃饱肚子，一切就好办了"[3]。

---

[1]　韩杨：《中国粮食安全战略的理论逻辑、历史逻辑与实践逻辑》，《改革》，2022 年第 1 期，第43-56 页。

[2]　中共中央文献研究室、中共湖南省委《毛泽东早期文稿》编辑组：《毛泽东早期文稿：1912—1920》，湖南人民出版社，2013 年。

[3]　邓小平：《邓小平文选：第二卷》，人民出版社，1994 年。

1994 年，美国经济学家莱斯特·布朗提出"谁来养活中国"的问题，认为"随着中国人口的继续增加以及中国人民饮食结构的转变，中国必将出现粮食短缺，进而造成世界性的粮食危机"[①]，其观点在国际上引发了中国粮食安全的世界威胁论。1996 年，国务院新闻办公室发布《中国的粮食问题》白皮书，提出"立足国内资源，实现粮食基本自给，是中国解决粮食供需问题的基本方针"[②]，正面回应了国际质疑。2000 年，党的十五届五中全会明确提出，"特别是要巩固和加强农业的基础地位，确保国家粮食安全"[③]。进入 21 世纪后，中国粮食供需格局发生了一些新变化。例如，2004—2012 年，中国粮食生产"九连增"，突破了以往粮食价格的周期性波动，并用中国的实际行动向国际社会做出了贡献。

党的十八大以来，以习近平同志为核心的党中央始终高度重视粮食安全问题，走出了一条中国特色粮食安全之路。习近平总书记始终把粮食安全作为治国理政的头等大事，立足于国情、世情、农情、粮情，与时俱进提出了"确保谷物基本自给、口粮绝对安全"的新粮食安全观[④]，贯彻创新、协调、绿色、开放、共享的新发展理念，构建新发展格局，推动粮食与农业高质量发展，确立了新时代"以我为主、立足国内、确保产能、适度进口、科技支撑"[⑤] 的国家粮食安全战略，并明确了保障国家粮食安全"党政同责"的政治责任[⑥]。2013 年年底，习近平总书记在中央经济工作会议上提出，"综合考虑国内资源环境、粮食供求格局、国际市场贸易条件，必须实施以我为主、立足国内、确保产能、适度进口、科技支撑的国家粮食安全战略，依靠自己保口粮，集中国内资源保重点，做到谷物基本自给、口粮绝对安全，把饭碗牢牢

---

① Brown L R：*Who will feed China*，*The Futurist*，1994（1）：14-18。

② 中华人民共和国国务院新闻办公室：《中国的粮食问题》，http://www.gov.cn/zhengce/2005-05/25/content_2615740.htm。

③ 中国共产党历次全国代表大会数据库：《中国共产党第十五届中央委员会第五次全体会议公报》，http://cpc.people.com.cn/GB/64162/64168/64568/65404/4429268.html。

④ 国家粮食和物资储备局：《解决好吃饭问题始终是治国理政的头等大事》，《人民日报》，2019 年 10 月 16 日。

⑤ 中华人民共和国国务院新闻办公室：《中国的粮食安全》，http://www.scio.gov.cn/ztk/dtzt/39912/41906/index.htm。

⑥ 央视网：《习近平在中央农村工作会议上强调 坚持把解决好"三农"问题作为全党工作重中之重 促进农业高质高效乡村宜居宜业农民富裕富足》，https://news.china.com/zw/news/13000776/20201230/39127841.html。

端在自己手上。对国内资源生产满足不了或为了土地等资源休养生息不得不进口的短缺粮食品种，要掌握进口的稳定性和主动权，把握适当比例，积极利用国外资源"①。

2021 年，党的十九届六中全会通过的《中共中央关于党的百年奋斗重大成就和历史经验的决议》中，明确将"确保把中国人的饭碗牢牢端在自己手中"作为新时代党和国家事业取得的历史性成就，随后在 2021 年年底召开的中央经济工作会议、中央农村工作会议中再次予以强调②。这一系列重大判断、重要论述，推动了中国在保障国家粮食安全方面的理论创新、制度创新和实践创新，为立足新发展阶段准确把握国家粮食安全的基本内涵、贯彻落实保障国家粮食安全战略提供了重要依据③。从新时代中国粮食安全战略的基本内涵来看，"以我为主、立足国内"回答了"依靠谁来养活中国"的问题，明确了依靠中国人自己的力量保障中国的粮食安全；"适度进口"回答了"在保障粮食安全中中国与世界是怎样的关系"问题，明确了中国自身发挥主要作用和世界发挥次要作用；"确保产能"和"科技支撑"回答了"依靠什么、怎么来解决粮食安全"的问题，明确了依靠耕地等产能夯实保障基础和依靠科技创新驱动保障能力提升；"确保谷物基本自给、口粮绝对安全"回答了"保障的底线目标是什么"的问题，明确了保障粮食安全的优先序和基本点；"党政同责"回答了"谁领导、谁负责、谁保障"的问题，明确了党和国家把保障粮食安全作为首要工作任务，扛起粮食安全的政治责任。

中国共产党从成立之初便将"三农"问题摆在全党工作的首位，把解决广大群众的食品安全问题作为全党的首要任务。一百多年以来，中国共产党在不同历史阶段领导人民开展了粮食安全的实践探索，并在一定程度上走出了一条中国特色粮食安全道路。

(1) **新民主主义革命时期（1921—1949 年）**。发动土地革命，为革命战争提供物质保障。1921 年中国共产党成立后，结合不同时期的革命任务，探索和调整了土地政策，让广大农民更有意愿参加革命、建设社会主义民主政治。在

---

① 中共中央党史和文献研究院：《习近平关于"三农"工作论述摘编》，中央文献出版社，2019 年。

② 新华社：《中共中央关于党的百年奋斗重大成就和历史经验的决议》，http://www.gov.cn/zhengce/2021-11/16/content_5651269.htm。

③ 中华人民共和国国务院新闻办公室：《中国的粮食安全》，http://www.scio.gov.cn/ztk/dtzt/39912/41906/index.htm。

土地革命时期，中国共产党先后颁布了《井冈山土地法》《兴国土地法》《中华苏维埃共和国土地法》。1936年，毛泽东在会见美国作家斯诺时指出，"谁赢得了农民，谁就会赢得中国""谁解决土地问题，谁就会赢得农民"[①]。抗日战争时期，为了提高农业自给率，中国共产党采取了减租减息、增垦荒地、实行累进税等措施。解放战争时期，为了适应新的形势，中国共产党颁布了《中国土地法大纲》，废除地主土地所有权，把土地的数量和质量按照农村的人口均匀地分配给每个人，并实行互助合作，这一做法大大调动了农民积极性，同时也大大提高了生产力，使军民的衣食住行得到了很大的提高，为解放战争的胜利打下了坚实的群众基础[②]。实行"耕者有其田"的方针，虽然使农业生产得到了极大发展，但是，由于战乱和自然灾害的影响，我国的农业发展基础薄弱，发展水平并没有得到很大的提高。1949年，全国总人口5.38亿人，全国粮食总产只有1.13亿吨，粮食单产只有1 035千克/公顷，人均粮食占有量仅为210千克，距解决温饱问题尚有较大差距[③]。

（2）社会主义革命和建设时期（1950—1978年）。改造农业生产关系，改善农业基础设施，改善粮食生产发展的基础条件。新中国成立后，我国坚持将农业发展放在国民经济发展的首位，坚持将农村经济工作的重点放在粮食生产上，想尽一切办法确保粮食生产总量稳中有增。在处理农业生产关系上，为了提升农业发展速度，我国从1952年开始便逐步改革土地所有制，带领农民实行互助合作，从互助组模式转变为以土地入股，将重要生产资料作为私有为主的初级社，随后逐步改革为生产资料集体所有的高级社。到1956年年底基本完成对农业、手工业、资本主义工商业三大改造[④]。1958年，农业生产方式开始由高级农业合作社向人民公社转变。在这一时期，中国开始大规模修建水利设施，实施农业机械化，总结了"农业八字宪法"的精耕细作。为了解决城乡粮食短缺问题，我国于1953年开始实行统购统销，此时农村作为主要供给者，按照土地面积和品质等向政府缴纳公粮，城市作为需求端，居民根据工作性质和年龄

①　洛伊斯·惠勒·斯诺：《斯诺眼中的中国》，中国学术出版社，1982年。

②　毛泽东：《毛泽东选集：第二卷》，人民出版社，1991年。

③　人民日报：《中国粮食供求状况发生历史性变化，总产量居世界首位》，《人民日报》，1999年10月19日第2版。

④　中国文明网：《百年伟业"三农"华章——中国共产党在"三农"领域的百年成就及其历史经验》，中华人民共和国农业农村部，http://www.moa.gov.cn/jg/leaders/lingdhd/202112/t20211224_6385425.htm。

凭票购买，逐步形成"以农补工"的国家经济发展模式。然而，由于受到政治经济等多方面影响，我国的传统农业发展在一定程度上受到了阻碍，进而导致中国粮食生产呈现周期性波动态势。从整体上讲，虽然这个时期人民的温饱问题还没有得到很好的解决，但是在农业基础设施建设、农业物质装备水平和农业科技进步上，已经有了比较显著的成效，为中国粮食可持续发展打下了坚实的物质基础。

（3）改革开放和社会主义现代化建设新时期（1979—2012 年）。改革农业生产关系，解放和发展生产力，从温饱到基本实现小康。1978 年 12 月 18 日，中国共产党第十一届中央委员会第三次全体会议召开，这是中国改革发展史上具有重要意义的伟大转折。党的十一届三中全会明确了改革的方向，在一系列的改革措施的推动下，中国粮食生产有了更加长远的规划和更加稳定的发展。从农业生产关系角度分析，改革开放以后，我国率先突破了农村家庭联产承包责任制的束缚，创建了以家庭承包为主的双层经营体系，继续实施承包周期为15 年和 30 年的两轮土地承包期。随着我国土地关系恢复稳定，农业的主体地位在我国稳步提高，中国粮食收购价格也随之上涨，农业生产关系适时调整，充分调动了农民参与农业生产的积极性。这使得过去在农业基础设施和科技投入等方面长期积累的能量得到充分释放，农业生产力得到提升。1987 年《中华人民共和国土地管理法》颁布后，我国开始制定较为系统的耕地保护措施，并逐步确立了"18 亿亩耕地红线"，这对我国基本农田保护和建设提出了更加严格的要求。为了确保生产的粮食能够顺利流通，在农产品流通市场上逐步取消统一的农产品统购统销体系，实现了从计划经济到市场经济的转型。1983 年实行统一采购，1993 年取消了粮食和其他重要农产品的凭票供应。2004—2012年，国家先后发布了九个中央 1 号文件，对我国"三农"工作做了全面深刻部署。总体来看，在这一阶段，中国粮食和主要农产品供应已从长期短缺走向总量平衡、丰年有余的历史性转变，从基本解决温饱向全面建设小康社会迈出了坚实步伐。

（4）中国特色社会主义新时代（2013 年至今）。稳定粮食供应、稳定种粮收入、稳定粮食价格、保证粮食质量，为实现全面小康社会打下坚实的基础。党的十八大以来，中国共产党从国情出发，持续出台中央 1 号文件，部署"三农"工作。2013 年开始的我国新一轮农村土地改革，提出了以巩固和健全农村基本经营体制为基础，推动"三权"分置、维护土地集体产权、稳定土地经营权流转、为发展多种形式适度规模经营奠定了制度基础，并明确提出了"谁来种地、如何种地"等问题，逐步形成了稳定农户承包权，放活土地经营权的改革思路，为促进农村资源要素合理配置、引导土地经营权流转、发展多种形式适度规模经营奠定了制度基础。2017年党的十九大明确提出第二轮土地承包到期后再延长三十年，既要确保土地集体所有，确保农村基本经营制度的长期稳定，又要使农村基本经营制度更加充满活力，促进土地经营权流转和农业经营方式的多样化。在促进市场化流通方面，需要加强对农民的支持和保障，建立健全现代物流系统，强化处理突发应急事件的能力；农业对外开放应当由要素开放向体制开放转变，应当充分发挥"两个市场、两种资源"的作用，加强国际交流合作，促进优质农产品走出国门[①]。我国用占世界不到10%的耕地、6%的淡水，解决了世界近20%的人口的食物问题，为全球食品安全作出了巨大的贡献。据统计，截至2021年，中国人口14.12亿，耕地19.18亿亩，科技对农业进步的贡献占60%以上，农作物种植和综合机械化水平达71%以上，粮食总产量已连续7年突破6.5亿吨，达6.83亿吨[②]；人均耕地面积约为世界的三分之一，单位面积产量为5 805千克/公顷，人均粮食占有484千克，连续数年超过世界平均水平；长期的口粮储备超过70%，大大超过了联合国粮农组织规定的17%～18%的粮食保障准备金[③]。与新中国成立之初相比，如今中国的人口比那时增加了1.62倍，而粮食产量则提高了5.04倍，粮食单位产量提高了4.61倍，粮食人均占有率提高了1.3倍；农村恩格尔系数已降至32.7%，广大人民群众的生活水平得到显著改善。

综上所述，新中国成立70多年来，中国的粮食安全从距温饱较大差距，到温饱不足，再到基本解决温饱问题，再转变为数量、质量、营养的全方位保障，取得了历史性成就。究其根源，是中国共产党始终以中国国情、世情、农情为基础，正确处理国家、农民与土地三者之间的关系，正确处理耕地的长期稳定性和发展弹性之间的关系，稳定农村土地承包关系，放活土地经营权，促进耕地可持续利用，使农业生产关系更适应农业生产力发展，实现土地资源最大限度地优化配置；正确处理好农业、对外开放和安全发展的关系，坚持市场

---

①③ 韩杨：《中国粮食安全战略的理论逻辑、历史逻辑与实践逻辑》，《改革》，2022年第1期，第43-56页。

② 黄飞：《粮代处出席〈2021年世界粮食和农业领域土地及水资源状况〉高级别发布会》，http://www.moa.gov.cn/xw/bmdt/202112/t20211210_6384543.htm。

化改革的方向，把"有为政府"与"有效市场"有机统一起来，即从内部增加农业支撑、增加粮食综合生产能力、畅通粮食流通系统、健全粮食储备系统、健全粮食储备体系、加强国际市场和国际资源，既满足我国对农产品的需要，也可以充分利用国际耕地资源，缓解国内土地资源压力，为未来完善耕地制度留有空间和余地，又利用国内农产品大市场促进多边、双边经贸平衡，以国内稳产保供的稳定性应对国际供应的不确定性，实现粮食等重要农产品供给国内国际市场较高水平的动态平衡。

中国人把自己的饭碗牢牢地端在自己手里，中国粮食不但是兴国安邦的"压舱石"，更是帮助中国赢得了有史以来最大规模的一场脱贫攻坚战，使全国899 万农村贫困人口全部脱贫，历史性地解决了农村绝对贫困问题，让亿万农村居民同步实现全面小康。中国积极推进 2030 可持续发展战略，与 140 多个国家、60 多个农业合作伙伴"南南合作"深入推进，为世界粮食安全、解决世界难题提供了中国智慧，中国方案，中国力量[①]。

第三节　地缘政治风险对中国粮食价格影响的现实考量

中国在新时代所面临的地缘政治风险具有新的时代特征。在粮食市场中，粮食价格不再仅仅取决于传统供需因素的影响，粮食金融化所形成的复合金融体系、粮食进出口贸易以及能源价格对粮食价格影响日益明显。同时，粮食金融化、粮食进出口贸易和能源价格受到地缘政治风险的冲击，从而使得其对粮食价格波动的影响更加明显。

一、我国地缘政治风险的总体特征

自改革开放以来，我国坚持走独立自主的经济发展道路，逐渐建立和完善了中国特色社会主义市场经济，经济发展取得了历史性成就，尤其是 2001 年加入 WTO 以来，我国经济融入全球的领域不断拓宽，融入深度逐渐加强，经济总量稳步位居世界第二。在此期间，西方资本主义国家时常利用贸易摩擦、

---

① 李竟涵：《中国人的饭碗牢牢端在自己手里——党的十八大以来粮食生产稳定发展综述》，http://www.moa.gov.cn/hdllm/zbft/js18dylncgzjz/xgxw/201709/t20170921_5822054.htm。

台湾问题、西藏问题、新疆问题、人权问题、高科技打压等伎俩，对我国经济社会正常经济活动进行干扰和破坏。

党的十八大以来，以习近平同志为核心的党中央带领全国人民不断融入世界经济发展格局中，我国的经济和社会发展取得了新的历史性成果。"一带一路"倡议受到了国际社会的充分肯定，但欧美一些政客却抹黑"一带一路"倡议。例如，当代西方的地缘政治精英在解读"一带一路"倡议时，往往会有两种习惯的思考：第一是历史类比，即把中国和历史上其他崛起的大国作比较；第二是通感，即设想中国将效仿自己追求扩张与霸权。此外，美国政府 2018 年挑起中美贸易摩擦以及 2020 年新冠疫情暴发，这些不确定性因素导致了我国的地缘政治风险不断增加。

总体上看，近几年我国的地缘政治风险具有以下特点：一是地缘政治风险形势越来越复杂。自我国提出"一带一路"倡议以来，就一直受到西方发达国家的诋毁和打压，在共建"一带一路"国家进行投资的国内企业，其所面对的外部环境与大多数跨国企业一样，地缘政治风险相对较高，面临的局势十分复杂。二是地缘政治风险总体上可以控制。作为各国友好关系的典范，我国一直坚持和平共处五项原则，走和平发展道路。虽然在和平发展的过程中，我们面临着许多不确定性因素，但我们始终保持着战略定力和稳定性，并通过采取一系列有效的应对措施，使我国的地缘政治风险得到有效控制。

二、基于粮食金融化角度分析

（一）粮食价格波动不再仅仅取决于传统供需因素影响

进入 21 世纪，粮食金融化作为一个崭新的概念备受关注，2008 年金融危机前后，国际粮食价格大幅波动，引发了全球粮食危机，在这样的背景下，粮食金融化应运而生。粮食金融化可以理解为粮食市场与期货市场、货币市场、外汇市场以及其他金融衍生品市场联动形成的复合金融体系。近几年，国际粮食市场价格波动频繁并与金融市场联系密切。粮食金融属性的凸显，一方面引发国际粮价的暴涨暴跌，给人民的生产生活带来严重影响；另一方面将对粮食安全造成冲击，进而影响整个社会经济的运行，造成本币贬值和通货膨胀。大量的金融资本涌入粮食市场，使粮食价格的波动逐渐脱离传统的供求关系影响，粮食市场逐渐形成新的价格形成机制。粮食本身属于大宗型商品，粮食价格的波动本应该由供需关系来决定，但目前货币和资本的流动性在很大程度上决定了粮食价格的波动，和粮食的商品属性相比，其金融属性逐渐增长。粮食的金融属性越强，价格波动就越明显，所以粮食安全问题就显得尤为重要。粮食金融化的出现使我国的粮食安全面临着新的挑战和困局，在此之前中国粮食的供需一直是影响中国粮食价格的根本性因素，为了更加直观地描述中国粮食的供需状况，本书选用 1970—2018 年我国小麦和稻米的产量与需求量的差额占总产量的比重来度量近半世纪我国两大主要粮食生产和消费的不对称情况。如图 3 - 7 所示，2010—2018 年小麦产需差值占产量的比例在 -7%～10% 波动，稻米产需差值占产量的比例在 1%～5% 的范围内波动。而且近几年小麦、稻米的供需形势愈加平衡。2015—2018 年小麦产需差值占产量的比例在 5%～10% 波动，稻米产需差值占产量的比例在 4%～5% 波动。因此，可以认为，我国小麦和稻米的供需基本平衡，没有明显的供需缺口。

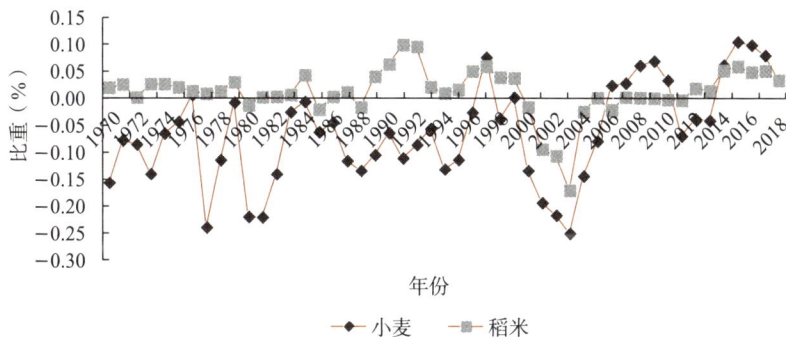

图 3 - 7　1970—2018 年中国小麦、稻米产需差值占总产量的比重
数据来源：由联合国粮农组织网站数据计算整理得到。

为了进一步刻画中国粮食的价格波动情况，这里以小麦为例，描绘出 2015 年 1 月至 2021 年 1 月小麦现货日价格波动图。如图 3 - 8 所示，2015—2016 年小麦的现货日价格在 1 600～2 400 元/吨波动，2016—2019 年小麦的现货日价格在 1 600～2 100 元/吨波动，而 2020—2021 年小麦的现货价格则在 1 900～3 000 元/吨波动。受到新冠疫情以及洪涝灾害影响，中国粮食市场出现了阶段性波动，受到社会广泛关注。

从本质上讲，粮食价格的波动取决于粮食的供需状况，如图 3 - 8 所示，我国小麦在没有出现严重的供需缺口时却出现了价格的波动，粮食价格的波动不再仅仅取决于传统的粮食供需情况。当粮食仅具有商品属性时，其价格主要由粮食的供求关系决定，但当粮食的金融属性明显时，其价格受供求关系的影响逐渐减小，而逐渐表现出受粮食期货市场、货币的供应量、货币汇率、国际能源价格等因素的影响加强，这就使得粮食价格的决定机制越来越复杂化。

图 3 - 8　2015—2021 年我国小麦现货日价格波动

数据来源：数据来自 Investing.com 公开数据汇总整理得出。

（二）粮食期货市场与现货市场联系紧密

粮食期货市场与现货市场密切相关。粮食期货市场不仅可以影响粮食现货市场的价格，还可以间接影响粮食现货市场的供给。从理论上来说，粮食的期货价格具有粮食价格发现功能，粮食的期货价格与现货价格是紧密不可分割的，在一个成熟的期货市场的指引下，粮食的现货价格可以被有效预测，并且实现资源的优化配置。粮食期货市场可以影响粮食现货市场的价格和粮食现货市场的供应量。从经济学角度分析，产品的供给取决于产品价格、生产成本、技术水平等因素，其中价格是影响供给的根本因素，粮食生产也是如此。粮食供应量取决于粮食现货市场价格，而期货市场与现货市场紧密联系，粮食期货价格影响现货价格，现货价格直接影响产量。因此，期货市场可以通过现货价格对现货供给量产生间接的影响。2008 年全球金融危机爆发后，在美国等发达国家实行量化宽松货币政策的背景下，全球货币流动性增强，粮食这种大宗型商品成了投机者投机获利的对象，期货市场成为世界资金大量涌入的场地，粮食期货市场套期保值的功能减弱而投机获利的功能逐渐增强，粮食期货市场价格的波动带动了现货市场粮食价格的波动，粮食期货市场与粮食现货市场联系更加紧密。图 3-9 是我国小麦现货价格与期货价格走势图，从中可以看出，二者走势基本一致。

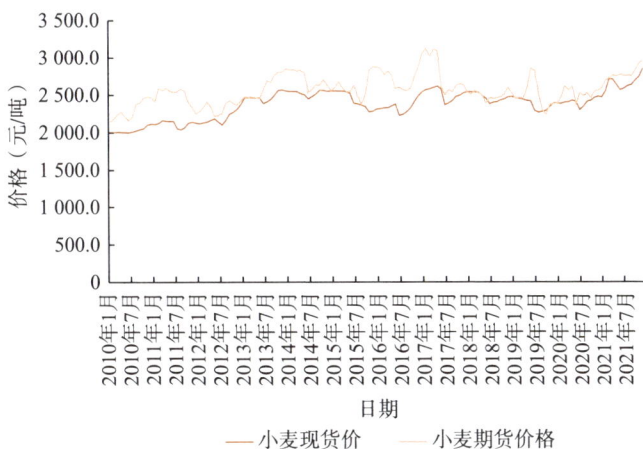

图 3-9　2010—2021 年我国小麦现货价与期货价格走势
数据来源：数据来自 Investing.com 公开数据汇总整理得出。

三、基于粮食进出口贸易角度分析

总体来看，地缘政治风险一旦形成，将会对全球贸易产生显著的负面影响，还在一定程度上降低全球贸易增速，并且地缘政治风险的上升，对粮食贸易进出口交易量的抑制作用越来越明显。战争、恐怖主义、极端自然灾害等极端事件爆发，将导致地缘政治风险增大，进而限制粮食进出口贸易甚至使粮食进出口贸易中断，对于出口企业来讲，突如其来的地缘政治风险，可能导致进出口企业出于安全与稳定的考虑，加之政府禁令等因素，作出推迟甚至取消粮食贸易活动和粮食出口贸易决策，减少和延迟粮食市场方面的相关投资，从而减少粮食供应；此外，地缘政治风险还将增加粮食贸易的交易成本，抬高粮食交易价格，从而对粮食市场正常供应体系也产生较大冲击。

如表 3-2 所示，美国的大豆、玉米、小麦以及大米的自给率全部超过了95%，而我国只有小麦、玉米和大米的自给率超过了95%，而大豆的自给率小于50%，存在粮食安全问题。

表 3 - 2　中国及部分国家（地区）的四大主要粮食品种自给率

标准	小麦	玉米	大米	大豆
大于 95%	澳大利亚、阿根廷、乌克兰、加拿大、哈萨克斯、中国、美国、巴基斯坦、印度、英国	阿根廷、俄罗斯、南非、法国、乍得、泰国、美国、印度、中国、印度尼西亚	巴基斯坦、泰国、美国、澳大利亚、越南、印度、中国、印度尼西亚、孟加拉国	乌拉圭、乌克兰、喀麦隆、巴西、加拿大、美国、赞比亚、埃塞俄比亚、印度、阿根廷、哈萨克斯坦
小于 50%				中国

　　如表 3 - 3 所示，全球亟须粮食援助的国家都是来自贫穷落后地区，主要集中在非洲、亚洲和拉美地区。长期以来，欧美少数发达国家以雄厚的资本、成熟的金融操作手法以及金融市场和农产品的比较优势，垄断和控制了主要国际农产品的定价权，使贫穷落后国家的粮食价格受到制约。在全球粮食贸易背景下，当主要资本主义国家提供信贷以助长全球通胀和转嫁危机时，大多数从殖民主义时期继承下来的具有"单一经济"结构的前殖民地国家将首当其冲，承受制度代价。当粮食的金融属性大于商品属性时，小麦、玉米等粮食品价格的波动将会导致国内贫困人口的增加，从而影响整个国民经济的健康运行。联合国粮食及农业组织（FAO）的一项研究发现，一国粮荒的主要原因是过剩金融资本对粮食市场的影响，导致粮食价格大幅上涨。小麦、玉米和其他粮食价格的大幅上涨将使全球贫困地区的居民无法负担粮食购买成本，从而造成全球粮食危机。当粮食的金融属性大于商品属性时，结果不是缺粮，而是买不起粮食。

表 3 - 3　全球亟须粮食援助的国家（地区）情况

地区	国家
非洲	刚果（金）、厄立特里亚、南苏丹、苏丹、赞比亚、刚果（布）、尼日利亚、肯尼亚、赞比亚、马拉维、布隆迪、莫桑比克、中非共和国、尼日尔、喀麦隆、布基纳法索、索马里、坦桑尼亚、利比亚、马达加斯加、马里、乍得、乌干达、莱索托、纳米比亚、塞内加尔、塞拉利昂、毛里塔尼亚、埃斯瓦蒂尼、吉布提、几内亚、利比里亚
亚洲	也门、阿富汗、朝鲜、叙利亚、伊拉克、巴基斯坦、孟加拉国、缅甸
拉美	委内瑞拉、海地

数据来源：联合国粮农组织（FAO）数据整理，时间截至 2020 年 12 月。

四、基于能源价格的分析

石油是世界上使用最广的能源之一，截至 2020 年，它在世界上的能源消费量中占据 31.2% 的消费份额。此外，石油还是世界战略资源，对各国经济的正常运行有着重大的影响，油价的上涨和下跌，绝大部分情况都是因为地缘政治原因。通过对石油资源的控制和使用，各国之间的竞争与协调不断增强，从而实现以权力、利益和安全为中心的特殊地缘政治优势（刘建，2013）。

在工业革命的推动下，美国等发达国家纷纷大力发展"石油农业"，以廉价的石油、机械和杀虫剂等生产要素取代了昂贵的人力、畜力等生产要素。美国每年生产 3 亿吨的谷物，需要消耗六七千万吨的原油。石油是一种重要的农业生产要素，其变动对粮食生产的成本有很大的影响。国际油价通常是以美元计价，随着美元的下跌和国际油价的上升，石油的价格将会推动诸如柴油和化肥等相关农资产品的价格上升，进而带动粮食的生产成本上涨，进而使粮食的价格上升。与此同时，诸如运输、机械等粮食生产成本的变动，也会因油价的变动而受到影响。从运输成本的观点来看，油价上升，公路运输费用就会上升，而粮食的供给价格也会因运输费用的上升而上升。从机械投资的角度来看，在我国的农业生产中，石油价格的变动，导致了机械的使用费用发生了变化。在石油价格上升时，农业机械的使用费用也随之提高，而粮食生产成本的提高也会间接地影响到食品的价格。近几年，世界各国都在寻求石油资源的替代品，生物能源的开发和农业机械化程度的提高，使得粮食的价格受到多种因素的影响，而以谷物为基础的替代能源的开发，使得粮食价格和石油的价格有了更密切的关系。因此，能源价格对中国粮食价格的影响也是十分显著。

第四节　地缘政治风险背景下中国粮食价格面临的困境

粮食安全是国家安全的重要基石，新时代开启中华民族第二个百年奋斗目标征程，持续推进经济高质量发展，实现人民日益增长的美好生活需要，最终实现中华民族伟大复兴，这需要确保粮食价格基本稳定和粮食安全。当前，粮食安全问题已经不再是简单的数量问题与总量问题，更重要的在于质量方面与结构方面。如何更全面地实现"吃得饱"，并不断向"吃得好"转变，是新时代保障粮食安全面临的新问题①。然而，现实中，由于我国还面临着地缘政治风险、贸易政策不确定性等多重压力，确保粮食安全的过程中还面临着诸多现实困境。2013 年中央经济工作会议中，我国确立了"谷物基本自给，口粮绝对安全"的粮食安全目标，并提出"以我为主、立足国内、确保产能、适度进口、科技支撑"的粮食安全战略。随后，连续多年的中央 1 号文件明确指出，"把饭碗牢牢端在自己手上，是治国理政必须长期坚持的基本方针"，强调要把"不断增强粮食生产能力"作为粮食生产的重中之重，不断稳定粮食产量，确保粮食安全。

（一）粮食金融化带来的困境

一是粮食金融化带来粮食价格波动频繁和粮食定价权的争夺。粮食随着粮食市场与期货市场、货币市场、外汇市场以及其他金融衍生品市场联系越来越紧密，粮食的大宗商品属性被削弱，而其金融属性不断加强，粮食价格的波动不再仅仅受制于传统的供需基本面，而更大程度上取决于资本流动。与此同时，投机资本也把获利对象定位于粮食产品，加剧了粮食期货价格的波动，这种波动通过期货价格传导至现货价格，使粮食产品的供求关系被扭曲，为粮食价格的波动带来很多无法确定的因素。粮食金融化不仅会引起粮食价格的波动，还不利于我国在国际市场争夺粮食的定价权，从粮食的产量、消费量、进出口量的角度分析都可以认定我国是国际市场中的粮食大国，但是我国在国际市场上对粮食定价的影响力微不足道，这与我国产粮大国的情况是不匹配的。在粮食金融化不断加深，粮食价格更多取决于资本流动，一些国际游资利用信息优势、资本优势来对金融产品进行操纵，使得期权、期货的价格在短期内发生大幅度的震荡，从而对粮食现货市场产生影响，粮食金融化的背景下，我国在国际粮食定价权的问题上面临不乐观的局面。

二是粮食金融化威胁粮食安全。20 世纪 70 年代中期，FAO 将"粮食安全"划分为三个层面，即粮食充足、粮食供应稳定、所有需要粮食的消费者都能承受。随着全球金融体系的快速发展，金融和金融衍生产品与粮食生产的融合，使得我国的粮食金融化程度日益加深，粮食安全问题日益凸显。客观来看，粮食金融化可以为粮食价格提供风险对冲的功能，使粮食价格更加有迹可

---

① 杜志雄：《占全球 9% 耕地、养活近 20% 人口，看中国粮食 70 年发展》，https://www. thepaper. cn/newsDetail _ forward _ 5251303。

循，为中国粮食产业的规模化发展提供了有利条件。但与此同时，随着粮食金融化程度的逐步加深，粮食价格更加受到粮食期货价格的牵制，增加了粮食价格波动的不稳定性，粮食价格的不稳定性造成农民种植意愿的下滑，土地"非粮化"的问题越来越严重，这对粮食安全问题带来了极大的威胁。从我国种植国情出发，中国粮食的生产是相对分散的，生产什么、怎么生产主要取决于粮食生产成本和粮食产品的价格。随着人民生活水平的提高，人们所需要的生活产品更多依赖大豆和玉米这两种原材料。我国则主要生产小麦和稻米，而南美和北美的大豆、玉米更具有比较优势，在这种情况下，我国的贸易依存度会提高，粮食价格受国际性粮食企业操纵，粮食安全受到威胁。从全国来看，中国粮食生产的集约化程度不高，种植户与粮食企业生产规模小，金融知识欠缺，因此基本不会进入期货市场进行套期保值，而我国产粮区的农民主要依靠粮食收入，在粮食金融化的背景下，粮食价格波动，会引起粮食生产成本的变化，减少种粮利润空间，很大程度上会打击我国农户的种粮积极性，导致土地"非粮化"的现象也会越来越严重，粮食安全问题受到极大的挑战。粮食能源化在一定程度上对粮食安全构成新的威胁。当全球石油价格出现大幅上升时，粮食作为能源替代品，其被作为原材料投入生物能源生产中，粮食脱离了粮食属性，呈现能源化趋势。这种趋势一旦形成，将对粮食安全带来新的挑战。此外，前文已经充分研究，粮食金融化现象使得粮食价格的波动不再简单地受制于供需关系，而是与美元资产、汇率等关系密切，具备投资品特征被交易，从而具备金融产品属性，这也在很大程度上对粮食安全产生影响。

（二）粮食进口贸易面临的困境

经济全球化时代，各国贸易往来十分频繁，各国纷纷利用国际市场进口粮食资源，不断满足国内需求，通过对中国粮食进口的历程及现实进行分析可知，新中国成立以来，中国粮食进口从无到有，粮食贸易政策经历了从新中国成立初期的不吃"进口粮"，到20世纪80年代的"适当进口、统一管理"，20世纪90年代的"充分利用两个市场、省长负责制"，21世纪的"进出口适当调剂"及党的十八大以来提出的"走出去"，不断加强"一带一路"粮食合作等重要阶段。概括来讲，现阶段中国粮食进出口还存在如下问题：

一是中国粮食进口需求大，对外依存度上升。近年，随着中国人口不断增加，居民消费结构升级，我国对主粮的进口逐渐增多，如大豆对外依存度较高十分典型，面临断货的风险相对较大。大豆一直是我国食用油的主要来源，目前我国国内大豆市场存在严重失衡，我国大豆严重依赖进口，国家统计局公开数据显示，近 20 年中国大豆年均产量基本维持在 1 200 万～1 600 万吨，但大豆的年均需求量在 1.1 亿吨左右，再加上国内大豆价格、质量、成本、技术、规模化等方面处于比较劣势，导致我国大豆供需缺口不断扩大。2021 年，中国大豆进口依存度达到 85.48%，较 2020 年上升 2.17%。且从美国进口大豆较多，一旦美国采取进一步的贸易摩擦政策，将使得我国大豆供应得不到保证，势必对国内大豆需求产生冲击，这需要我国逐步解决过度依赖美国进口大豆的局面。此外，对外依存度高也导致我国目前在国际粮食贸易市场中处于劣势地位，粮食进口一直处于被动局面，如何尽快扭转局面、掌握粮食贸易的主动权需要我国加快推进粮食市场相关改革，加大科技投入，不断提高国内粮食产品质量和数量，推动粮食高质量发展。

二是中国粮食贸易进口过于集中，风险较大。目前，我国主要粮食进口结构不合理，进口来源国较为集中，粮食进口风险较大。如大豆，主要从美国和巴西进口；玉米主要来自美国、乌克兰和澳大利亚；稻米主要来自东南亚国家，如越南和泰国；小麦主要来自加拿大、澳大利亚、法国、美国。上述四大粮食品种进口来源地的集中化偏高，前三大来源国进口量占比基本保持在 90% 以上。粮食进口国国内政府更替、政局变化、政策变动等对中国粮食进口贸易存在不确定性风险，需要格外关注。

（三）能源方面存在的问题

能源是粮食生产的必须投入要素，中国粮食生产取得了举世瞩目的成就，这与中国粮食生产主要依靠能源投入的粗放型发展模式高度相关，大量使用以石油为原料的化肥、柴油等会促进粮食增产。但是会导致粮食生产中所面临的能源问题十分突出。

一是粮食生产所用石油等能源成本不断上升。目前，世界正经历百年未有之大变局，世界经济政治局势持续动荡，国际能源价格波动也十分频繁。一旦国际原油价格上涨，则会直接传导给国内柴油和汽油价格，进而影响粮食作物种植所用燃油、化肥、农业机械等价格，这就导致种粮成本逐渐提升，农民种粮收入降低。

二是环境污染不容忽视。中国粮食生产中化肥、农药使用过量，对能源型资源依赖偏高，这对土壤质量、自然生态环境造成的污染问题不容忽视。石油是化肥、农药的主要生产原料，近年中国粮食生产中化肥、农药使用量持续增加，加之高标准农田建设、农业机械化作业所需的农业机械、农田灌溉需求不断攀升，这直接或间接使上述生产要素所消耗的化石能源所产生的碳排放对生态环境恶化具有明显影响，粮食质量安全面临十分严峻的挑战[①]。

（四）粮食生产自然资源面临的新问题

党的十九大以来，我国经济步入高质量发展阶段，经济增速由高速增长转向中高速增长，经济增长不再以追求数量为目标，增长方式从高投入、高能耗、高排放的粗放式发展转向依靠技术进步的集约式发展的新常态，更加注重质量提升和结构优化。在绿色发展新理念下，我国人口、资源、环境等发展中面临的新矛盾也须解决。

首先，新型城镇化用地对耕地产生冲击。就城镇化发展来看，一方面，新型城镇化建设需要土地资源，伴随着我国城镇化水平提升，城市建设用地仍存在较大需求，这无疑会减少耕地面积，不利于粮食稳产增产。另一方面，新型城镇化水平提升需要农业人口市民化，随着农业劳动力转移到城镇，农村劳动力数量将下降，这在短期内对于粮食生产而言，也会产生一定的冲击。

其次，工业化对农业生态环境带来冲击。就生态环境安全来看，快速工业化对生态环境造成了不可估量的损害，农业生产面临着生态环境不断恶化。另有资料显示，我国每年的化肥消耗量为 1 亿吨左右，相对于国际公认的每 10千克粮食消耗 1 千克化肥的安全临界值，我国化肥消耗量约超标 1 倍；农药消耗量年均 130 万吨，为国际平均水平的 2.5 倍[②]，这对绿色农业发展转型来讲，也是不小的挑战。此外，我国是世界上公认的缺水的国家，部分区域干旱少雨，区域水资源分布不均衡，使得粮食生产过程中所需水分无法及时弥补，不利于粮食增产增收。

最后，当前中国粮食生产过程中极端干旱、洪涝灾害频发，遭受全球气候变化挑战越来越突出。极端天气频发，对粮食正常生产过程造成严重冲击，如2021 年 7 月河南省遭遇历史罕见的暴雨洪涝灾害，河南省作为中国粮食主产区，农业受灾情况引起国人担忧。这就要求我国采取积极应对措施，不断化解极端天气对粮食生产的影响。

---

① 应瑞瑶、郑旭媛：《资源禀赋、要素替代与农业生产经营方式转型——以苏、浙粮食生产为例》，《农业经济问题》，2013 年第 12 期，第 15-24、110 页。

② 李立辉、曾福生：《新常态下中国粮食安全面临的问题及路径选择——基于日本、韩国的经验和启示》，《世界农业》，2016 年第 1 期，第 75-78 页。

第四章
地缘政治风险对粮食价格影响的实证研究

民以食为天，粮食是人们赖以生存的基本物质，关系到整个国家的经济和社会发展，以及国家的长期稳定；并且粮食的价格直接影响居民的生活水平。粮食的生产安全和价格变动一直以来都是国家重点关注的问题。中国是一个拥有14亿人口的大国，不仅是一个粮食生产大国，同时也是一个粮食消费大国。粮食安全已成为我国经济发展、社会稳定、国家强盛的重要保障，粮食供应充足、粮食价格稳定是治国安邦、解决民生问题、实现以"人民为中心"的经济社会发展的现实需要。

第一节　理论假设

2021年以来全球粮食价格在不断上涨，表面上看是由于新冠疫情、全球春播偏慢、化肥成本偏高、中美贸易摩擦、俄乌冲突等原因造成的，但更深层的原因是因为全球持续动荡背景下的地缘政治矛盾交织影响带来的。地缘政治风险包括地缘政治行为和地缘政治威胁两方面。本章将从地缘政治行为和地缘政治威胁两方面来分析地缘政治风险对粮食价格的影响。首先，地缘政治行为是指已经发生的地缘政治事件，例如，国与国之间的战争、恐怖主义事件以及国与国之间紧张的局势，这些事件一方面会让当事国居民产生恐慌心理，同时其他国家的人们也会担心这些事件会波及本国的安全及社会经济活动的正常运行，影响日常生活及生活必需品的供给。这些恐慌心理会导致人们囤积大量的物品，尤其是生活所必需的粮食，需求的增加会导致粮食价格上涨。另一方面，地缘政治事件的发生会影响国际形势，进而影响国与国之间的粮食市场流通。它不仅会打破正常的国际关系，导致很多被波及的国家或地区停止贸易活动，还会给国际粮食市场带来直接的负面影响和无法估计的挑战。同时，因为战争的爆发会破坏国家的社会秩序，人们不能正常工作，不能从事农业生产，而一国为了保证人民正常生活，就必须向国外采购粮食，以保证国家的粮食正常供应。

其次，地缘政治威胁是指潜在的地缘政治风险，它会影响贸易商对全球和区域经济贸易的预判。尤其是当地缘政治威胁发生时，会对全球粮食市场造成强烈的负面影响，进而影响我国的粮食市场。地缘政治风险可能会导致粮食进出口贸易商出于对安全和发展的考虑，推迟或者终止粮食进出口贸易决策，影响国家粮食市场的进出口贸易形式，进而影响我国的粮食市场，导致国内粮食价格的变动。此外，地缘政治威胁还会导致国际原油供给需求的变动，进而导致国际原油价格的上涨，粮食的生产、加工、运输等环节的成本上涨，导致粮食价格的上涨。

综上所述，本书提出如下假设：

H1：地缘政治风险会对中国粮食价格产生显著影响。

第二节 中国粮食市场现状分析

近年，我国的粮食产量稳居世界前列，然而部分品种进口数量在不断增加，尤其是大豆。这使得国内粮食价格更容易受到国际市场的影响。粮食价格波动已经不再单纯地受粮食产量的影响，而是在开放的宏观经济背景下受多种因素共同影响。

一、中国粮食价格总体变动情况

粮食价格是人们购买粮食时为其支付的货币数量。在粮食的流通中，粮食价格会以批发价格、零售价格等不同价格在粮食流通的各个环节中体现出来。其中，粮食的消费价格是影响人民日常生活和物价水平的重要因素。因此本章以粮食的消费价格为研究对象，分析中国粮食价格的总体变动情况。图 4-1 展示了 1994—2021 年中国粮食类居民消费价格指数。从图中可以看出，我国的粮食消费价格指数在 1994—2021 年先出现大幅度地下降，然后缓慢有所回升，最后趋于稳定。大致分为三个阶段：第一个阶段为 1994—1997 年，在这期间粮食价格指数出现大幅度下降，从 1994 年的 153.5 下降到 1997 年的 87；第二个阶段是 1997—2005 年，在这个阶段粮食价格指数呈现出波动中上升的趋势，从 1997 年的 87 上升到 2005 年的 101.15；第三个阶段是 2005 年至今，粮食价格指数基本上维持在 100 左右，仅发生微小的波动，这是因为我国社会主义市场经济经过几十年的发展已经逐渐步入正轨，国家先后出台了一系列粮食市场方面的政策来维持粮价稳定，保障我国的粮食安全和经济社会可持续发展。

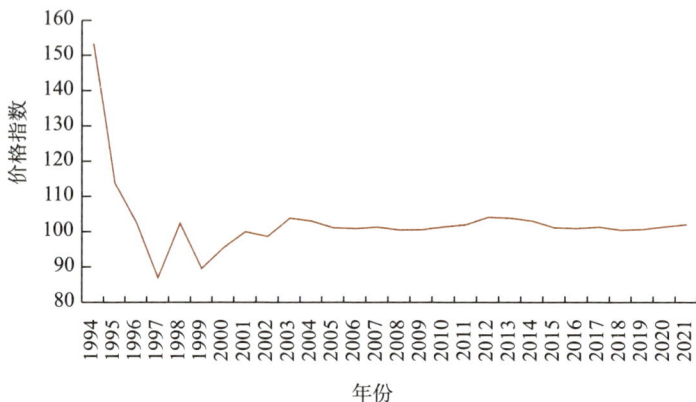

图 4-1　1994—2021 年中国粮食类居民消费价格指数变动情况

数据来源：历年《中国统计年鉴》。

二、中国主要粮食价格变动情况

本节采用小麦、大豆、玉米、粳稻的集贸市场价格进行分析。四类粮食作物的集贸市场价格数据来源于国研数据的价格统计数据库、《中国农产品价格调查年鉴》，受新冠疫情影响，2021 年 2 月北京、黑龙江、山东、河南、湖北、重庆等共有 26 个县集贸市场被迫关闭，无法采集数据。为确保数据可比，对 2021 年 1 月和上年同期数据做了同口径处理。

图 4-2 展示了 2003—2021 年我国四大主要粮食品种的集贸市场价格变动情况。在各种粮食价格的曲线中，以波动性特征最为明显，其中大豆价格曲线的波动性是四种粮食品种中波动幅度和频率最高的。2003 年 6 月至 2021 年 12 月，大豆价格呈现出来的主要特征就是价格不断增长，呈现上扬的趋势。2003 年 6 月大豆的价格为 2.9 元/千克，2021 年增长到 7.56 元/千克，增长了 1.6 倍，并且还有持续增长的趋势。主要是因为受全球新冠疫情蔓延影响，巴西、

美国等大豆出口国开始加紧对大豆出口的控制，尽管我国大豆播种面积与产量在稳步提升，但国内食用植物油和饲料蛋白以及作为饲料主要配料的豆粕仍主要依赖进口大豆。新冠疫情使我国大豆进口数量减少，进口价格升高，从而导致国内大豆市场的价格急剧增加。第二个特征是价格波动的幅度较大。在大豆的波动期间有两个峰值，尤其是 2007—2008 年，大豆的价格急速增长，涨幅接近 100%。但是在 2008 年的 6 月，大豆价格达到峰值 6.07 元/千克，然后开始急速下降，到了 2010 年 12 月的时候价格下降到 5 元/千克。这种变化的原因在于，我国的大豆消费主要依靠进口，而我国的大豆消费旺盛时期正是我国大豆生产青黄不接的时期。因此，国际大豆市场的变化对我国的大豆进口造成巨大的冲击。国内大豆的进口来源以美国、巴西、阿根廷为主。2007—2008 年正处于全球金融危机时期，在那段时间内石油的价格上涨明显，从美洲国家进口的大豆运输成本相比以前直接上涨到 110 美元/吨，而最低时大豆运输成本仅有 20 美元/吨，增长了 4.5 倍，这也是导致我国大豆市场价格剧烈波动的另一个主要原因。

小麦和玉米的价格波动上升。如图 4-2 所示，两者的价格变动趋势大致相同，总体呈现增长的趋势，波动幅度较小。与大豆相比，小麦和玉米的波动要小，其变动过程更像是一种"波浪式"的。由图 4-2 可以看出，2003 年 6 月至 2021 年 6 月玉米价格波动的峰值与峰谷变动较大。玉米在人们的日常饮食中所占比重较少，主要是应用在工业生产和畜牧业饲料生产中。近些年，我国玉米的进口数量呈现上升的趋势，这增加了我国的玉米供给对国际玉米市场的依赖程度，需要给予一定的警惕，防止出现类似大豆的情况，从而对我国的粮食安全造成威胁。小麦的波动幅度较小，整体呈线性上升的趋势，从 2003 年 6 月的 1.09 元/千克增加到 2021 年 6 月的 2.91 元/千克，增长了近 1.7 倍。主要是因为我国经济社会的不断发展，加上通货膨胀导致小麦的价格上涨。波动幅度较小主要是因为我国对小麦具有较为严格的价格保护政策。

粳稻的集贸市场价格整体呈现上升的趋势。大致分为两个阶段，第一个阶段是 2003 年 6 月至 2009 年 12 月。这一时期的粳稻市场价格从 1 元/千克缓慢上升到 2 元/千克，并维持在这一水平上下波动。价格从 2003 年 6 月的 1.16 元/千克上升到 2009 年 12 月的 2.22 元/千克。第二个阶段是 2009 年 12 月到 2021 年 6 月。这一时期的粳稻市场价格从 2 元/千克缓慢上升到 3 元/千克，然后维持在这一水平上下小幅度波动。价格从 2009 年 12 月的 2.22 元/千克上升到 2021 年的 3.16 元/千克。

综上所述，2003 年以来我国四大主要粮食品种的价格均呈现出明显的变化，尤其是大豆的价格波动幅度和频率相对较大，那么，地缘政治风险与粮食价格之间的关系如何，接下来将采用时间序列分析模型进行深入分析。

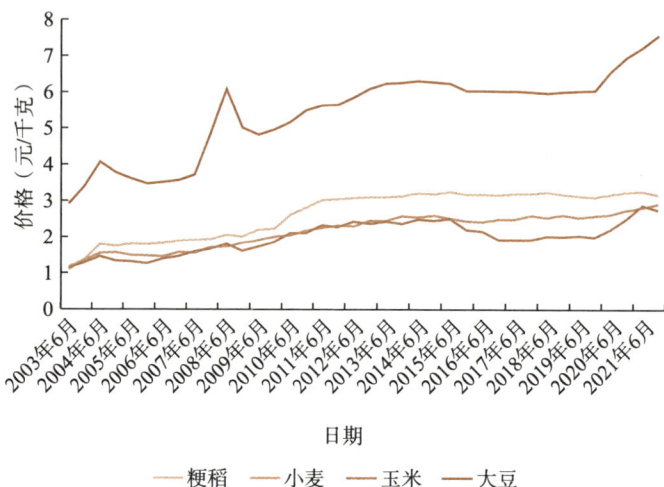

图 4-2　2003—2021 年我国粳稻、小麦、玉米、大豆集贸市场价格的变动情况
数据来源：国研网统计数据库汇总整理得出。

第三节　研究设计

上文通过理论分析提出地缘政治风险对粮食价格波动具有显著影响，本节通过构建地缘政治风险对粮食价格影响的研究模型、选取变量与解释数据来源等，为后续章节展开实证分析奠定基础。

一、模型设定和变量选取

（一）模型设定

为了验证本章所提出的研究假设，实证考察地缘政治风险对粮食价格的具体影响效果，这里分别以粮食价格指数（Pri）、小麦价格（$Whe\text{-}Pri$）、玉米价格（$Corn\text{-}Pri$）、大豆价格（$Soy\text{-}Pri$）和粳稻价格（$Jap\text{-}Pri$）作为因变量，国际粮食价格（$Intgp$）、国际原油价格（$Intnp$）作为控制变量建立基本模型为：

$$Pri_t = c_1 + \sum \alpha_i Pri_{t-i} + \sum \beta_i GPR_{t-i} + c_2 Intgp_t + c_3 Intnp_t + u_t$$

$$Whe\text{-}Pri_t = \eta_1 + \sum \alpha_i Whe\text{-}Pri_{t-i} + \sum \beta_i GPR_{t-i} + \eta_2 Intgp_t + \eta_3 Intnp_t + u_t$$

$$Corn\text{-}Pri_t = \delta_1 + \sum \alpha_i Corn\text{-}Pri_{t-i} + \sum \beta_i GPR_{t-i} + \delta_2 Intgp_t + \delta_3 Intnp_t + u_t$$

$$Soy\text{-}Pri_t = \gamma_1 + \sum \alpha_i Soy\text{-}Pri_{t-i} + \sum \beta_i GPR_{t-i} + \gamma_2 Intgp_t + \gamma_3 Intnp_t + u_t$$

$$Jap\text{-}Pri_t = \theta_1 + \sum \alpha_i Jap\text{-}Pri_{t-i} + \sum \beta_i GPR_{t-i} + \theta_2 Intgp_t + \theta_3 Intnp_t + u_t$$

其中，Pri_t 表示 t 期的中国粮食价格指数，Pri_{t-i} 表示滞后 i 期的中国粮食价格指数，$Whe\text{-}Pri_t$ 代表 t 期的小麦中等集贸市场价格，$Whe\text{-}Pri_{t-i}$ 表示滞后 i 期的小麦中等集贸市场价格，$Corn\text{-}Pri_t$ 代表 t 期的玉米中等集贸市场价格，$Corn\text{-}Pri_{t-i}$ 表示滞后 i 期的玉米中等集贸市场价格，$Soy\text{-}Pri_t$ 代表 t 期的大豆中等集贸市场价格，$Soy\text{-}Pri_{t-i}$ 代表滞后 i 期的大豆中等集贸市场价格，$Jap\text{-}Pri_t$ 代表 t 期的粳稻中等集贸市场价格，$Jap\text{-}Pri_{t-i}$ 代表滞后 i 期的粳稻中等集贸市场价格，GPR_{t-i} 表示滞后 i 期的地缘政治风险指数。$Intgp_t$ 表示第 t 期的国际粮食价格，$Intnp_t$ 表示 t 期的国际原油价格，u_t 为随机干扰项。t 为时间。

（二）变量选取

1. 被解释变量：粮食价格

本书先选取粮食价格指数来研究地缘政治风险对其冲击效应，然后再选取粳稻、大豆、玉米、小麦四种具有代表性的粮食价格来考察地缘政治风险的冲击影响。其中，考虑到通货膨胀因素，本书使用 CPI 价格指数对价格相关指标进行折算。书中其他价格指数也进行类似处理。

2. 解释变量：地缘政治风险指数

本书采用 Caldara 和 Iacoviello 所构建的全球和中国地缘政治风险指数来衡量地缘政治风险，基础数据来源于经济政策不确定性数据库。通过检索美国、加拿大和英国出版的 11 家主要国际报刊，计算每月与地缘政治紧张局势相关词语的出现频率，再对其进行标准化处理，最后得到地缘政治风险月度指数。地缘政治风险指数包括 1985 年以来全球地缘政治风险指数和 18 个新兴经济体地缘政治风险指数，涵盖地缘政治风险和事件各方面，是目前可以公开获取用于实证分析的最全面可靠的数据。图 4－3 展示了 1990—2021

年我国地缘政治风险指数变化情况。从图中可以看出，地缘政治风险指数的波动幅度较大，整体呈现上升的趋势，说明近些年国内经济所面临的地缘政治风险复杂多变。

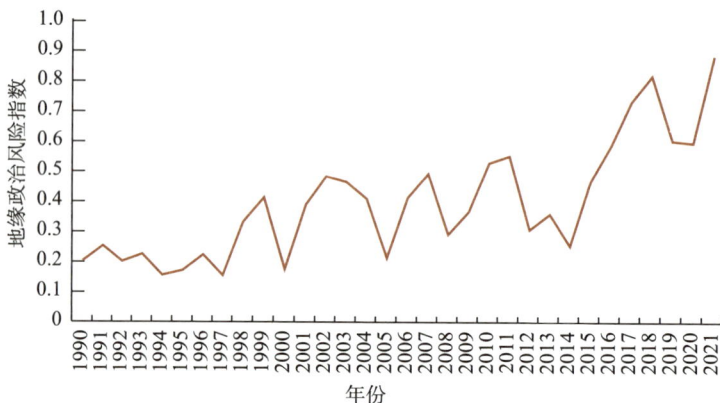

图 4-3　1990—2021 年我国地缘政治风险指数变化

数据来源：数据来自 Caldara 和 Iacoviello 所构建的地缘政治风险指数，经汇总整理得出。

3. 控制变量

粮食价格除了受到地缘政治风险的影响，还受到其他许多因素的共同影响，为了更加准确地研究地缘政治风险对粮食价格的影响，本书选取国际能源价格、国际粮食价格作为控制变量。其中，国际能源价格（$Intnp$）的选取说明如下：谷物是生物燃料的主要原料，生物能源生产需要大量的粮食，如玉米和大豆；同时，粮食的生产、运输过程中也会消耗能源，随着农业现代化、机械化水平的不断提高，燃料与农产品、能源价格与粮食价格之间都产生了密不可分的联系。因此，生物能源产量的多少会影响粮食的供应和需求，因此国际市场的能源价格也会影响国际市场上的粮食价格，进而影响我国的粮食价格。本书选取国际原油价格作为衡量国际能源价格的指标。国际粮食价格（$Intgp$）的选取说明如下：随着世界经济一体化的发展，国际市场间的联系日益密切，中国作为一个快速发展的新兴经济体，与其他国家的贸易关系越来越紧密，在此背景下，国际市场上的粮食价格可能会通过期货市场、国际贸易活动等方式对我国国内的粮食价格产生影响；一些学者通过对国际粮价和国内粮价变化的分析，认为国际粮价波动对我国粮价波动具有显著的影响效果。本书选取美国大豆的期货价格并将价格进行对数化处理作为衡量国际粮食价格的指标。具体变量定义及符号如表 4－1 所示。

表 4－1　变量定义及符号

变量名称	变量符号	度量指标
粮食价格指数	Pri	选取粮食价格总指数
粳稻价格	$Jap\text{-}Pri$	选取粳稻的集贸市场价格来衡量
小麦价格	$Whe\text{-}Pri$	选取小麦的集贸市场价格来衡量
玉米价格	$Corn\text{-}Pri$	选取玉米的集贸市场价格来衡量
大豆价格	$Soy\text{-}Pri$	选取大豆的集贸市场价格来衡量
地缘政治风险	GPR	选取 Caldara 和 Iacoviello 所构建的全球和中国地缘政治风险指数来衡量
国际粮食价格	$Intgp$	选取美国大豆的期货价格对数化来衡量
国际能源价格	$Intnp$	选取国际原油价格对数化来衡量

变量的描述性统计结果如表 4－2 所示，被解释变量粮食价格指数（Pri）的均值为 101.803 4，最大值为 105.183 8，最小值为 100.215 1，两者之间的差距还是比较大的，这在一定程度上说明粮食价格指数变动比较明显。偏度为 1.020 0，峰度为 2.966 3，两者均大于 0，说明粮食价格指数的样本分布整体上比较陡峭且呈现右偏态趋势。被解释变量粳稻的集贸市场价格的均值为 2.622 0，最大值为 3.280 0，最小值为 1.120 0，数据样本之间具有显著差异，可以进行实证研究。小麦的集贸市场价格的均值为 2.147 1，最大值为 2.910 0，最小值为 1.080 0；玉米集贸市场价格的均值为 1.961 0，最大值为 2.870 0，最小值为 1.050 0；大豆集贸市场价格的均值为 5.345 6，最大值为 7.560 0，最小值为 2.710 0。说明小麦、玉米、大豆的集贸市场价格样本之间存在波动，但数据之间并不存在异常值，可以进行实证研究。小麦、玉米、大豆的集贸市场价格的偏度分别为 －0.535 4、－0.152 0、－0.607 1，三者均小于 0，峰度为 1.949 0、2.121 0、2.230 2，三者均大于 0，说明小麦、玉米、大豆的集贸市场价格的样本整体分布比较陡峭，但是呈现左偏态趋势。国际粮食价格的均值为 5.095 6，最大值为 5.669 2，最小值为 4.433 2，最大值与最小值之间差距较小。偏度为 －0.283 9，小于 0，峰度为 2.343 0，大于 0，说明国际粮食价格的样本分布整体上比较陡峭且呈现左偏态趋势。国际能源价格均值为 4.135 8，最大值为 4.941 6，最小值为 2.936 0，偏度为 －0.388 6，小于 0，峰度为 2.801 6，大于 0，说明样本整体分布比较陡峭，且呈现左偏态趋势。

所有变量的 JB 检验的 p 值均在 5% 的显著性水平下通过了检验，说明所有变量的样本分布基本上符合正态分布。

表 4 - 2　变量描述性统计

项目	Pri	Jap-Pri（元/千克）	Whe-Pri（元/千克）	Corn-Pri（元/千克）	Soy-Pri（元/千克）	GPR	Intgp	Intnp
平均值	101.803 4	2.622 0	2.147 1	1.961 0	5.345 6	0.532 7	5.095 6	4.135 8
方差	1.370 3	0.667 1	0.496 2	0.451 5	1.199 3	0.245 4	0.302 9	0.370 9
最小值	100.215 1	1.120 0	1.080 0	1.050 0	2.710 0	0.207 1	4.433 2	2.936 0
中位数	101.400 0	3.070 0	2.335 0	2.000 0	5.970 0	0.465 3	5.095 6	4.154 9
最大值	105.183 8	3.280 0	2.910 0	2.870 0	7.560 0	1.521 1	5.669 2	4.941 6
偏度	1.020 0	−0.677 1	−0.535 4	−0.152 0	−0.607 1	1.270 0	−0.283 9	−0.388 6
峰度	2.966 3	1.937 7	1.949 0	2.121 0	2.230 2	4.463 7	2.343 0	2.801 6
JB 值	39.550 0	28.140 0	21.390 0	8.217 0	19.630 0	81.640 0	7.163 0	6.111 0
p 值	0.000 0	0.000 0	0.000 0	0.016 4	0.000 0	0.000 0	0.027 8	0.047 1
观察值	228	228	228	228	228	228	228	228

注：变量描述性统计结果由笔者使用 STATA16 软件分析得出。

二、数据来源

为了研究地缘政治风险对粮食价格的影响，考虑到样本数据的可获得性及实证研究的需要，本书以 2003 年 1 月至 2021 年 12 月中国整体的数据为研究样本进行实证分析。对于部分缺失的样本值，使用插值法进行填补，以确保数据的完整性。其中，粮食价格指数来自月度的《中国统计年鉴》。粳稻、大豆、玉米、小麦的集贸市场价格来源于各年的《中国农产品价格调查年鉴》。地缘政治风险指数来自 Caldara 等所构建的全球和中国地缘政治风险指数。美国大豆价格来自世界银行公布的数据。国际原油价格来自国泰安数据库。

第四节　实证分析

本部分的研究思路如下：①总体分析，以中国粮食价格指数为例，研究地缘政治风险对粮食价格的影响效果；②分类考察，以粳稻、大豆、玉米、小麦为例，分别估计地缘政治风险对粳稻、大豆、玉米、小麦价格的影响。

具体来讲，本节通过实证分析地缘政治风险对粮食价格的影响，在借鉴现有文献的分析思路基础上，采用时间序列 VAR 模型进行分析。首先，通过相关性检验分析变量之间是否具有相关性；其次，通过单位根检验分析所研究的时间序列是不是平稳的；再次，通过协整检验判断变量之间是否具有长期稳定的关系；最后，通过 VAR 模型估计地缘政治风险与粮食价格波动之间的实证关系。

一、经典时间序列模型检验

（一）相关性检验

变量之间的相关性检验结果如表 4-3 所示，被解释变量粮食价格指数与解释变量地缘政治风险指数之间存在负相关关系，而被解释变量粳稻、小麦、玉米、大豆的集贸市场价格与解释变量地缘政治风险指数之间存在着正相关关系。控制变量国际原油价格和国际粮食价格与地缘政治风险指数之间存在负相关关系。

表 4-3　变量之间的相关关系检验

变量	Pri	$Jap\text{-}Pri$	$Whe\text{-}Pri$	$Corn\text{-}Pri$	$Soy\text{-}Pri$	GPR	$Intgp$	$Intnp$
Pri	1.000 0							
$Jap\text{-}Pri$	−0.179 9	1.000 0						
$Whe\text{-}Pri$	−0.183 9	0.978 5*	1.000 0					
$Corn\text{-}Pri$	−0.018 7	0.885 3*	0.893 6*	1.000 0				
$Soy\text{-}Pri$	−0.181 0	0.918 0*	0.952 7*	0.912 9*	1.000 0			
GPR	−0.219 1*	0.282 2*	0.317 3*	0.078 4	0.226 2*	1.000 0		
$Intgp$	0.086 5	0.616 7*	0.619 3*	0.787 4*	0.734 0*	−0.112 0	1.000 0	
$Intnp$	−0.041 7	0.236 6*	0.192 1	0.387 7*	0.276 2*	−0.176 9	0.572 8*	1.000 0

注：①变量之间的相关关系检验结果由笔者使用 STATA16 软件分析得出。②"＊"表示在 10％显著水平上显著，"＊＊"表示在 5％显著水平上显著，"＊＊＊"表示在 1％显著水平上显著。

（二）单位根检验

要求序列平稳是所有研究时间序列数据的前提，这是因为如果把非平稳的序列直接用来分析，可能会出现伪回归的现象。一般来说，伪回归是指两个变量之间没有相关关系，但由于两个数据的变化方向是一致的，因此在回归过程中获得了一个较高的相关系数，导致错误的结论。该回归关系已显著确定，但事实上，该回归关系是错误的。单位根检验方法较多，每种方法有各自的优缺点。为了保证检验结果更准确，本章使用 Fisher-ADF 检验法和 Phillips-Perron 检验法两种方法进行单位根检验，以判断样本数据是否平稳。具体检验结果如表 4-4 所示。

表 4-4　变量原序列单位根检验

变量		Fisher-ADF	Phillips-Perron	
被解释变量	Pri	$-2.747\,0^*$	$-2.539\,5$	不平稳
		$(0.067\,8)$	$(0.107\,5)$	
	$Jap\text{-}Pri$	$-2.828\,9^*$	$-2.782\,6^*$	平稳
		$(0.055\,8)$	$(0.062\,4)$	
	$Whe\text{-}Pri$	$-1.508\,1$	$-1.427\,3$	不平稳
		$(0.527\,9)$	$(0.568\,5)$	
	$Corn\text{-}Pri$	$-1.385\,5$	$-1.273\,5$	不平稳
		$(0.589\,1)$	$(0.642\,1)$	
	$Soy\text{-}Pri$	$-1.372\,8$	$-1.396\,1$	不平稳
		$(0.595\,3)$	$(0.583\,9)$	
解释变量	GPR	$-3.354\,5^{**}$	$-7.162\,7^{***}$	平稳
		$(0.013\,7)$	$(0.000\,0)$	
控制变量	$Intgp$	$-2.834\,0^*$	$-2.554\,5$	不平稳
		$(0.055\,2)$	$(0.104\,1)$	
	$Intnp$	$-3.007\,4^{**}$	$-2.769\,8^*$	平稳
		$(0.035\,7)$	$(0.064\,3)$	

注：①变量原序列单位根检验结果由笔者使用 STATA16 软件分析得出。②"*"表示在 10% 显著水平上显著，"**"表示在 5% 显著水平上显著，"***"表示在 1% 显著水平上显著。

如表 4-5 所示，被解释变量粳稻的集贸市场价格、解释变量地缘政治风险指数以及控制变量国际能源价格的对数值均通过了 Fisher-ADF 检验和 Phillips-Perron 检验，说明变量是平稳的；其余的变量没有通过 Fisher-ADF 检验和 Phillips-Perron 检验，表明这些变量的原序列表现出不平稳的特征。然而，在进行协整检验前，为了保证各变量都是平稳的，所以需要在初始变量的一阶差分后进行相应的单位根检验。表 4-5 给出了变量一阶差分后的单位根检验结果。如表 4-5 所示，在 1% 显著性水平下，各个变量均通过 Fisher-ADF 检验和 Phillips-Perron 检验，说明各变量都是一阶差分平稳，且这种平稳均带有趋势性。

表 4 - 5　变量一阶差分后的单位根检验

变量		Fisher-ADF	Phillips-Perron	
被解释变量	Pri	−12.242 8***	−12.439 2***	平稳
		(0.000 0)	(0.000 0)	
	Jap-Pri	−11.820 1***	−12.099 8***	平稳
		(0.000 0)	(0.000 0)	
	Whe-Pri	−10.563 3***	−10.524 5***	平稳
		(0.000 0)	(0.000 0)	
	Corn-Pri	−8.801 9***	−8.742 5***	平稳
		(0.000 0)	(0.000 0)	
	Soy-Pri	−7.944 1***	−8.480 4***	平稳
		(0.000 0)	(0.000 0)	
解释变量	GPR	−9.792 2***	−37.166 6***	平稳
		(0.000 0)	(0.000 1)	
控制变量	Intgp	−8.259 9***	−15.025 1***	平稳
		(0.000 0)	(0.000 0)	
	Intnp	−12.613 3***	−12.423 3***	平稳
		(0.000 0)	(0.000 0)	

注：①变量一阶差分后的单位根检验结果由笔者使用 STATA16 软件分析得出。②"*"表示在 10%显著水平上显著，"**"表示在 5%显著水平上显著，"***"表示在 1%显著水平上显著。

数据平稳性是分析时间序列的一个重要前提，如表 4 - 4 和表 4 - 5 所示，大部分的变量至少需要通过一阶差分之后才能够达到平稳的要求，这说明数据整体的变动幅度比较均衡，数据幅度变化的情况可以说明数据整体的变化情况，反映数据的变动风格。单位根检验的结果表明，数据整体一阶差分平稳，可以进行下一步的分析讨论，利用该数据所得到的结果是可靠的。

（三）协整检验

非平稳序列很可能会出现虚假回归的问题，协整检验可以判断具有同阶单整关系的非平稳序列是否具有稳定的因果关系。有无协整关系是确定变量之间是否具有长期均衡稳定关系的依据。表 4 - 6 展示了协整检验的结果。如表 4 - 6 所示，在 5%的显著性水平下，粮食价格指数、粳稻市场价格、小麦市场价格、大豆市场价格都否定了零协整向量的假定，但不能否认最多有一个协整关系的假定，即被解释变量和解释变量间存在着至少 0 个长期的协整关系。同时，市场上的玉米价格也不能否认有零协整关系这一假定。尽管这些解释变量和被解释变量之间有零协整关系的假定，但它们的具体关系还有待于进一步检验。

表 4 - 6　Johansen 协整检验

粮食价格指数			
原假设	特征值	迹统计量	5%临界值	p 值
存在零个	0.091 127	44.604 550	47.856 130	0.097 9
最多存在一个	0.060 909	23.296 800	29.797 070	0.231 8
最多存在二个	0.024 284	9.282 840	15.494 710	0.339 9
最多存在三个	0.016 899	3.800 600	3.841 465	0.051 2

粳稻			
原假设	特征值	迹统计量	5%临界值	p 值
存在零个	0.098 364	50.076 840	47.856 130	0.030 5
最多存在一个	0.068 067	26.986 430	29.797 070	0.102 0
最多存在二个	0.030 769	11.266 270	15.494 710	0.195 6
最多存在三个	0.019 085	4.297 018	3.841 465	0.038 2

小麦			
原假设	特征值	迹统计量	5%临界值	p 值
存在零个	0.187 500	70.884 740	47.856 130	0.000 1
最多存在一个	0.066 147	24.581 040	29.797 070	0.177 0
最多存在二个	0.035 014	9.319 735	15.494 710	0.336 6
最多存在三个	0.006 132	1.371 577	3.841 465	0.241 5

玉米			
原假设	特征值	迹统计量	5%临界值	p 值
存在零个	0.076 677	36.629 040	47.856 130	0.365 3
最多存在一个	0.048 688	18.838 990	29.797 070	0.504 5
最多存在二个	0.032 920	7.708 272	15.494 710	0.497 1
最多存在三个	0.001 091	0.243 466	3.841 465	0.621 7

大豆			
原假设	特征值	迹统计量	5%临界值	p 值
存在零个	0.123 781	48.273 560	47.856 130	0.045 6
最多存在一个	0.047 801	18.806 420	29.797 070	0.506 9
最多存在二个	0.032 262	7.883 687	15.494 710	0.477 9
最多存在三个	0.002 556	0.570 738	3.841 465	0.450 0

注：Johansen 协整检验结果由笔者使用 STATA16 软件分析得出。

二、以粮食价格指数为例的 VAR 估计结果

根据本章的研究目的和安排，这里先以粮食价格指数为例进行分析，具体分析步骤如下：

第一，最优滞后阶数的选择。在建立 VAR 模型时，必须先求出最优的滞后阶数。利用信息准则检验最后一阶系数的显著性、检验 VAR 模型的残差值是否为白噪声（亦即是否有自相关），因此可以对其进行求解。本章将使用第一种方法进行最优滞后阶数的判断。表 4-7 展示了信息准则的结果，VAR 模型的最优滞后阶数为 4 阶。

表 4-7　信息准则

lag	0	1	2	3	4	5
LL	−364.393	32.285	45.647	47.615	54.502	56.591
LR		793.350	26.724	3.936	13.775 *	4.177
df		4	4	4	4	4
p		0.000	0.000	0.415	0.008	0.383
FPE	0.092	0.003	0.002	0.003	0.002 471 *	0.003
AIC	3.286	−0.236	−0.320	−0.301	−0.327 375 *	−0.310
HQIC	3.298	−0.199	−0.258 021 *	−0.215	−0.216	−0.175
SBIC	3.317	−0.144	−0.166 913 *	−0.088	−0.052	0.026

注：①信息准则检验结果由笔者使用 STATA16 软件分析得出。②"*"表示在 10%显著水平上显著，"**"表示在 5%显著水平上显著，"***"表示在 1%显著水平上显著。

第二，VAR 回归模型。根据信息准则，选择滞后 4 期建立粮食价格与地缘政治风险之间的 VAR（4）模型，然后对 VAR 模型进行回归，回归结果如表 4-8 所示。所构建的 VAR（4）的模型为：

$$Pri_t = \alpha_0 + \alpha_1 Pri_{t-1} + \alpha_2 Pri_{t-2} + \alpha_3 Pri_{t-3} + \alpha_4 Pri_{t-4} + \alpha_5 GPR_{t-1} + \alpha_6 GPR_{t-2}$$
$$+ \alpha_7 GPR_{t-3} + \alpha_8 GPR_{t-4} + \alpha_9 \ln Intgp_t + \alpha_{10} \ln Intnp_t + \varepsilon_t$$

$$GPR_t = \beta_0 + \beta_1 Pri_{t-1} + \beta_2 Pri_{t-2} + \beta_3 Pri_{t-3} + \beta_4 Pri_{t-4} + \beta_5 GPR_{t-1} + \beta_6 GPR_{t-2}$$
$$+ \beta_7 GPR_{t-3} + \beta_8 GPR_{t-4} + \beta_9 \ln Intgp_t + \beta_{10} \ln Intnp_t + \varepsilon_t$$

其中，Pri_t、Pri_{t-1}、Pri_{t-2}、Pri_{t-3}、Pri_{t-4} 分别为粮食价格指数的当期值、滞后 1~4 期值；GPR_t、GPR_{t-1}、GPR_{t-2}、GPR_{t-3}、GPR_{t-4} 分别为地缘政治风险指数当期值、滞后 1~4 期值；$Intgp_t$、$Intnp_t$ 分别为控制变量国际粮食价格、国际能源价格的当期值。

表 4 - 8　向量自回归（VAR 回归）

变量	回归系数	标准误	t 值	$P>|t|$	[95% Conf. Interval]	
			Pri			
Pri						
L1.	1.173 572 0	0.066 037 7	17.77	0.000	1.043 400 0	1.303 743 0
L2.	−0.317 058 6	0.101 043 6	−3.14	0.002	−0.516 232 0	−0.117 885 0
L3.	0.269 254 7	0.101 373 3	2.66	0.009	0.069 431 4	0.469 078 1
L4.	−0.168 985 0	0.065 861 5	−2.57	0.011	−0.298 809 0	−0.039 161 0
GPR						
L1.	0.142 475 5	0.100 451 1	1.42	0.158	−0.055 530 0	0.340 481 1
L2.	−0.135 084 4	0.109 348 8	−1.24	0.218	−0.350 629 0	0.080 460 0
L3.	0.004 416 5	0.108 505 6	0.04	0.968	−0.209 466 0	0.218 298 8
L4.	−0.011 436 9	0.099 373 9	−0.12	0.908	−0.207 319 0	0.184 445 1
ln*Intgp*	0.118 292 8	0.072 091 0	1.64	0.102	−0.023 811 0	0.260 396 0
ln*Intnp*	−0.005 310 3	0.060 930 5	−0.09	0.931	−0.125 414 0	0.114 793 7
_cons	3.806 241 0	1.484 633 0	2.56	0.011	0.879 787 0	6.732 695 0
			GPR			
Pri						
L1.	0.045 425 9	0.043 140 0	1.05	0.294	−0.039 610 0	0.130 461 9
L2.	−0.085 348 5	0.066 008 0	−1.29	0.197	−0.215 461 0	0.044 764 1
L3.	0.034 554 3	0.066 223 4	0.52	0.602	−0.095 983 0	0.165 091 4
L4.	−0.018 850 4	0.043 024 9	−0.44	0.662	−0.103 660 0	0.065 958 7
GPR						
L1.	0.407 410 9	0.065 621 0	6.21	0.000	0.278 061 2	0.536 760 6
L2.	0.148 729 2	0.071 433 5	2.08	0.039	0.007 922 1	0.289 536 3
L3.	0.025 539 3	0.070 882 7	0.36	0.719	−0.114 182 0	0.165 260 7
L4.	0.166 679 8	0.064 917 2	2.57	0.011	0.038 717 4	0.294 642 2
ln*Intgp*	0.016 043 6	0.047 094 4	0.34	0.734	−0.076 787 0	0.108 874 3
ln*Intnp*	−0.012 549 3	0.039 803 6	−0.32	0.753	−0.091 009 0	0.065 910 1
_cons	2.568 300 0	0.969 855 2	2.65	0.009	0.656 556 5	4.480 043 0

注：向量自回归检验结果由笔者使用 STATA16 软件分析得出。

　　本书采用拉格朗日乘数检验（LM 检验）残差是不是白噪声，也就是检验残差的自相关性。检验的结果如表 4 - 9 所示。从实验结果可以发现，可以接受"残差不自相关"的原假设，也就是残差项是白噪声。

表 4 - 9 拉格朗日乘数检验（LM 检验）

滞后阶数	卡方检验	自由度	p 值＞卡方值
1	3.671 1	4	0.452 34
2	2.607 0	4	0.625 58

注：拉格朗日乘数检验结果由笔者使用 STATA16 软件分析得出。

进一步检验上述 VAR（4）模型的稳定性。若各特征值均位于单位圆之内，则可视为系统是一个稳定的过程。如表 4 - 10 和图 4 - 4 所示，所有的特征值均在单位圆之内，可以表明 VAR（4）模型是稳定的。因此可以进行脉冲响应函数分析和方差分解。但是有两个单位根十分接近单位圆，这意味着有些冲击有较强的持续性。

表 4 - 10 特征值

特征值			模数
0.939 362 0			0.939 362
0.857 420 5			0.857 421
0.601 035 7			0.601 036
−0.596 740 0			0.596 740
0.065 131 0	＋	0.569 052i	0.572 767
0.065 131 0	−	0.569 052i	0.572 767
−0.175 179 0	＋	0.518 456i	0.547 252
−0.175 179 0	−	0.518 456i	0.547 252

注：特征值检验结果由笔者使用 STATA16 软件分析得出。

进一步检验 VAR（4）模型的残差是否服从正态分布。如表 4 - 11 所示，雅克-贝拉检验（JB 检验）、偏度检验（Skewness test）、峰度检验（Kurtosis test）均可以在 5％的显著性水平下拒绝粮食价格指数和地缘政治风险指数的扰动项服从正态分布的假设。虽然干扰项不服从正态分布的变化对 VAR 模型的影响较小，但其非常态定时模型的误差却与实际的数据产生一定的偏差。

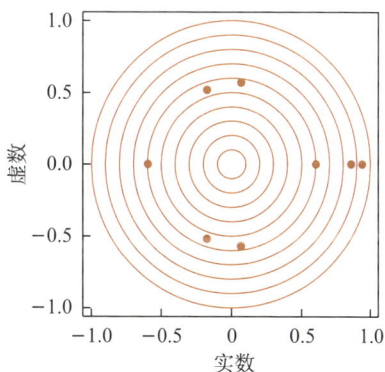

图 4 - 4 粮食价格与地缘政治风险之间 VAR（4）模型的特征值检验

注：该图由笔者采用 STATA16 软件分析得出。

表 4-11　残差正态分布检验

雅克-贝拉检验（JB检验）			
Equation	chi^2	df	Prob＞chi^2
Pri	15 000.00	2	0
GPR	69.26	2	0
ALL	15 000.00	4	0
偏度检验（Skewness test）			
Equation	Skewness	chi^2	df	Prob＞chi^2
Pri	3.95	583.64	1	0
GPR	1.06	41.75	1	0
ALL		625.38	2	0
峰度检验（Kurtosis test）			
Equation	Kurtosis	chi^2	df	Prob＞chi^2
Pri	42.87	15 000.00	1	0
GPR	4.72	27.52	1	0
ALL		15 000.00	2	0

注：残差正态分析检验结果由笔者使用 STATA16 软件分析得出。

第三，格兰杰因果检验。格兰杰因果检验的目的在于研究解释变量与被解释变量间的因果联系。检验结果如表 4-12 所示，被解释变量 Pri 不是解释变量 GPR 的格兰杰原因，而基于解释变量 GPR 与被解释变量 Pri，p 值 10％的置信水平下拒绝了原假设（p 值为 0.063），这表明 GPR 是 Pri 的格兰杰原因。总体上讲，解释变量和被解释变量之间是一种单向的因果关系。

表 4-12　格兰杰因果检验

变量	排除变量	F 值	自由度	样本值	p 值＞F 值
Pri	GPR	0.649 77	4	213	0.627 6
Pri	ALL	0.649 77	4	213	0.627 6
GPR	Pri	2.268 20	4	213	0.063 0
GPR	ALL	2.268 20	4	213	0.063 0

注：格兰杰因果检验结果由笔者使用 STATA16 软件分析得出。

第四，脉冲响应函数分析。脉冲响应函数重点考察一个变量变化时，其他变量对其所作出的反应，根据该反应图示能够了解系统的整个特征，是一种动态分析。协整检验仅能给出变量间的长期平衡关系，而不能给出变量对其他变量的具体影响，但是脉冲响应函数能够比较全面地反映出一个系统中某一变量对另一个变量的具体影响，从而能够为该变量的变化提供一个正或负方向的有力证据。

利用脉冲响应函数对上述 VAR（4）模型进行分析，粮食价格指数的脉冲响应函数图如图 4-5 所示，第一行分别是地缘政治风险指数、粮食价格指数对地缘政治风险指数冲击所作出的反应，第二行分别为地缘政治风险指数、粮食价格指数对粮食价格指数冲击所作出的反应。我们先分析地缘政治风险指数对自身干扰所做出的反应。图 4-5a 中的实线表示地缘政治风险指数受到冲击之后的走势，阴影部分表示当这种冲击加大之后的走势。从图中可以看出，当地缘政治风险指数变动一个单位时，会对地缘政治风险自身有一个正向的影响，并且这种影响会随着时间的推移缓慢减小。接下来分析地缘政治风险指数对粮食价格指数冲击所做出的反应。从图 4-5c 中可以看出，粮食价格指数变动一

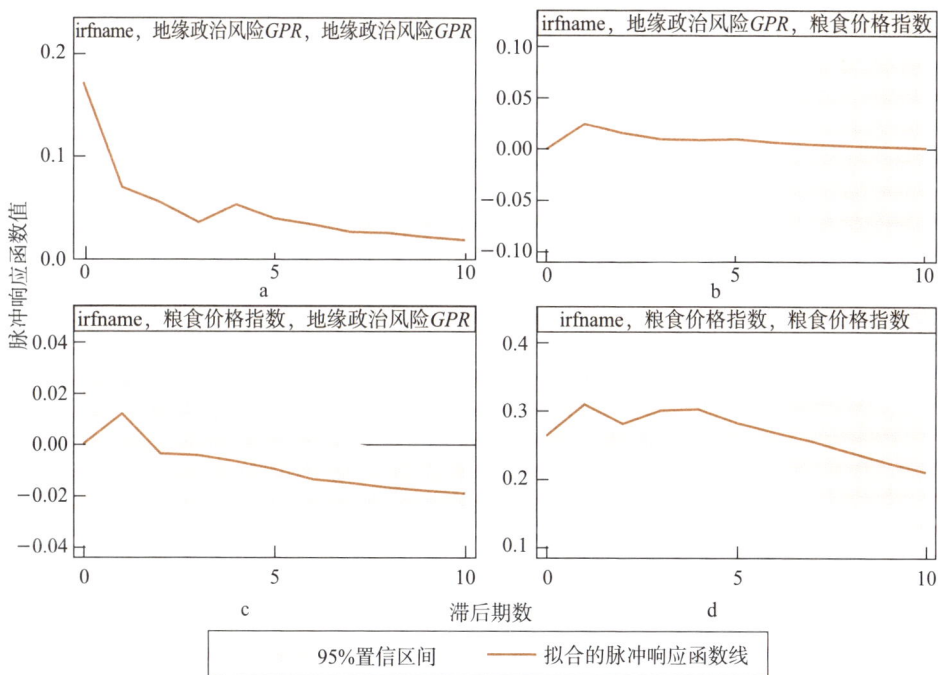

图 4-5　粮食价格指数与地缘政治风险指数的脉冲响应

注：该图由笔者采用 STATA16 软件分析得出。

个单位时，地缘政治风险会在第一期、第二期做出正向的反应，但是在第三期之后，地缘政治风险指数开始做出负向的反应，并且这种反应会随着期数的增加不断增大，并且当冲击加大之后，会做出正向反应还是负向反应并不确定。之后分析粮食价格指数对地缘政治风险指数冲击所作出的反应。从图 4 - 5b 中可以看出，当地缘政治风险变动一个单位时，粮食价格指数会做出正向反应，并且这种反应会随着期数的不断增加而缓慢趋向于 0。最后分析粮食价格指数对其自身冲击所作出的反应。从图 4 - 5d 中可以看出，粮食价格指数变动一个单位时，其自身对冲击会做出正向的反应，并且这种反应会随着期数的增加而缓慢地下降。

第五，方差分解。方差分解用来度量变量自身波动大小能够由其他因素解释程度的相对大小，从而得出变量之间的影响效应。方差分解结果如表 4 - 13 所示：一是在粮食价格指数的变动过程中（模型 1 与模型 3），随着期数不断增加，其自身能够解释的部分先下降后上升，但是仍然占据主要部分，到第 10 期的时候达到了 99.84%，而由地缘政治风险指数所解释的部分从第 1 期的 0，增加到第 2 期的 0.36%，随后能够被解释的部分逐渐降低，到第 10 期为 0.16%。二是在地缘政治风险指数变动的过程中（模型 2 与模型 4），随着期数的不断增加，其自身能够解释的部分开始下降，但仍然占据主要部分，到第 10 期时降至 97.28%。由粮食价格指数所解释的部分从第 1 期的 0，到了第二期增加到峰值 0.42%，然后开始上升，到第 10 期比重占到 2.72%。总的来说，不论是粮食价格指数的变动，还是地缘政治风险指数的变动，其自身变动是主要原因，但是其影响程度会随着期数的不断增加而缓慢降低。

表 4 - 13　方差分解

期数	(1)	(2)	(3)	(4)
1	1.000 0	0.000 0	0.000 0	1.000 0
2	0.996 4	0.004 2	0.003 6	0.995 8
3	0.996 6	0.004 2	0.003 4	0.995 8
4	0.997 2	0.004 5	0.002 8	0.995 5
5	0.997 6	0.005 2	0.002 4	0.994 8
6	0.997 8	0.007 0	0.002 2	0.993 0

（续）

期数	（1）	（2）	（3）	（4）
7	0.998 0	0.010 7	0.002 0	0.989 3
8	0.998 2	0.015 3	0.001 8	0.984 7
9	0.998 3	0.020 9	0.001 7	0.979 1
10	0.998 4	0.027 2	0.001 6	0.972 8

注：①表中（1）表示 irfname＝irfname，impulse＝Pri，and response＝Pri；（2）表示 irfname＝irfname，impulse＝Pri，and response＝GPR；（3）表示 irfname＝irfname，impulse＝GPR，and response＝Pri；（4）表示 irfname＝irfname，impulse＝GPR，and response＝GPR。②方差分解检验结果由笔者使用 STATA16 软件分析得出。

三、四大主要粮食品种价格的 VAR 分类估计

根据研究内容安排，这里分别以粳稻、大豆、玉米和小麦为例分类进行 VAR 分析，以此来对比分析地缘政治风险对四大主要粮食品种价格波动的影响效果。在前面已经对四类主粮时间序列平稳性检验的基础上，这里直接进行 VAR 分析。

第一，最优滞后阶数的选择。这里使用信息准则来确定 VAR 模型的最优滞后阶数。表 4－14 展示了信息准则的结果，根据信息准则，粳稻、玉米、小麦的粮食价格与地缘政治风险之间的 VAR 模型的最优滞后阶数为 2 阶，大豆价格与地缘政治风险之间的 VAR 模型的最优滞后阶数为 4 阶。

表 4－14　四种粮食价格信息准则

滞后阶数	似然函数	似然比检验	自由度	p 值	最终预测误差	AIC	HQIC	SBIC
				粳稻				
0	−201.013				0.021 173	1.820 74	1.833 08	1.851 30
1	502.798	1 407.600 0	4	0.000	0.000 040	−4.455 58	−4.418 58	−4.363 91
2	514.060	22.524 0*	4	0.000	0.000 037*	−4.520 71*	−4.459 03*	−4.367 93*
3	515.616	3.111 9	4	0.539	0.000 038	−4.498 79	−4.412 44	−4.284 89
4	519.838	8.445 1	4	0.077	0.000 038	−4.500 79	−4.389 77	−4.225 77
5	520.932	2.188 1	4	0.701	0.000 039	−4.474 73	−4.339 03	−4.138 59

（续）

滞后阶数	似然函数	似然比检验	自由度	p值	最终预测误差	AIC	HQIC	SBIC
大豆								
0				−338.012	0.072 344	3.049 44	3.061 77	3.080 00
1	286.344	1 248.700 0	4	0.000	0.000 277	−2.514 29	−2.477 29	−2.422 62
2	335.613	98.539 0	4	0.000	0.000 185	−2.920 30	−2.858 62*	−2.767 51*
3	340.559	9.891 6	4	0.042	0.000 183	−2.928 78	−2.842 43	−2.714 88
4	345.773	10.427 0*	4	0.034	0.000 181*	−2.939 67*	−2.828 64	−2.664 65
5	347.711	3.877 5	4	0.423	0.000 185	−2.921 18	−2.785 48	−2.585 04
玉米								
0				−130.471	0.011 247	1.188 08	1.200 42	1.218 64
1	463.550	1 188.000 0	4	0.000	0.000 057	−4.103 59	−4.066 58	−4.011 92
2	502.089	77.078 0	4	0.000	0.000 042*	−4.413 36*	−4.351 68*	−4.260 57*
3	503.846	3.514 0	4	0.476	0.000 042	−4.393 24	−4.306 89	−4.179 34
4	508.942	10.191 0*	4	0.037	0.000 042	−4.403 06	−4.292 04	−4.128 05
5	511.149	4.413 9	4	0.353	0.000 043	−4.386 98	−4.251 29	−4.050 85
小麦								
0				−133.263	0.011 532	1.213 12	1.225 46	1.243 68
1	567.765	1 402.100 0	4	0.000	0.000 022	−5.038 25	−5.001 25	−4.946 58
2	586.891	38.252 0	4	0.000	0.000 019*	−5.173 91*	−5.112 23*	−5.021 12*
3	589.981	6.180 3	4	0.186	0.000 020	−5.165 75	−5.079 40	−4.951 85
4	594.726	9.489 8*	4	0.050	0.000 019	−5.172 43	−5.061 41	−4.897 42
5	595.908	2.363 6	4	0.669	0.000 020	−5.147 16	−5.011 46	−4.811 02

注：①四种粮食价格信息准则检验结果由笔者使用 STATA16 软件分析得出。②"*"表示在 10% 显著水平上显著，"**"表示在 5%显著水平上显著，"***"表示在 1%显著水平上显著。

第二，VAR 回归模型。根据信息准则，选择滞后 2 期建立粳稻、玉米、小麦的价格与地缘政治风险之间的 VAR（2）模型，选择滞后 4 期建立大豆价格与地缘政治风险之间的 VAR（4）模型。由于篇幅有限，这里不再详细展示 VAR 模型回归结果。为检验残差是不是白噪声，也就是残差的自相关性，进行 LM 检验。检验结果如表 4-15 所示，通过对粳稻、大豆、玉米和小麦价格的 VAR 模型的分析，可以将 VAR 的残差项看作是白噪声。

表 4 - 15　拉格朗日乘数检验（LM 检验）

滞后阶数	卡方检验	自由度	p 值＞卡方值
		粳稻	
1	3.843 2	4	0.427 64
2	6.183 9	4	0.185 83
		大豆	
1	3.281 3	4	0.511 91
4	7.102 9	4	0.130 55
		玉米	
1	4.962 9	4	0.291 13
2	7.874 8	4	0.196 27
		小麦	
1	8.013 0	4	0.191 10
2	12.874 7	4	0.111 90

注：①拉格朗日乘数检验（LM 检验）结果由笔者使用 STATA16 软件分析得出。②由于篇幅有限，此处只显示大豆滞后 1 期与滞后 4 期的 VAR 模型结果。

接下来通过特征值检验粳稻、玉米、小麦的价格与地缘政治风险之间的 VAR（2）模型、大豆价格与地缘政治风险之间的 VAR（4）模型是否为平稳的过程。如果所有的特征值都在单位圆内部，则可以认为这些 VAR 系统是一个平稳的过程。如表 4 - 16 和图 4 - 6 所示，所有的特征值均在单位圆之内。因此，可以表明这些 VAR 系统是稳定的，但是粳稻、大豆、玉米、小麦的价格与地缘政治风险之间的 VAR 模型有一个单位根十分接近单位圆，这意味着有些冲击有较强的持续性。

表 4 - 16　特征值检验

特征值			模数
		粳稻	
0.976 292 0			0.976 292
0.724 231 6			0.724 232
−0.299 427 0			0.299 427
0.151 722 7			0.151 723
		大豆	
0.957 993 9			0.957 994
0.771 270 9	＋	0.060 348 36i	0.773 628
0.771 270 9	−	0.060 348 36i	0.773 628
−0.584 682 0			0.584 682
0.066 590 2	＋	0.556 915 50i	0.560 882

（续）

特征值			模数
大豆			
0.066 590 2	—	0.556 915 5i	0.560 882
−0.159 188 0	+	0.316 708 8i	0.354 465
−0.159 188 0	—	0.316 708 8i	0.354 465
玉米			
0.948 005 5			0.948 006
0.767 856 3			0.767 856
0.467 133 9			0.467 134
−0.314 230 0			0.314 229
小麦			
0.982 814 7			0.982 815
0.695 134 6			0.695 135
0.298 696 6			0.298 697
−0.291 905 0			0.291 905

注：特征值检验结果由笔者使用 STATA16 软件分析得出。

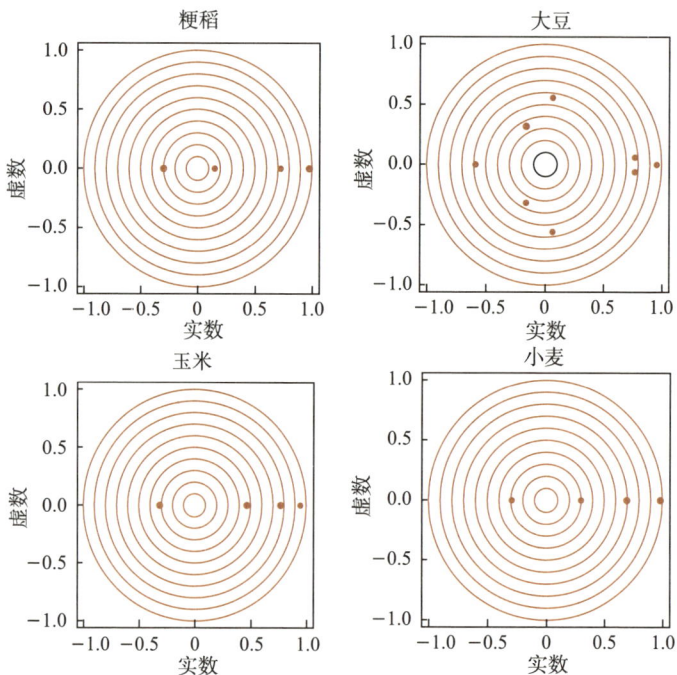

图 4-6　特征值检验

注：特征值单位圆检验结果由笔者使用 STATA16 软件分析得出。

　　进一步检验这些 VAR 模型的残差是否服从正态分布。如表 4 - 17 所示，雅克-贝拉检验（JB 检验）、偏度检验（Skewness test）、峰度检验（Kurtosis test）显示均可以在 5% 的显著性水平下拒绝粳稻、大豆、玉米、小麦的集贸市场价格和地缘政治风险指数的扰动项服从正态分布的假设。

表 4 - 17　残差正态分布检验

粳稻				
雅克-贝拉检验（JB test）				
Equation		chi^2	df	Prob>chi^2
Jap-Pri		8 939.604	2	0
GPR		54.610	2	0
ALL		8 994.214	4	0
偏度检验（Skewness test）				
Equation	Skewness	chi^2	df	Prob>chi^2
Jap-Pri	3.644 50	500.301	1	0
GPR	0.913 87	31.458	1	0
ALL		531.759	2	0
峰度检验（Kurtosis test）				
Equation	Kurtosis	chi^2	df	Prob>chi^2
Jap-Pri	32.937 0	8 439.303	1	0
GPR	4.568 0	23.153	1	0
ALL		8 462.455	2	0
大豆				
雅克-贝拉检验（JB test）				
Equation		chi^2	df	Prob>chi^2
Whe-Pri		2 777.780	2	0
GPR		70.837	2	0
ALL		2 848.618	4	0
偏度检验（Skewness test）				
Equation	Skewness	chi^2	df	Prob>chi^2
Whe-Pri	1.677 70	105.075	1	0
GPR	1.058 40	41.825	1	0
ALL		146.900	2	0

（续）

峰度检验（Kurtosis test）				
Equation	Kurtosis	chi^2	df	Prob>chi^2
Whe-Pri	19.922 0	2 672.705	1	0
GPR	4.763 1	29.012	1	0
ALL		2 701.717	2	0

玉米				
雅克-贝拉检验（JB test）				
Equation		chi^2	df	Prob>chi^2
Corn-Pri		328.648	2	0
GPR		82.996	2	0
ALL		411.644	4	0
偏度检验（Skewness test）				
Equation	Skewness	chi^2	df	Prob>chi^2
Corn-Pri	0.698 00	18.351	1	0.00002
GPR	1.112 00	46.576	1	0
ALL		64.927	2	0
峰度检验（Kurtosis test）				
Equation	Kurtosis	chi^2	df	Prob>chi^2
Corn-Pri	8.740 4	310.297	1	0
GPR	4.966 6	36.420	1	0
ALL		346.716	2	0

小麦				
雅克-贝拉检验（JB test）				
Equation		chi^2	df	Prob>chi^2
Soy-Pri		210.301	2	0
GPR		56.370	2	0
ALL		266.671	4	0
偏度检验（Skewness test）				
Equation	Skewness	chi^2	df	Prob>chi^2
Soy-Pri	0.507 08	9.685	1	0.001 86
GPR	0.931 78	32.703	1	0
ALL		42.388	2	0

（续）

	峰度检验（Kurtosis test）			
Equation	Kurtosis	chi^2	df	Prob>chi^2
Soy-Pri	7.615 7	200.616	1	0
GPR	4.585 3	23.667	1	0
ALL		224.283	2	0

注：残差正态分布检验结果由笔者使用 STATA16 软件分析得出。

第三，格兰杰因果检验。格兰杰因果检验的目的在于研究解释变量与被解释变量间的因果联系。检验结果如表 4-18 所示，被解释变量 Jap-Pri 不是解释变量 GPR 的格兰杰原因，而"解释变量 GPR 不是被解释变量 Jap-Pri 格兰杰原因"在 5% 的置信水平下拒绝了原假设，这表明 GPR 是 Jap-Pri 的格兰杰原因。被解释变量 Whe-Pri 不是解释变量 GPR 的格兰杰原因，而"解释变量 GPR 不是被解释变量 Whe-Pri 格兰杰原因"在 1% 的置信水平下拒绝了原假设，这表明 GPR 是 Whe-Pri 的格兰杰原因。被解释变量 Corn-Pri 不是解释变量 GPR 的格兰杰原因，同时 GPR 也不是 Corn-Pri 的格兰杰原因。被解释变量 Soy-Pri 不是解释变量 GPR 的格兰杰原因，而"解释变量 GPR 不是被解释变量 Soy-Pri 格兰杰原因"在 1% 的置信水平下拒绝了原假设，这表明 GPR 是 Soy-Pri 的格兰杰原因。总的来说，上述四种主粮与地缘政治风险之间是否存在因果关系方面存在显著差异性。

表 4-18 格兰杰因果检验

变量	排除变量	F 值	自由度	样本值	p 值>F 值
		粳稻			
Jap-Pri	GPR	0.834 91	2	219	0.435 3
Jap-Pri	ALL	0.834 91	2	219	0.435 3
GPR	Jap-Pri	6.644 90	2	219	0.001 6
GPR	ALL	6.644 90	2	219	0.001 6
		大豆			
Whe-Pri	GPR	1.447 8	4	213	0.219 4
Whe-Pri	ALL	1.447 8	4	213	0.219 4
GPR	Whe-Pri	3.491 4	4	213	0.008 7
GPR	ALL	3.491 4	4	213	0.008 7

（续）

变量	排除变量	F 值	自由度	样本值	p 值＞F 值
			玉米		
Corn-Pri	*GPR*	1.616 8	2	219	0.200 9
Corn-Pri	*ALL*	1.616 8	2	219	0.200 9
GPR	*Corn-Pri*	1.521 2	2	219	0.220 7
GPR	*ALL*	1.521 2	2	219	0.220 7
			小麦		
Soy-Pri	*GPR*	0.213 85	2	219	0.807 6
Soy-Pri	*ALL*	0.213 85	2	219	0.807 6
GPR	*Soy-Pri*	8.028 00	2	219	0.000 4
GPR	*ALL*	8.028 00	2	219	0.000 4

注：格兰杰因果检验结果由笔者使用 STATA16 软件分析得出。

第四，脉冲响应函数分析。利用脉冲响应函数对粳稻、玉米、小麦的价格与地缘政治风险之间的 VAR（2）模型、大豆价格与地缘政治风险之间的 VAR（4）模型进行分析。

图 4-7 为粳稻价格与地缘政治风险指数的脉冲响应图。图中第一行分别为地缘政治风险指数、粳稻集贸市场价格对地缘政治风险指数冲击所做出的反应，第二行分别为地缘政治风险指数、粳稻集贸市场价格对粳稻集贸市场价格冲击所做出的反应。我们先分析粳稻价格对地缘政治风险指数冲击所做出的反应。图中的实线表示粳稻价格受到冲击之后的实际价格走势，阴影部分表示当这种冲击加大之后的走势。从图 4-7b 中可以看出，当地缘政治风险指数变动一个单位时粳稻价格会做出一个负向的反应，并且在第二期之后这一数值缓慢趋向于 -0.005。接下来，分析地缘政治风险指数对粳稻价格冲击所做出的反应。从图 4-7c 中可以看出，当粳稻价格变动一个单位时，地缘政治风险指数会做出一个正向的反应，并且这一反应大概在第一期之后开始缓慢下降，并到第 5 期之后趋近于 0.01。并且当冲击加大之后，在第一、二期会做出正向反应还是负向反应并不确定。最后，分析粳稻价格对其自身冲击所做出的反应。从图 4-7d 中可以看出，当粳稻价格变动一个单位时，其自身对冲击会做出一个正向的反应，并且在第一期之后，这种反应会随着期数的增加而缓慢下降。

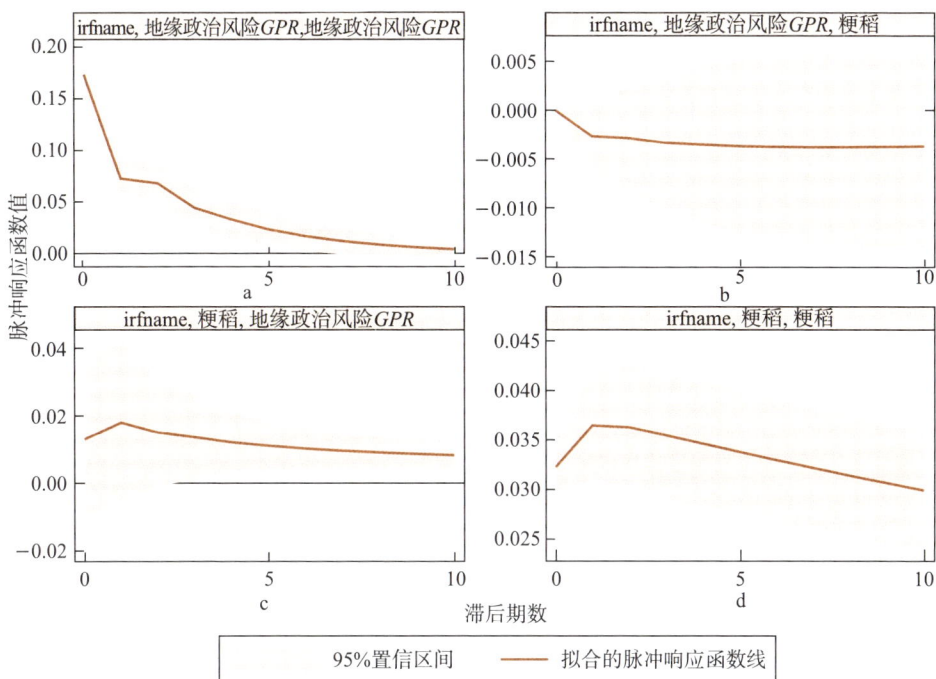

图 4-7　粳稻价格与地缘政治风险指数的脉冲响应

　　图 4-8 为大豆价格与地缘政治风险指数的脉冲响应图。图中第一行分别为地缘政治风险指数、大豆价格对地缘政治风险冲击所做出的反应，第二行分别为地缘政治风险指数、大豆价格对大豆价格冲击所做出的反应。我们先分析大豆价格对地缘政治风险指数冲击做出的反应。图中的实线表示变量受到冲击之后的实际走势，阴影部分表示当这种冲击加大之后变量的走势。从图 4-8b 中可以看出，当地缘政治风险指数变动一个单位时，大豆价格会做出一个正向的反应，并且这种反应会随着期数的不断增加而增大。从第 0 期的 0，增加到第十期的 0.04 左右。接下来，分析地缘政治风险指数对大豆价格冲击所做出的反应。当大豆价格变动一个单位时，地缘政治风险指数会做出一个正向的反应，这种反应先上升后下降，最后在第 5 期左右趋向于 0.02（图 4-8c）。最后，分析大豆价格对其自身冲击所做出的反应。从图 4-8d 中可以看出，大豆价格变动一个单位，其自身对冲击会做出一个正向的反应，并且这种反应在第 0～5 期呈现快速上升的趋势，到第 5 期之后开始缓慢下降。

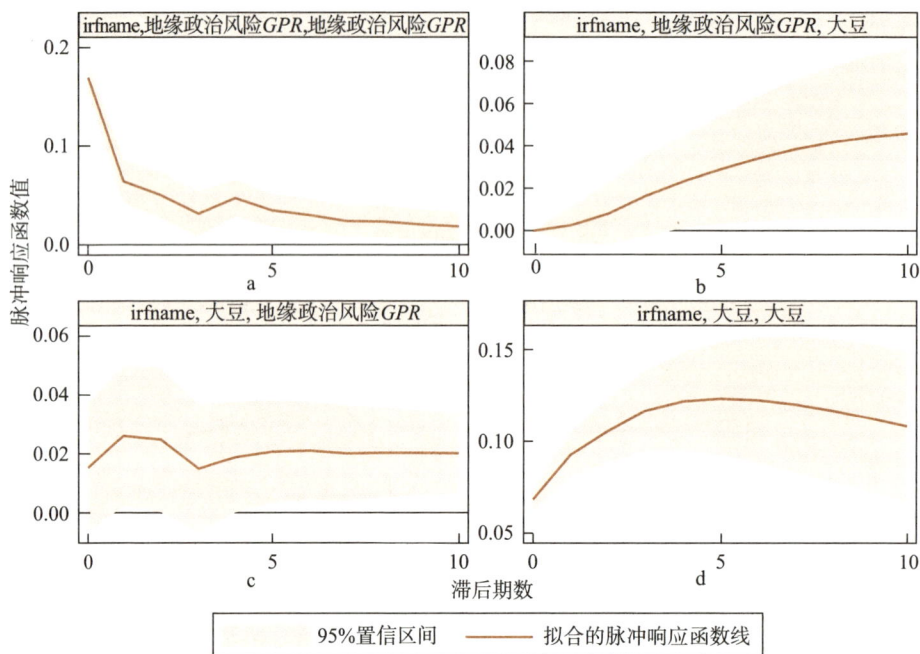

图 4 - 8　大豆价格与地缘政治风险指数的脉冲响应

图 4 - 9 为玉米价格与地缘政治风险指数的脉冲响应图。图中第一行分别为地缘政治风险指数、玉米价格对地缘政治风险冲击所做出的反应，第二行分别为地缘政治风险指数、玉米价格对玉米价格冲击所做出的反应。我们先分析玉米价格对地缘政治风险指数冲击做出的反应。图中的实线表示变量受到冲击之后的实际走势，阴影部分表示当冲击加大之后变量的走势。从图 4 - 9b 中可以看出，当地缘政治风险指数变动一个单位时，玉米价格会做出一个正向的反应，并且这种反应会随着期数的不断增加而增大，最后趋向稳定在 0.01 左右。接下来，分析地缘政治风险指数对玉米价格冲击所做出的反应。当玉米价格变动一个单位时，地缘政治风险指数会做出一个正向的反应，反应幅度先下降后上升，最后缓慢趋于稳定在 0.01 左右（图 4 - 9c）。最后，分析玉米价格对其自身冲击所做出的反应。从图 4 - 9d 中可以看出，玉米价格变动一个单位，其自身对冲击会做出一个正向的反应，这种反应整体呈现先上升，大概到第三期之后开始缓慢下降的趋势。

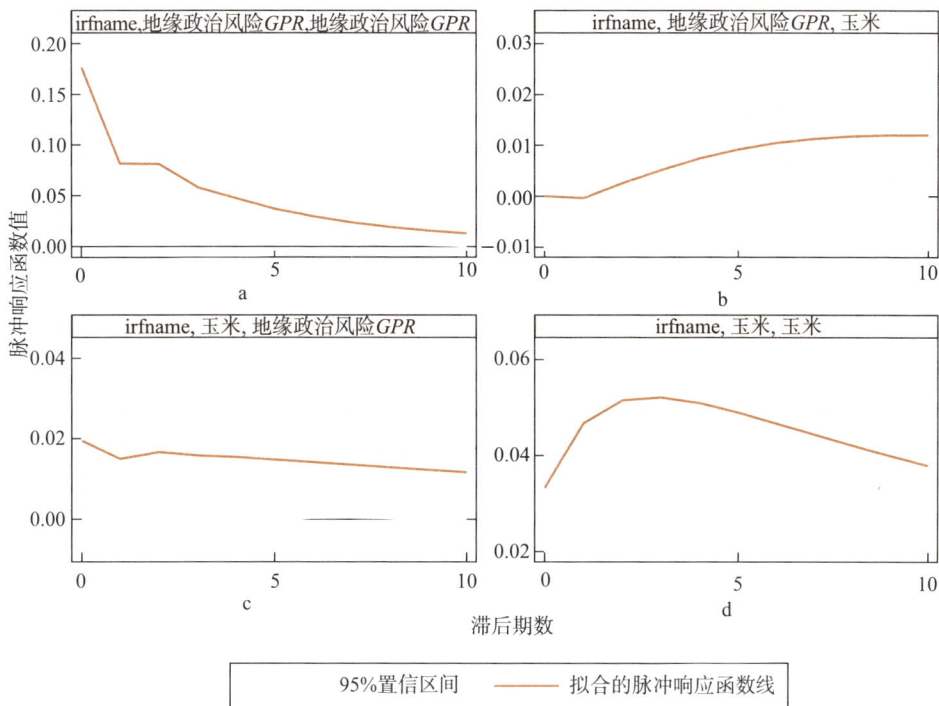

图 4 - 9　玉米价格与地缘政治风险指数的脉冲响应

图 4 - 10 为小麦价格与地缘政治风险指数的脉冲响应图。图中第一行分别为地缘政治风险指数、小麦价格对地缘政治风险冲击所做出的反应，第二行分别为地缘政治风险指数、小麦价格对小麦价格冲击所做出的反应。我们先分析小麦价格对地缘政治风险指数冲击做出的反应。图中的实线表示变量受到冲击之后的实际走势，阴影部分表示当冲击加大之后变量的走势。从图 4 - 10b 中可以看出，当地缘政治风险指数变动一个单位时，小麦价格会做出一个正向的反应，并且这种反应会随着期数的不断增加而增大，最后趋向稳定在 0.002 5 左右。接下来，分析地缘政治风险指数对小麦价格冲击所做出的反应。当小麦价格变动一个单位时，地缘政治风险指数会做出一个正向的反应，这种反应大小呈上升的趋势，最后缓慢趋于稳定在 0.01 左右（图 4 - 10c）。最后，分析小麦价格对其自身冲击所做出的反应。从图 4 - 10d 中可以看出，小麦价格变动一个单位，其自身对冲击会做出一个正向的反应，这种反应整体

呈现先上升大概到第三期之后开始缓慢下降的趋势。

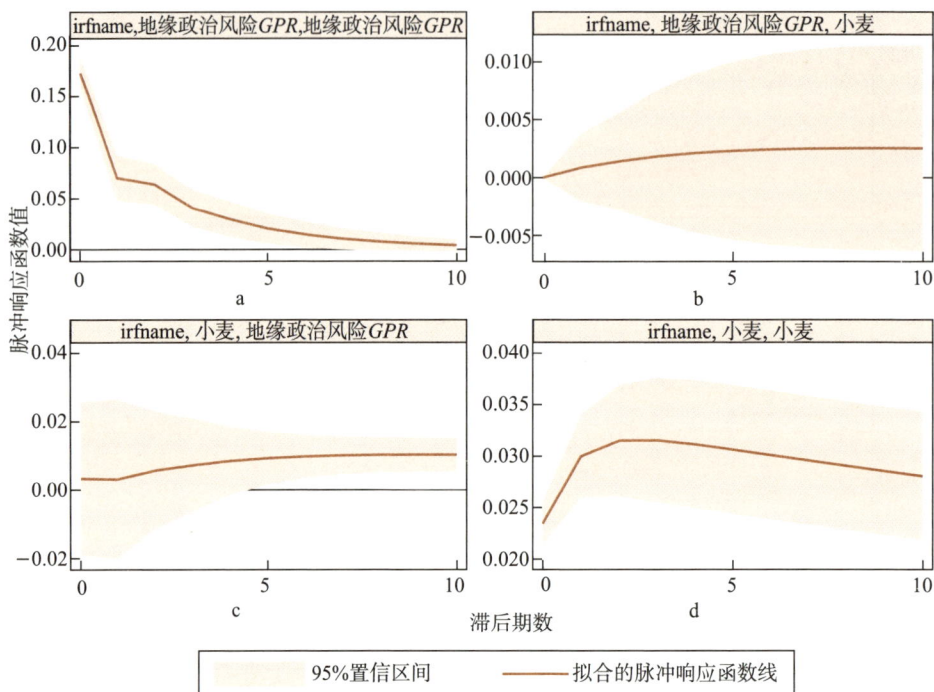

图 4 - 10　小麦价格与地缘政治风险指数的脉冲响应

注：该图由笔者采用 STATA16 软件分析得出。

　　综上可知，就脉冲响应函数分析来看，地缘政治风险对粳稻、大豆、玉米和小麦四大主要粮食品种价格的冲击十分显著，然而反应方向存在差异性，其中粳稻受到地缘政治风险冲击时，价格会做出一个负向反应，而大豆、玉米和小麦三类主粮价格都作出了正向反应。

　　最后，方差分解。脉冲分析是指系统中某一个变量对其他变量变化的反映情况，而方差分解则是将这个变量的变化分解成各个因素，从而得到各个变量的贡献。

　　表 4 - 19 为粳稻价格方差分解结果。从表中可以看出：首先，在粳稻价格变动的过程中，随着期数的不断增加，其自身能够解释的部分逐渐下降，但是仍然占据主要部分，从第一期的 1，下降到第 10 期的 0.990 358；地缘政治风

险指数所能解释的部分从第 1 期的 0，增加到第 10 期的 0.009 642。其次，在地缘政治风险的变动过程中，随着期数的增加其自身能够解释的部分开始下降，从第 1 期的 0.994 435 下降到第十期的 0.966 655；由粳稻价格所解释的部分从第 1 期的 0.005 565 增加到第十期的 0.033 345。总的来说，不论是粳稻价格的变动还是地缘政治风险指数的变动，其自身变动是主要原因，但是其影响程度会随着期数的增加而缓慢降低。

表 4 - 20 为大豆价格方差分解结果。从表中可以看出：首先，在大豆价格变动的过程中，随着期数的不断增加，其自身能够解释的部分开始逐渐下降，但是仍然占据主要部分，到了第 10 期，下降到 0.938 475，而由地缘政治风险指数所解释的部分增加到 0.061 525；其次，在地缘政治风险指数变动的过程中，随着期数的不断增加，其自身能够解释的部分在缓慢下降，从第 1 期的 0.991 939，下降到第 10 期的 0.909 504，而由大豆价格所解释的部分从第 1 期的 0.008 061，增加到第 10 期的 0.090 496。总的来说，不论是大豆价格的变动，还是地缘政治风险指数的变动，其自身变动是主要原因，但是其影响程度会随着期数的增加而缓慢降低。

表 4 - 21 为玉米价格方差分解结果。从表中可以看出：首先，在玉米价格变动的过程中，随着期数的不断增加，其自身能够解释的部分逐渐下降，但是仍然占据主要部分，到了第 10 期，下降到 0.968 387，而由地缘政治风险指数所解释的部分增加到 0.031 613；其次，在地缘政治风险指数变动的过程中，随着期数的不断增加，其自身能够解释的部分在缓慢下降，从第 1 期的 0.988 018，下降到第 10 期的 0.959 040，而由玉米价格所解释的部分从第 1 期的 0.011 982，增加到第 10 期的 0.040 960。总的来说，不论是玉米价格的变动，还是地缘政治风险指数的变动，其自身变动是主要原因，但是其影响程度会随着期数的增加而缓慢降低。

表 4 - 22 为小麦价格方差分解结果。从表中可以看出：首先，在小麦价格变动的过程中，随着期数的不断增加，其自身能够解释的部分逐渐下降，但是仍然占据主要部分，到了第 10 期，下降到 0.995 389，而由地缘政治风险指数所解释的部分增加到 0.004 611；其次，在地缘政治风险指数变动的过程中，随着期数的不断增加，其自身能够解释的部分在缓慢下降，从第 1 期的 0.999 614，下降到第 10 期的 0.984 077，而由小麦价格所解释的部分从第 1 期的 0.000 386，增加到第 10 期的 0.015 923。总的来说，不论是小麦价格

的变动，还是地缘政治风险指数的变动，其自身变动是主要原因，但是其影响程度会随着期数的增加而缓慢降低。

表 4 - 19　粳稻价格方差分解结果

期数	（1）	（2）	（3）	（4）
1	1.000 000	0.005 565	0.000 000	0.994 435
2	0.997 001	0.013 690	0.002 999	0.986 310
3	0.995 848	0.017 607	0.004 152	0.982 393
4	0.994 639	0.021 044	0.005 361	0.978 956
5	0.993 646	0.023 771	0.006 354	0.976 229
6	0.992 777	0.026 149	0.007 223	0.973 851
7	0.992 031	0.028 237	0.007 969	0.971 763
8	0.991 388	0.030 107	0.008 612	0.969 893
9	0.990 835	0.031 799	0.009 165	0.968 201
10	0.990 358	0.033 345	0.009 642	0.966 655

表 4 - 20　大豆价格方差分解结果

期数	（5）	（6）	（7）	（8）
1	1.000 000	0.008 061	0.000 000	0.991 939
2	0.999 481	0.027 027	0.000 519	0.972 973
3	0.997 077	0.041 435	0.002 923	0.958 565
4	0.991 093	0.045 983	0.008 907	0.954 017
5	0.983 551	0.051 738	0.016 449	0.948 262
6	0.975 168	0.059 825	0.024 832	0.940 175
7	0.966 242	0.068 123	0.033 758	0.931 877
8	0.956 911	0.075 686	0.043 089	0.924 314
9	0.947 571	0.083 117	0.052 429	0.916 883
10	0.938 475	0.090 496	0.061 525	0.909 504

表 4 - 21　玉米价格方差分解结果

期数	（9）	（10）	（11）	（12）
1	1.000 000	0.011 982	0.000 000	0.988 018
2	0.999 959	0.015 665	0.000 041	0.984 335

（续）

期数	（9）	（10）	（11）	（12）
3	0.998 868	0.019 425	0.001 132	0.980 575
4	0.996 218	0.023 088	0.003 782	0.976 912
5	0.992 222	0.026 602	0.007 778	0.973 398
6	0.987 510	0.029 922	0.012 490	0.970 078
7	0.982 508	0.033 027	0.017 492	0.966 973
8	0.977 537	0.035 901	0.022 463	0.964 099
9	0.972 794	0.038 544	0.027 206	0.961 456
10	0.968 387	0.040 960	0.031 613	0.959 040

表 4 - 22　小麦价格方差分解结果

期数	（13）	（14）	（15）	（16）
1	1.000 000	0.000 386	0.000 000	0.999 614
2	0.999 492	0.000 616	0.000 508	0.999 384
3	0.998 900	0.001 400	0.001 100	0.998 600
4	0.998 244	0.002 652	0.001 756	0.997 348
5	0.997 618	0.004 351	0.002 382	0.995 649
6	0.997 045	0.006 376	0.002 955	0.993 624
7	0.996 539	0.008 626	0.003 461	0.991 374
8	0.996 098	0.011 010	0.003 902	0.988 990
9	0.995 717	0.013 459	0.004 283	0.986 541
10	0.995 389	0.015 923	0.004 611	0.984 077

注：①表中（1）表示 irfname＝irfname，impulse＝$Jap\text{-}Pri$，and response＝$Jap\text{-}Pri$；（2）表示 irfname＝irfname，impulse＝$Jap\text{-}Pri$，and response＝GPR；（3）表示 irfname＝irfname，impulse＝GPR，and response＝$Jap\text{-}Pri$；（4）表示 irfname＝irfname，impulse＝GPR，and response＝GPR；（5）表示 irfname＝irfname，impulse＝$Soy\text{-}Pri$，and response＝$Soy\text{-}Pri$；（6）表示 irfname＝irfname，impulse＝$Soy\text{-}Pri$，and response＝GPR；（7）表示 irfname＝irfname，impulse＝GPR，and response＝$Soy\text{-}Pri$；（8）表示 irfname＝irfname，impulse＝GPR，and response＝GPR；（9）表示 irfname＝irfname，impulse＝$Corn\text{-}Pri$，and response＝$Corn\text{-}Pri$；（10）表示 irfname＝irfname，impulse＝$Corn\text{-}Pri$，and response＝GPR；（11）表示 irfname＝irfname，impulse＝GPR，and response＝$Corn\text{-}Pri$；（12）表示 irfname＝irfname，impulse＝GPR，and response＝GPR；（13）表示 irfname＝irfname，impulse＝$Whe\text{-}Pri$，and response＝$Whe\text{-}Pri$；（14）表示 irfname＝irfname，impulse＝$Whe\text{-}Pri$，and response＝GPR；（15）表示 irfname＝irfname，impulse＝GPR，and response＝$Whe\text{-}Pri$；（16）表示 irfname＝irfname，impulse＝GPR，and response＝GPR。②方差分解检验结果由笔者使用 STATA16 软件分析得出。

对比分析上述四类主粮的方差结果可知，大豆受地缘政治风险的影响相对较大，地缘政治风险指数所解释的部分从第 1 期的 0 上升至第 10 期的 0.061 525，远远高于地缘政治风险对国内玉米、小麦、粳稻的解释程度。这也验证了前文的发现，即目前中国粮食进口结构中大豆进口量较大，容易受到地缘政治风险冲击，其冲击力度相对较大。

综上所述，本章通过 VAR 模型分析了地缘政治风险对粮食价格波动的影响。研究发现：①地缘政治风险指数的上升会引起粮食价格指数，以及粳稻、大豆、玉米、小麦四种粮食价格的上涨；②通过特征值检验发现，所有的 VAR 系统都是稳定的；③通过脉冲响应函数发现，当粮食价格指数，大豆、玉米、小麦的价格受到地缘政治风险的冲击之后会给出一个正向的反应，但粳稻价格会给出一个负向的反应；④通过方差分解发现，在粮食价格指数，粳稻、大豆、玉米、小麦的价格波动过程中，其自身变动是主要的原因，地缘政治风险影响相对较小。本章的相关实证研究结果验证了第一节提出的理论假设，即地缘政治风险对中国粮食价格产生显著的影响。

第五节　实证结论

本章采用中国 2003 年 1 月至 2021 年 12 月的地缘政治风险指数、国内粮食价格指数及四大主要粮食品种的国内价格为研究对象，采用时间序列分析模型中的 VAR 模型，实证检验了地缘政治风险对粮食价格的影响研究。实证分析中，首先以中国粮食价格指数为例，研究地缘政治风险对粮食价格的影响效果，接下来以粳稻、大豆、玉米、小麦为例，分别估计地缘政治风险对粳稻、大豆、玉米、小麦价格的影响。

通过时间序列分析模型的单位根检验、协整分析、格兰杰因果检验、脉冲响应函数分析和方差分解等分析步骤展开了相关的实证分析。研究结果可概括为以下两点：一是地缘政治风险对粮食价格波动的影响通过了显著性检验，呈现出正向变动趋势。地缘政治风险指数的上升引起粮食价格的普遍上涨，但是通过方差分解发现，在粮食指数、粳稻、大豆、玉米以及小麦的价格波动中，其自身变动是主要原因，地缘政治风险影响相对较小。这就验证了本章提出的理论假设的正确性。二是不同粮食品种的价格对地缘政治风险的冲击反应呈现显著差异性。通过脉冲响应函数分析发现，当粮食价格指数、大豆、玉米、小麦的价格受到地缘政治风险的冲击之后会给出一个正向的反应，但粳稻价格会给出一个负向的反应。通过方差分解发现，在粮食价格指数、粳稻、大豆、玉米、小麦的价格波动过程中，其自身变动是主要的原因，地缘政治风险影响相对较小。本章的相关研究结论对后文构建粮食价格稳定的保障机制和应对策略具有十分重要的现实意义。

第五章
基于粮食金融化传导渠道的实证研究

第四章从整体上得出了地缘政治风险对粮食价格具有显著影响的结论，本章至第七章将在第四章的基础上分别从"粮食金融化""粮食进出口贸易"和"能源价格"三个渠道，实证检验地缘政治风险对粮食价格影响传导效应的存在性及具体影响效果。

粮食价格的变动首先受到市场上供求因素的影响，一些发展中国家为了国家经济快速发展，采取赶超战略，加大对工业投资而长期忽视对农业发展的投资，而发达国家在农业保护政策下可以随意决定供给粮食数量，或者提高粮食的价格，这种不受约束会导致国际上粮食供给长期处于紧缩状态。以美国为首的发达国家为了发展更加清洁、对环境污染更少的生物能源，再加上中国、印度等人口大国对粮食需求的不断攀升等多种原因导致国际粮食供求失衡。然而，随着经济全球化和金融化的不断发展，国际粮食市场上的这些供求因素并不足以解释粮食价格的波动，粮食价格波动更多地受到诸如生物能源计划、地缘政治风险、金融市场等非传统的外部因素冲击。例如，通过分析 2008 年全球金融危机期间的粮食价格波动的历史事实可以看出，2007—2008 年主要粮食生产国连年丰收使得国际粮食库存得到较大改善，联合国粮农组织的统计数据显示，直到 2010—2011 年小麦、玉米等粮食的库存都处于充足的水平，在这一时期内，粮食供给和需求相对来说处于比较平稳的状态，但是粮食的价格却呈现不断上涨的趋势，这不禁引起人们关注粮食价格波动的原因。因此，在地缘政治风险不断加大的全球化时代，地缘政治风险一旦形成，将会对相关国家的金融市场产生明显冲击。此外，在粮食金融化与经济全球化的背景下，国际粮价的定价机制也日益复杂，单纯只讨论供求对粮食价格的影响明显不足，因此需要我们来验证粮食金融化对粮食价格影响的传导渠道是否存在。

第一节　理论假设

粮食金融化所形成的复合金融体系赋予了粮食商品更为复杂的综合属性，粮食金融市场的变动对粮食价格波动的影响也更加凸显。本节在研究地缘政治风险对粮食价格波动影响的基础上，探讨粮食金融化对粮食价格波动的影响，以及粮食金融化在地缘政治风险对粮食价格波动的影响中是否存在中介效应，根据梳理出的三者作用关系提出相关研究假设。

一、粮食金融化影响粮食价格

随着国际金融市场的快速发展，各类金融市场和金融衍生产品市场与粮食期货市场之间相互渗透、相互影响，使传统金融市场的内涵和外延不断拓宽，粮食金融化对中国粮食价格的波动产生的影响也越来越大。粮食市场与期货市场、货币市场、外汇市场以及证券市场的联动逐渐构成复杂、多样化的粮食金融体系，形成了粮食金融化的趋势，粮食金融化已经引起了世界各国的广泛关注。在"金融化"这一过程中粮食商品早已经超越了其自身的自然属性，表现出越来越复杂的社会属性、经济属性、金融属性，以及由此而演绎出来的政治属性。因此本书认为，地缘政治风险会通过粮食金融化间接影响粮食价格变动。具体分析如下：

第一，就期货市场来讲。期货市场中的粮食价格是现货市场中粮食价格的价格指导，粮食金融化的实现主要靠期货市场交易。回顾我国期货市场的发展历程，期货市场建立的最初目的主要是为了防止农产品价格的剧烈波动，为农产品的生产者、经营者以及需求者提供发现价格、规避风险的功效。首先，期货市场上的价格对粮食现货市场价格的引导。期货市场除了具有通过套期保值规避价格风险的功能之外，它的另一个主要的功能就是价格发现。期货市场上聚集了大量对商品供求以及变动趋势的信息，理论上随着交割日期的临近，期货的价格也会越来越接近现货市场。也就是说，期货市场具有使价格收敛于均衡价格的作用。现货市场上粮食价格的波动主要是受到期货市场的影响，并在一定程度上直接成为期货市场的依据。其次，资本的逐利性。造成粮食金融化的原因很多，其中最直接的原因就是资本的逐利性。资本的逐利性，即资本对获利机会有着敏锐的嗅觉，能自觉流向能使其获得利益的部门或者行业。当粮食作物成为资本获利的对象时，资本能够通过判断粮食供给需求在不同时期存在差异、不同时期的粮食价格可能会存在波动，通过粮食产品标的物，通过买卖不同时间点粮食期货获取利润。由于粮食产品金融衍生品的出现，使得资本可以通过在期货市场等金融市场上交易粮食产品的金融衍生品，通过期货合约锁定粮食交易数量和价格，避免了粮食生产中可能遇到的风险，而且还能从中获得回报。对于投资者来说，由于持有大量的现货，可以通过做多头期货承担相应的系统性风险从而获得预期的收益，投资者可以利用时间差达到获得利润的目标。这会使得每一笔新交易都会被高价抛售，而原先的交易者会等待高价抛售手中的期货合约，这种对期货价格不断上涨的预期会不断刺激期货价格的上涨，导致期货价格明显高于现货市场价格。但是由于现货市场的价格会参照期货市场的价格发生变动。因此，现货市场的价格也将持续上涨，这将证实投机商的期望，进而导致对未来合约的需求进一步增长，从而导致更多的投机性需求。因此，通过期货市场操作，粮食金融化将会显著影响粮食价格。

第二，就货币市场来看。首先，政府出台的货币政策通过调节货币供应量，间接影响粮食价格。宽松的货币政策会导致市场上的货币供给量高于实体经济发展所需要的货币量，就会导致物价的普遍升高，造成通货膨胀，因此粮食价格就会有明显的上升；反之，紧缩的货币政策会导致市场上的货币供给量小于实体经济发展中所需要的货币量，会导致物价的普遍降低，造成通货紧缩，因此粮食价格就会有明显的下降。比如20世纪90年代，中国粮食价格大幅波动，主要原因是民众对通胀的预期较高，造成了大量的粮食储备，从而导致粮食价格上升。其次，货币供给量通过存货渠道导致石油、农产品等大宗商品价格的变动超过通货膨胀，货币供给量通过生产资料价格影响粮食价格。本段讨论了货币供给量对粮食价格的影响，其作用机制为：货币供给量增加—物价升高—通货膨胀—影响粮食价格上升，在其过程中，通货膨胀也影响了农产品生产材料的价格，推动了粮食价格的上涨。相反，由于货币供给量的减少，引起了通货紧缩，使粮食价格下跌，同时使农产品生产资料的价格下跌，从而使粮食的生产成本下降。

第三，就外汇市场来看。就外汇市场来看，美元波动是国际粮价变动的重要因素之一。在粮食金融化进程中，美元起着关键作用。在布雷顿森林体系下，世界流通的商品都以美元标价，美元享受着其他货币没有的特权。美元可以随意贬值带来全球物价的大幅度上升，美元贬值不仅直接导致国际粮食价格的飞涨，而且由于投资者对"超前"预期的"恐慌"心理，会导致投机者对原油、农产品等大宗商品进行投资，导致短期的剧烈波动，从而进一步扩大粮食价格的短期波动。美元在全球的影响力推动了全球粮食金融化的进一步扩大，与原油等其他大宗商品一样，被美元操纵的粮食产品，终将通过美国的一系列货币操作，最终变成由美国主导的全球化金融商品。综上所述，粮食价格的变动受到美元走势的影响，在美元走势相对平稳的情况下，大宗商品的价格波动也相对平稳；在美元汇率大幅度波动时，大宗商品的价格也随之大幅度波动。美元就好比一种工具，可以让大宗商品的供求发生巨大变化，为大宗商品的现货市场提供美元风险对冲这一新的机制，这种作用机制在 2008 年的全球金融危机中尤为突出，美元汇率的不确定性推动大宗商品价格的大幅度波动。并且，汇率的变动将直接导致人民币购买力的变化，而人民币购买力的变化会影响到中国粮食的进口量和出口量，从而影响对粮食的实际需求。比如，当美元贬值时，非美元的国家购买力上升，该国对粮食的实际需求就会上升，进而造成粮食价格的上涨；相反，当美元升值时，非美元的国家的购买力就会下降，该国对粮食的实际需求就会下降，进而造成粮食价格的下降。从当前形势来看，我国的粮食进口量远大于粮食出口量，所以中国粮食方面对外依赖程度较高，故当美元对人民币的汇率发生变动时，中国粮食的进出口都会产生较大的变动，进而就会改变国内粮食的供给量，最终粮食价格就会发生改变。

第四，就资本市场来讲。以 2008 年世界金融危机为例，危机环境对信贷市场、经济活动、国际关系的影响压缩了实体经济的生存空间，实体经济低迷以及流动性泛滥助推资产泡沫化，同时也引发了全球金融资本波动较大。金融危机的爆发，使得大量的金融投资资金开始进入粮食大宗商品市场，粮食大宗商品正在逐渐成为全球投机资本追逐和炒作的新目标。以期货投资基金、对冲基金和指数基金为代表的金融衍生工具在近些年纷纷将目光投向农产品市场，金融资本市场并不能直接影响粮食市场的供给和需求，但是资本市场上的变动是国家经济的晴雨表，在一定程度上反映了我国经济的发展情况，进而导致粮食的价格出现波动。其次，资本市场上的非理性投资会引起现货市场的不安，进而导致粮食的价格产生波动。大量的资本进入粮食市场，使得影响粮食价格波动的因素发生着重大变化，不再取决于传统的供求关系，而是越来越受市场预期、投机资本等非传统的供求因素影响。由于资本市场上的个人不像投资机构那样具有非常专业的知识、团队和工具，所以当资本市场发生微小波动时，他们可能更难以保持冷静，会随波逐流，导致资本市场的较大波动，进而传导到粮食的现货市场当中，引起粮食价格的变动。最后，交易主体的金融化。传统粮食市场中的主要交易主体有生产者、贸易商、加工企业、零售商以及消费者。其中，个体农民或农场主是粮食生产的主要群体，一般情况下他们在交易过程中往往处于弱势地位，并且基本上不会参加期货市场的套期保值。但是，由于农场主的生产相比于分散的个体来说具有生产集约化、规模化等特点，较大的粮食数量会让他们在交易过程中掌握更多的主动权和话语权。同时，由于投资和生产规模的庞大，农场主们一般会具有更多关于金融投资方面的知识，会更愿意参与到期货的套期保值的过程中来。从粮食贸易上来看，传统的粮食交易过程中，他们主要是通过低价买进粮食高价卖出粮食来赚取差价以谋取利润，这会导致粮食价格的波动幅度会更小。

因此，综上理论分析，本书提出第二个重要假设。

H2：粮食金融化会显著影响粮食价格波动。

二、地缘政治风险、粮食金融化与粮食价格

随着世界政治格局的不断演进，现有的国际政治经济秩序正在经历复杂多变和深刻的持续调整。地缘政治风险与经济发展、金融稳定等息息相关，国际社会需要努力合作应对日益严重的地缘政治风险挑战。资本市场向来对地缘政治的"风吹草动"反应更加强烈，资本市场一旦形成某种预期，会在很短时间内采取行动，这种对地缘政治风险的反馈体现在粮食金融化方面更为确切，在经济全球化背景下，地缘政治风险对粮食金融化的影响十分显著。

首先，地缘政治风险会影响汇率。一方面，地缘政治风险会导致国家的进出口贸易受到冲击。国与国之间的战争、恐怖主义事件以及国与国之间紧张的局势会导致被波及的国家尤其是严重依赖大宗商品出口的国家，因全球贸易与大宗商品市场波动其汇率水平更加敏感，当商品出口量降低，为提高出口稳定国际市场使本国货币贬值。另一方面，当一个国家的地缘风险评估值提升时，国际资本会出于规避风险的考虑，将资本转换为避险资产（主要是与发达经济体相关的资产），大量的国际资本流入或流出，短时间内会产生大量的兑换需求，推动该国货币的升值或贬值。

其次，地缘政治风险会对股票、期货市场产生冲击。当投资者了解到国际

地缘政治局势的变化时，会对未来各国政府的政策选择可能性的预期有所改变，同时，地缘政治风险的不确定性也会影响政府的政策抉择，对投资者的选择会产生很大的影响，对股票市场的影响较大。

最后，地缘政治风险会影响国家货币政策。国与国之间的冲突、恐怖主义事件等地缘政治风险会影响国际经济的稳定和一个国家或地区的经济发展，各国经济会通过国与国之间的贸易往来而受到影响，通过汇率影响本国货币的价值，而国家为了在国际市场中稳定本国货币币值，会有针对性地调整货币政策。综上所述，本书提出第三个重要假设。

H3：地缘政治风险会通过粮食金融化现象间接影响粮食价格。

第二节　粮食金融化发展现状

这里借鉴现有文献的研究方法，本章后面实证分析会详细说明本章所研究的粮食金融化是从货币市场、期货市场、外汇市场以及证券市场四个方面进行衡量。因此，本部分首先分析我国改革开放以来，货币供应量、汇率、上证指数和期货市场四个方面的发展现状。

一、货币与准货币供应量现状

根据可以搜集的数据，本书整理了 1993 年至今我国总体的货币供应量，图 5-1 展示了 1993—2021 年我国货币与准货币供应量。从图中可以看出，我国的货币与准货币供应量呈现指数增长的趋势，从 1993 年的 33 295.8 亿元增长到 2021 年的 2 382 900 亿元；在 1998 年的时候首次突破 10 万亿元，达到 104 498.5 亿元；2003 年首次突破 20 万亿元，达到 221 000 亿元；2007 年首次突破 40 万亿元，达到 403 400 亿元；此后在 2009 年、2011 年、2013 年分别突破 60 万亿、80 万亿、100 万亿元。1993—2021 年，货币与准货币供应量的增长率出现了两次大幅下降和一次上升，下降阶段分别为 1993—2000 年以及 2009—2021 年，上升阶段为 2000—2009 年。最高峰为 1994 年的 34.63%。增长率超过 20% 的年份包括 1994—1997 年、2003 年以及 2009 年。增长率最低的为 2017 年，达到了 8.17%，其次为 2019 年，达到了 8.75%。

我国货币和准货币供应量高的原因主要是由于银行为主导的金融体系结构、低消费高储蓄以及低货币流通等原因造成的。首先，我国目前的金融体

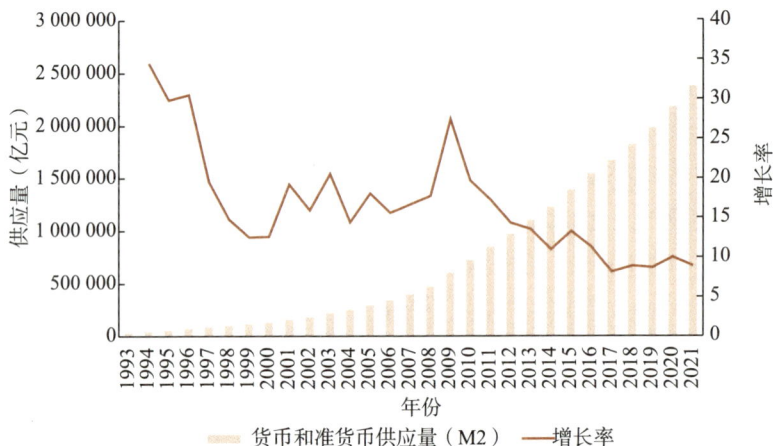

图 5-1 1993—2021 年中国货币和准货币供应量以及增长率

数据来源：《中国统计年鉴》。

系结构是以银行占绝对的主导地位，证券、保险、信托、基金等金融机构所占的市场份额相对较小。由于我国银行业务主要以传统的存款和贷款为主。因此，存款和贷款的利息差成为银行的主要利润来源。然而，在我国银行业迅速发展的同时，银行的信贷业务也在迅速扩大，导致市场上的货币及货币供应量增多。其次，在我国的经济总量当中，多以储蓄为主，消费占比相对较低。

二、美元对人民币汇率现状

从图 5-2 以看出，1990—2021 年美元对人民币的汇率大体上呈现先上升、然后趋于稳定、后开始下降的一个大致趋势。1994 年、2005 年和 2015 年是人民币汇率变化的几个较为重要的年份。

首先，1994 年之后，美元对人民币的汇率整体变动比较缓慢。在 1994 年之后，美元对人民币的汇率基本维持在 8.3 元左右，并呈现小幅度的上下波动。从图 5-2 中可以明显地看出，美元对人民币汇率从 1993 年的 5.806 8 元，上涨到 1994 年的 8.478 6 元，增长率接近 50%。这主要是由于 1994 年 1 月 1 日起，我国的外汇管理体制进行了一次重大的改革，人民币汇率从调整市场汇率和官方汇率的双重汇率制度转变为基于市场供需的单一的、有管制的浮动汇率制度。改革后的人民币汇率是由外汇市场的供需关系决定的，它使得外汇市

图 5 - 2　1990—2021 年美元对人民币汇率以及增长率

数据来源:《中国统计年鉴》。

场打破地区之间的分割,走向全国的统一。因此,1994 年美元对人民币汇率出现较大的增长趋势,但是此后的汇率在一定程度上能够反映外汇市场的真实情况。其次,自 2005 年人民币汇率体制改革实施以来,人民币抛弃了单一的盯住美元的政策,转向了基于市场供需、参照一篮子货币进行调节的浮动利率体系,这种汇率制度使美元对人民币汇率再次下降,从 2004 年的 8.276 5 元下降到 2005 年的 8.075 9 元。2005 年之后美元对人民币的汇率不断下降。最后,人民币汇率体系在 2010 年又有了新的变革,中国人民银行决定继续完善人民币的汇率制度,提高人民币的弹性,从而使人民币的汇率波动幅度更大。这一变革的实施使 2010 年美元对人民币的汇率下降到 6.651 5 元,相比 2009 年有所下降,随后到了 2011 年美元对人民币汇率继续下降。到了 2013 年 1 美元只能兑换 6.116 元人民币,接近 1994 年汇率改革之前的水平。

三、上证指数现状

与欧美等资本主义国家相比,我国股票市场发展较晚,发展程度还不够成熟,与国外成熟的股票市场相比,还存在许多不足,本书整理了我国 1991—2021 年上证指数以及增长率,如图 5 - 3 所示。从中可以看出,我国股市波动性比较大,当股票价格变动时,股价与其本身的价值相背离。在合理的区间内,股价的起伏是很正常的,它可以使股票市场保持活跃,并吸引大量投资者，但是我国股市却时常出现过度波动，且波动幅度过大，超过了股票市场的合理区间，暴涨暴跌和齐涨齐跌的现象时有发生。比如2006年，上证指数的上涨幅度超过了100％。不过整体来看，经过20多年的不断发展，我国股票市场从无到有，从初学者到相对成熟，基本形成了符合中国特色社会主义市场经济体制的股票市场，这对于推动我国经济健康发展，促进社会进步等起到十分积极的作用。

图5-3　1991—2021年中国上证指数以及增长率

数据来源：上海证券交易所发布的上证综合指数。

四、粮食期货市场现状

郑州商品交易所成立于1990年10月12日，是国内首家期货市场试点单位，于1993年5月28日正式推出期货交易。1993年11月18日大豆期货合约在大连商品交易所挂牌上市交易。在这之后的数年里，由于我国期货市场的盲目发展，进入了监管整顿的时期，许多期货品种的交易被暂时中止或终止。但是大豆期货因运行规范、功能发挥较好而得以保留。由于当时中国期货市场上市的交易品种不多，所以1999—2003年大连商品交易所中的大豆期货合约交易量连续五年占全国期货交易总量的40％以上，最高时甚至超过75％，这个时期的期货市场被人们称为"一豆独大"。

首先，就大豆期货来讲。2002年3月，大连商品交易所根据我国农业转基因政策的调整，对原来的大豆合同品种进行了划分，推出了黄大豆1号期货合约，仅允许非转基因大豆进行交割。到了 2004 年 12 月，又推出了黄大豆 2 号期货合约，以进口大豆为主，不区分转基因大豆和非转基因大豆。本书主要以黄大豆 1 号期货合约为研究对象。如图 5 - 4 所示，黄大豆 1 号的期货价格在 1999—2021 年整体呈现在波动中上升的趋势。从 1999 年的 2 264.894 7 元/吨，增长到 2021 年的 5 971.217 4 元/吨，每吨价格增加了 3 703.322 7 元，相当于 1999 年的近 160%。造成黄大豆 1 号期货价格波动的原因主要有：首先，供求关系的影响，我国对于大豆的消费是平稳增长的，但是在生产方面波动性较大，大豆作为农产品以一年为一个生产周期，生产时间较长加上靠天吃饭的特点，导致其产量并不稳定，这是影响大豆期货价格的一个主要因素。其次，国际市场的大豆价格。随着我国对大豆需求的不断增加，国内的生产已经不能很好地满足人们的需求，必须从国外市场进口大量的大豆，较高的进口依赖度使得我国的大豆市场行情在很大程度上被国际市场的行情所影响。因此，国内大豆市场的价格除了受到自身供求因素的影响之外，还会受到国际大豆市场的影响。最后，还会受到国家政策的影响。我国政府始终致力于

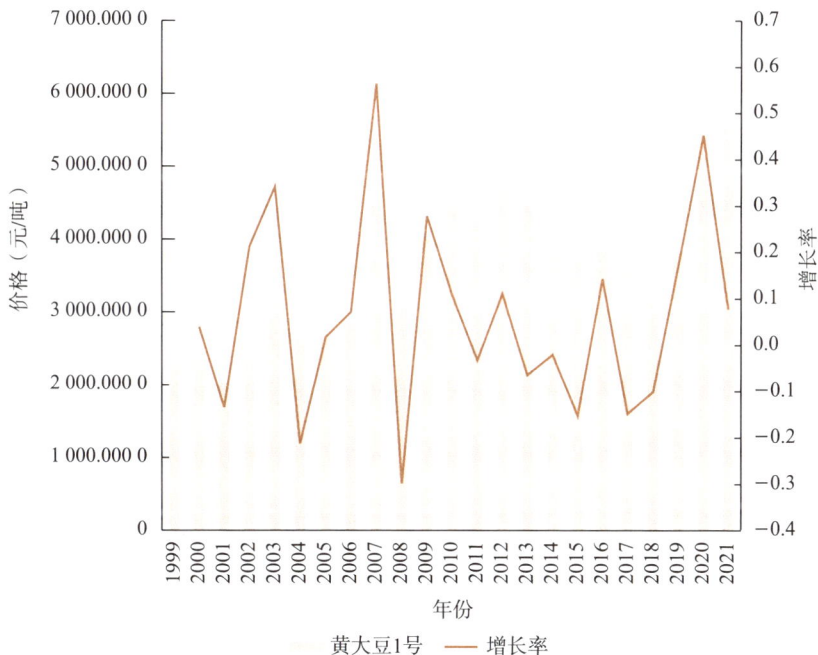

图 5 - 4　1999—2021 年黄大豆 1 号期货价格变动情况及增长率

数据来源：数据来自 Investing.com 公开数据汇总整理得出。

改善农产品的自主供应能力，近些年采取了很多措施鼓励农户积极种植粮食，实行政策性收购就是其中的一项。与此同时，在通货膨胀的影响下，国家调控政策会持续增强，国家的调控政策也是影响大豆市场走向的一个重要外部因素，需要密切关注。

其次，就玉米期货来看。大连商品交易所于 2004 年 9 月推出玉米期货品种，自此，我国的玉米期货市场正式开启。玉米期货作为一种主要的期货品种，在我国的农产品期货市场上占有很大的比重。如图 5-5 所示，2005—2021年玉米期货价格整体上呈现波动中上升的趋势。我国玉米期货价格的走势则可以从五个阶段进行分析。

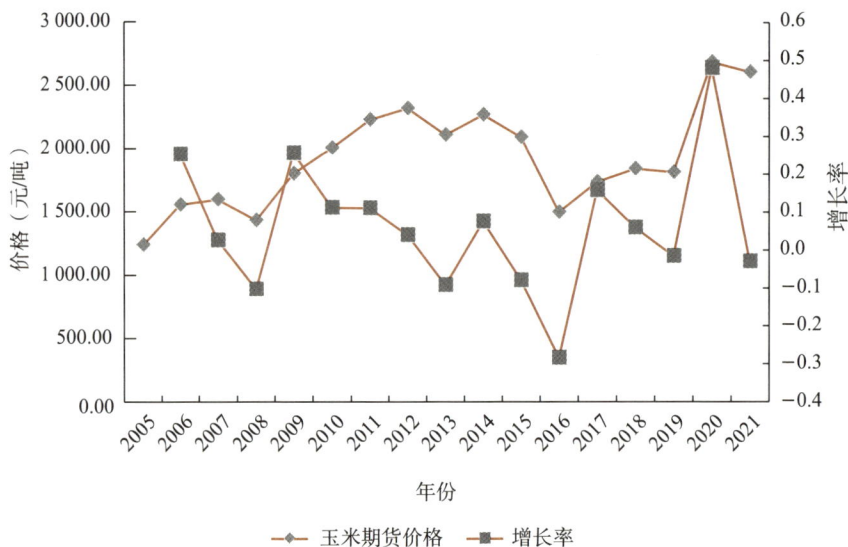

图 5-5　2005—2021 年玉米期货价格变动情况及增长率
数据来源：数据来自 Investing.com 公开数据汇总整理得出。

第一个阶段为 2005—2008 年，为非临储收购政策阶段，玉米期货价格呈现上升的趋势。这是我国经济高速发展的时期，各个行业都得到了飞速的发展，国家及时出台各类促进种粮政策，让农民种粮的积极性得到了很大的提升，在各种政策利好的影响下，玉米的价格不断攀升，玉米的产量也越来越多，随之粮食的储备规模不断增加，这也是为什么玉米价格会一直震荡上升，不断创造历史新高。

第二个阶段是 2008—2015 年，玉米市场进入临储收购政策支撑的时期。在这一时期，玉米期货价格持续上涨。2008 年全球金融危机爆发，中国经济受到很大影响，在以投资为支撑的经济发展模式下，我国产能过剩的危机逐步显示出来，随着大宗商品价格一路走低，政府暂停了玉米国储的拍卖，但依然无力阻止玉米价格的下跌。2008 年年底，国家开始实施玉米临储计划，在此项政策的推动下，尽管供给面宽松，需求面逐渐疲软，但玉米期货价格依然保持在较高水平，并继续走高。

第三个阶段是 2015—2016 年，属于后临储政策时期。在这一时期，玉米期货价格快速下降，从 2015 年年初的 2 293 元/吨，下降到 2016 年年末的 1 501 元/吨，每吨价格下降了 792 元，相当于 2015 年年初的 34.54%。主要是因为这个时期国内玉米的库存创下新高，下游市场的需求持续低迷，玉米市场面临着前所未有的供给压力，导致玉米市场的价格开始下跌，受此影响玉米期货的价格也迎来了上市以后的第一次快速下跌。

第四个阶段是 2016—2019 年，这一时期在政策引导下的供需宽松状况逐步改变，使玉米期货价格开始缓慢上升，从 2016 年年底的 1 501 元/吨上涨到了 2019 年的 1 814 元/吨。这主要是由于国家对玉米深加工的一系列补贴，在政策的指引下，市场对玉米需求逐渐增加，导致了玉米价格的上涨。

第五个阶段是从 2019 年到今，在此期间，由于非洲猪瘟疫情的进一步影响，我国玉米期货价格处于高开低走的形势，2020 年玉米期货价格的大幅度上涨，主要是因为我国的玉米主产区遭受台风等恶劣天气的影响，使得玉米产量减少，加之生猪存栏量的不断恢复，市场对未来玉米的冲击产生了担忧，开始出现抢粮屯粮的现象，使得玉米的价格上涨。

最后，小麦和粳稻期货。郑州商品交易所小麦的主要交易品种包括硬冬白小麦和优质强筋小麦，这两种小麦都是优质小麦。硬冬白小麦的期货交易是在期货市场成立之初就开始的，而强筋小麦则是在 2003 年正式上市的。强筋小麦期货品种的推出，标志着小麦期货由单一品种向多品种体系转变。这里选用强筋小麦作为研究对象，如图 5-6 所示，强筋小麦的期货价格整体表现出在波动中上升的趋势，从 2003 年的 1 905.521 7 元/吨增加到 2021 年 2 941.652 2 元/吨，增加了 1 036.130 5 元/吨，相当于 2003 年的 54.38%，19 年的时间价格增长了一半。2013 年 11 月粳稻期货品种合约正式在郑州商品交易所上市，粳稻期货上市时间相对较晚，仅上市不到十年的时间。从图中可以看出，2013—2021年粳稻的期货价格呈现先下降后上升然后又下降的趋势。从2013年的3 142元/吨，下降到了2021年的2 702元/吨，下降了440元/吨。

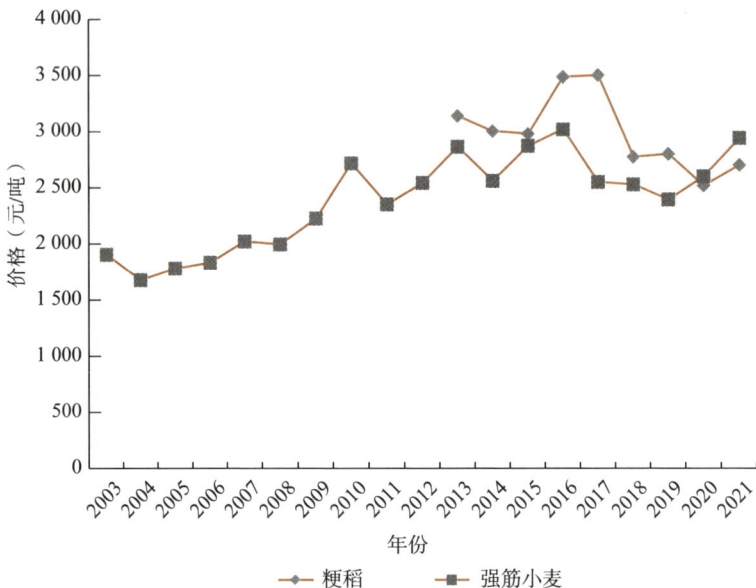

图5-6 2003—2021年中国粳稻、强筋小麦的期货价格

数据来源：数据来自 Investing.com 公开数据汇总整理得出。

第三节 研究设计

上文通过理论分析提出粮食金融化对粮食价格波动具有显著影响、地缘政治风险能够通过影响粮食金融化进而间接影响粮食价格波动两个研究假设。本节通过构建地缘政治风险、粮食金融化对粮食价格影响的研究模型、对变量进行描述性统计与解释数据来源等，为后续章节展开实证分析奠定实证基础。

一、模型设定

为了验证本章所提出的两个研究假设，考察地缘政治风险和粮食金融化对粮食价格的影响及传导机制，本书分别以粮食价格指数（$PRICE$）、小麦集贸市场价格（$Wheat$）、玉米集贸市场价格（$Corn$）、大豆集贸市场价格（$Soybean$）和粳稻集贸市场价格（$JaponicaRice$）作为因变量，货币和准货币供应量（$M2$）、美元对人民币汇率（$Rate$）、上证指数（SSE）、小麦期货价格（$Wheat\_Futures$）、玉米期货价格（$Corn\_Futures$）、大豆期货价格（$Soybean\_Futures$）、粳稻期货价格（$JaponicaRice\_Futures$）作为自变量建立 VAR 模型。

根据前文理论分析可知，粮食价格除了受到自身价格和粮食金融化等因素的影响之外，同样还受到诸如通货膨胀率、国际粮食市场以及国际能源市场等外生变量的影响。所以本书运用最小二乘回归模型估计方法（OLS），加入核心解释变量货币和准货币供应量（$M2$）、美元对人民币的汇率（$Rate$）、上证指数（SSE）以及各种粮食品种的期货价格，控制变量选取反映通货膨胀的居民消费价格指数（CPI）、反映国际粮食市场的国际粮食市场价格（$Intgp$）以及反映国际能源市场的国际能源价格（$Intnp$）对粮食品种市场价格进行回归。其基本回归模型为：

$$PRICE_t = \alpha_0 + \alpha_1 M2_t + \alpha_2 Rate_t + \alpha_3 SSE_t + \alpha_4 Futures_t + \alpha_5 CPI_t$$
$$+ \alpha_6 Intgp_t + \alpha_7 Intnp_t + u_t$$

$$Wheat_t = \beta_0 + \beta_1 M2_t + \beta_2 Rate_t + \beta_3 SSE_t + \beta_4 Wheat\_Futures_t + \beta_5 CPI_t$$
$$+ \beta_6 Intgp_t + \beta_7 Intnp_t + u_t$$

$$Corn_t = \gamma_0 + \gamma_1 M2_t + \gamma_2 Rate_t + \gamma_3 SSE_t + \gamma_4 Corn\_Futures_t + \gamma_5 CPI_t$$
$$+ \gamma_6 Intgp_t + \gamma_7 Intnp_t + u_t$$

$$Soybean_t = \delta_0 + \delta_1 M2_t + \delta_2 Rate_t + \delta_3 SSE_t + \delta_4 Soybean\_Futures_t + \delta_5 CPI_t$$
$$+ \delta_6 Intgp_t + \delta_7 Intnp_t + u_t$$

$$JaponicaRice_t = \eta_0 + \eta_1 M2_t + \eta_2 Rate_t + \eta_3 SSE_t +$$
$$\eta_4 JaponicaRice\_Futures_t \alpha_7 CPI_t + \eta_5 CPI_t + \eta_6 Intgp_t + \eta_7 Intnp_t + u_t$$

其中，$PRICE_t$ 表示第 t 期的中国粮食价格指数，$Wheat_t$ 表示第 t 期的小麦集贸市场价格，$Corn_t$ 表示第 t 期的玉米集贸市场价格，$Soybean_t$ 表示第 t 期的大豆集贸市场价格，$JaponicaRice_t$ 代表第 t 期的粳稻集贸市场价格，$M2_t$ 表示第 t 期的货币与准货币供应量，$Rate_t$ 表示第 t 期美元对人民币的汇率，SSE_t 表示第 t 期上证指数，$Futures_t$ 表示第 t 期的期货价格，$Wheat\_Futures_t$ 表示第 t 期的小麦期货市场价格，$Corn\_Futures_t$ 表示第 t 期玉米期货市场价格，

$Soybean\_Futures_t$ 表示第 t 期大豆期货市场价格，$JaponicaRice\_Futures_t$ 表示第 t 期粳稻期货市场价格，u_t 为随机干扰项。t 为时间。

为了验证 H3，即地缘政治风险会通过影响粮食金融化间接影响粮食价格，本书借鉴温忠麟（2014）关于中介效应的检验方法，构建如下回归模型：

$$PRICE_t = \alpha_0 + \alpha_1 GPR_t + \alpha_2 CPI_t + \alpha_3 Intgp_t + \alpha_4 Intnp_t + \varepsilon_t$$

$$(5-1)$$

$$M2_t = \beta_0 + \beta_1 GPR_t + \beta_2 CPI_t + \beta_3 Intgp_t + \beta_4 Intnp_t + \varepsilon_t \qquad (5-2)$$

$$Rate_t = \gamma_0 + \gamma_1 GPR_t + \gamma_2 CPI_t + \gamma_3 Intgp_t + \gamma_4 Intnp_t + \varepsilon_t \qquad (5-3)$$

$$SSE_t = \delta_0 + \delta_1 GPR_t + \delta_2 CPI_t + \delta_3 Intgp_t + \delta_4 Intnp_t + \varepsilon_t \qquad (5-4)$$

$$Futures_t = \eta_0 + \eta_1 GPR_t + \eta_2 CPI_t + \eta_3 Intgp_t + \eta_4 Intnp_t + \varepsilon_t \qquad (5-5)$$

$$PRICE_t = \varphi_0 + \varphi_1 GPR_t + \varphi_2 M2_t + \varphi_3 Rate_t + \varphi_4 SSE_t + \varphi_5 Futures_t$$
$$+ \varphi_6 CPI_t + \varphi_7 Intgp_t + \varphi_8 Intnp_t + \varepsilon_t \qquad (5-6)$$

构建中介效应模型检验粮食金融化在地缘政治风险和粮食价格指数之间的作用机制。作用机制检验是用来验证地缘政治风险通过影响粮食金融化进而影响中国粮食价格的作用机制是否成立。其思路为：首先，验证地缘政治风险对粮食价格的影响是否显著，若显著，则继续验证模型 5-2 至模型 5-5 的显著性，即验证地缘政治风险对粮食金融化是否显著，若模型 5-2 至模型 5-5 未通过显著性检验，则作用机制检验就此结束，证明地缘政治风险、粮食金融化和粮食价格波动之间不存在作用机制，H3 不成立。若模型 5-2 至模型 5-5 通过了显著性检验，则进一步检验作用机制是否成立，若模型 5-6 的解释变量显著，则证明作用机制存在。

二、变量选择

（一）被解释变量：粮食价格

本章研究中对粮食价格选取了两个度量指标：一是基于总体考量的角度，选取粮食价格指数来研究地缘政治风险、粮食金融化对其冲击影响；二是基于分类对比的考量，选取粳稻、大豆、玉米、小麦四种具有代表性的粮食价格来考察地缘政治风险、粮食金融化对其冲击影响。其中，粮食价格指数采用粮食价格总指数来衡量，四种粮食价格均采用集贸市场价格来衡量。

（二）解释变量：地缘政治风险指数

我国的地缘政治风险指数来自 Caldara 和 Iacoviello 所构建的全球和中国地缘政治风险指数。

（三）中介变量：粮食金融化

本书选取粮食金融化作为中介变量。2006 年国际粮价出现了频繁的大幅波动，随后 2008 年爆发的全球金融危机使得粮食金融化这一概念深入人心。近些年，金融及金融衍生品不断向粮食市场渗透，导致粮食商品的金融属性逐步增强，受到学术界的广泛关注和研究。总的来说，粮食金融化是一种动态演变趋势，而不是静止的。借鉴多数学者的做法（温铁军等，2014；李援亚等，2016；张鹏等，2018；谢家智等，2018；陈秀兰等，2019；王东等，2021），本书从货币市场、期货市场、外汇市场以及证券市场四个方面来描述粮食金融化，其中货币市场选用货币和准货币供应量来衡量，外汇市场用美元对人民币汇率来衡量，证券市场选用上证指数来衡量，期货市场选用各粮食品种的期货价格来衡量。由于粮食价格并没有对应的期货价格，本书选用粳稻、大豆、玉米、小麦四种粮食品种的生产量作为权重，对四种粮食品种的期货价格进行加权求和得到粮食期货价格。

（四）控制变量

本书选取居民消费价格指数、国际粮食价格、国际能源价格作为控制变量，具体的选取理由已经在前文中介绍过了，这里就不再多加赘述。具体变量定义及符号如表 5-1 所示。

表 5-1　变量定义及符号

变量名称	变量符号	度量指标
粮食价格指数	$PRICE$	选取粮食价格总指数
粳稻价格	$JaponicaRice$	选取粳稻的集贸市场价格来衡量
小麦价格	$Wheat$	选取小麦的集贸市场价格来衡量
玉米价格	$Corn$	选取玉米的集贸市场价格来衡量
大豆价格	$Soybean$	选取大豆的集贸市场价格来衡量

（续）

变量名称	变量符号	度量指标
地缘政治风险	GPR	选取 Caldara 等所构建的全球和中国地缘政治风险指数来衡量
货币市场	$\ln M2$	选取货币和准货币供应量的对数来衡量
证券市场	$\ln SSE$	选取上证指数的对数来衡量
外汇市场	$Rate$	美元对人民币汇率
期货市场	$\ln Futures$	选用粳稻、大豆、玉米、小麦四种粮食品种的生产量作为权重，对四种粮食品种期货价格进行加权求和得到粮食期货价格
粳稻期货市场	$\ln JaponicaRice\_Futures$	选用粳稻期货价格的对数来衡量
大豆期货市场	$\ln Soybean\_Futures$	选用大豆期货价格的对数来衡量
玉米期货市场	$\ln Corn\_Futures$	选用玉米期货价格的对数来衡量
小麦期货市场	$\ln Wheat\_Futures$	选用小麦期货价格的对数来衡量
居民消费水平	CPI	选用居民消费价格指数来衡量
国际粮食价格	$\ln Intgp$	选取美国的大豆价格的对数来衡量
国际能源价格	$\ln Intnp$	选取国际的原油价格的对数来衡量

注：变量选取及说明由笔者整理。

变量的描述性统计结果如表 5-2 所示。被解释变量粮食价格指数，粳稻、大豆、玉米以及小麦的集贸市场价格，解释变量地缘政治风险指数，控制变量国际粮食价格和国际原油价格的相关描述性统计已经在第四章进行了详细说明，这里就不再多加赘述。本节主要介绍一下粮食金融化四个度量指标的描述性统计（均为对数值形式），具体分析如下。

货币与准货币供应量平均值为 13.59，最小值为 12.15，最大值为 14.68，两者之间的差距还是比较大的，这在一定程度上说明货币和准货币供应量的样本变动比较明显。偏度为 -0.31，值小于 0，峰度为 1.76，值大于 0，说明货币和准货币供应量的样本分布整体上比较陡峭且呈现左偏态的趋势。

　　上证指数平均值为 7.82，最大值为 8.69，最小值为 6.97。偏度为 -0.52，值小于 0，峰度为 2.75，值大于 0，说明上证指数对数的样本分布整体上比较陡峭且呈现左偏态的趋势。

　　美元对人民币汇率的均值为 6.97，最大值为 8.28，最小值为 6.10，偏度为 0.77，峰度为 2.22，两者均大于 0，说明美元对人民币汇率的样本分布整体上比较陡峭且呈现右偏态的趋势。

　　粮食期货价格平均值为 7.29，最大值为 7.70，最小值为 5.91，两者之间的差距还是比较大的，这在一定程度上说明粮食期货价格变动比较明显。偏度为 -1.18，值小于 0，峰度为 6.28，值大于 0，说明粮食价格指数的样本分布整体上比较陡峭且呈现左偏态的趋势。

　　粳稻期货价格、大豆期货价格以及小麦期货价格的平均值分别为 8.01、8.25、7.75。偏度分别为 -0.33、-0.17、-0.61，均小于 0，峰度分别为 2.95、2.57、2.07，均大于 0，说明粳稻期货价格、大豆期货价格、小麦期货价格的样本分布整体上比较陡峭且呈现左偏态的趋势。玉米期货价格平均值为 5.96，最大值为 6.69，最小值为 5.23。偏度为 0.07，峰度为 2.50，两者均大于 0，说明玉米期货价格的样本分布整体上比较陡峭且呈现右偏态的趋势。

　　居民消费价格指数的平均值为 2.51%，最大值为 8.70%，最小值为 -1.80%。偏度为 0.78，峰度为 4.02，两者均大于 0，说明居民消费价格指数的样本分布整体上比较陡峭且呈现右偏态的趋势。

　　整体来看，所有变量并没有出现异常值，可以进行回归检验；并且所有变量的 JB 检验的 p 值均在 5% 的显著性水平下通过了检验，说明所有变量的样本分布基本上符合正态分布。

表 5 - 2　变量描述性统计

变量	平均值	最小值	中位数	最大值	方差	偏度	峰度	JB 值	p 值	观察值
PRICE	101.80	100.22	101.40	105.18	1.37	1.02	2.97	39.55	0.00	228
JaponicaRice	2.62	1.12	3.07	3.28	0.67	-0.68	1.94	28.14	0.00	228
Wheat	2.15	1.08	2.34	2.91	0.50	-0.54	1.95	21.39	0.00	228
Corn	1.96	1.05	2.00	2.87	0.45	-0.15	2.12	8.22	0.02	228
Soybean	5.35	2.71	5.97	7.56	1.20	-0.61	2.23	19.63	0.00	228

（续）

变量	平均值	最小值	中位数	最大值	方差	偏度	峰度	JB 值	p 值	观察值
GPR	0.53	0.21	0.47	1.52	0.25	1.27	4.46	81.64	0.00	228
$\ln M2$	13.59	12.15	13.73	14.68	0.77	−0.31	1.76	18.28	0.00	228
$\ln SSE$	7.82	6.97	7.92	8.69	0.36	−0.52	2.75	11.03	0.00	228
$Rate$	6.97	6.10	6.83	8.28	0.72	0.77	2.22	28.08	0.00	228
$\ln Futures$	7.29	5.91	7.31	7.70	0.28	−1.18	6.28	155.50	0.00	228
$\ln JaponicaRice\_Futures$	8.01	7.76	8.03	8.22	0.10	−0.33	2.95	1.75	0.42	96
$\ln Wheat\_Futures$	8.25	7.81	8.25	8.75	0.21	−0.17	2.57	2.80	0.25	228
$\ln Corn\_Futures$	5.96	5.23	5.92	6.69	0.35	0.07	2.50	2.52	0.28	228
$\ln Soybean\_Futures$	7.75	7.34	7.83	8.05	0.18	−0.61	2.07	21.93	0.00	226
CPI	2.51%	−1.80%	2.10%	8.70%	1.88	0.78	4.02	32.98	0.00	228
$\ln Intgp$	5.10	4.43	5.10	5.67	0.30	−0.28	2.34	7.16	0.03	228
$\ln Intnp$	4.14	2.94	4.15	4.94	0.37	−0.39	2.80	6.11	0.05	228

注：变量描述性统计结果由笔者使用 STATA16 软件分析得出。

三、数据来源

为了研究地缘政治风险的影响，考虑到样本数据的可获得性及实证研究的需要，本书以中国 2003 年 1 月至 2021 年 12 月数据为研究样本进行实证研究。由于粳稻期货品种是在 2013 年 11 月才开始上市，所以对于粳稻品种的研究从 2014 年 1 月至 2021 年 12 月为样本区间进行研究。对于部分缺失的样本值，使用插值法进行补全，以确保数据的完整性和实证顺利进行。粮食价格指数来自月度的《中国统计年鉴》，粳稻、大豆、玉米、小麦的集贸市场价格来源于各年的《中国农产品价格调查年鉴》，地缘政治风险指数来自 Caldara 和 Iacoviello 所构建的全球和中国地缘政治风险指数，货币和准货币供应量、汇率来自 EPS 数据库，上证指数来自国泰安数据库，优质强筋小麦和粳稻的期货交易数据来自郑州商品交易所，大豆 1 号和玉米的期货交易相关数据来自大连商品交易所，居民消费价格指数来自国家统计局网站，国际粮食价格来自世界银行公布的数据，国际原油价格来自国泰安数据库。

第四节 实证分析

本部分的研究思路如下：①检验粮食金融化对粮食价格的影响。一是总体分析，以中国粮食价格指数为例，研究粮食金融化对粮食价格的影响；二是分类考察，以粳稻、大豆、玉米、小麦为例，分别估计粮食金融化对粳稻、大豆、玉米、小麦价格的影响。②通过中介效应模型检验粮食金融化在地缘政治风险对粮食价格影响过程中所起的中介作用。

具体实证做法如下：检验粮食金融化对粮食价格的影响的具体分析思路是：在借鉴现有文献的分析思路上，首先，采用时间序列 VAR 模型进行分析。第一，通过相关性检验分析变量之间是否具有相关性；第二，通过单位根检验分析所研究的时间序列是否平稳；第三，通过协整检验判断变量之间是否具有长期稳定的关系；第四，通过 VAR 模型估计粮食金融化与粮食价格波动之间的影响。其次，检验中介效应的做法。中介效应检验根据前文建立的实证模型进行估计，检验粮食金融化在地缘政治风险对粮食价格影响过程中所起的中介作用是否存在。

一、经典时间序列模型检验

（一）相关性检验

表 5-3 中显示了各变量间的相关关系。如表 5-3 所示，粮食价格指数与货币和准货币供应量、上证指数、粮食期货价格呈负相关，而与美元对人民币的汇率呈显著的正相关。大豆、玉米、小麦价格与货币和准货币供应量、上证指数、期货价格之间呈显著的正相关，而与美元对人民币的汇率呈显著的负相关。粳稻价格与货币和准货币供应量、上证指数之间呈显著的正相关，而与美元对人民币的汇率和粳稻的期货价格呈显著的负相关关系。

表 5-3　变量之间的相关关系检验

变量	PRICE	Japonica Rice	Wheat	Corn	Soybean	GPR	lnM2	lnSSE	Rate	lnFutures	lnJaponica Rice_Futures	lnWheat_Futures	lnCorn_Futures	lnSoybean_Futures	CPI	lnIntgp	lnIntrp
PRICE	1.000 0																
JaponicaRice	-0.180 0	1.000 0															
Wheat	-0.180 0	0.978 5	1.000 0														
Corn	-0.020 0	0.885 3*	0.893 6*	1.000 0													
Soybean	-0.180 0	0.918 0*	0.952 7*	0.912 9*	1.000 0												
GPR	-0.220 0	0.282 0	0.317 3	0.080 0	0.226 2*	1.000 0											
lnM2	-0.288 6*	0.950 3*	0.974 6*	0.818 7*	0.919 8*	0.415 8*	1.000 0										
lnSSE	-0.406 8*	0.557 2*	0.580 0*	0.545 4*	0.602 7*	0.190 0	0.628 6*	1.000 0									
Rate	0.090 0	-0.874 7*	-0.859 1*	-0.902 1*	-0.880 3*	-0.060 0	-0.793 3*	-0.593 8*	1.000 0								
lnFutures	-0.265 7*	0.872 8*	0.878 1*	0.752 0*	0.859 7*	0.250 0*	0.879 5*	0.615 5*	-0.747 2*	1.000 0							
lnJaponica Rice_Futures	0.120 0	-0.270 0	-0.637 6*	-0.566 3*	-0.673 7*	-0.100 0	-0.544 7*	-0.230 0	-0.050 0	0.603 7*	1.000 0						
lnWheat_Futures	0.010 0	0.692 1*	0.731 9*	0.872 6*	0.831 6*	0.020 0	0.656 6*	0.596 8*	-0.773 2*	0.662 4*	-0.557 7*	1.000 0					
lnCorn_Futures	-0.030 0	0.574 0*	0.556 6*	0.732 1*	0.656 0*	-0.040 0	0.479 8*	0.507 4*	-0.745 8*	0.485 7*	-0.495 0*	0.808 2*	1.000 0				
lnSoybean_Futures	-0.080 0	0.920 1*	0.909 8*	0.859 8*	0.890 9*	0.200 0	0.865 7*	0.585 8*	-0.871 7*	0.904 6*	0.000 0	0.771 1*	0.627 9*	1.000 0			
CPI	-0.040 0	-0.060 0	-0.110 0	-0.020 0	0.000 0	-0.160 0	-0.150 0	0.170 0	0.040 0	0.000 0	0.130 0	0.160 0	0.287 3*	-0.030 0	1.000 0		
lnIntgp	0.090 0	0.616 7*	0.619 3*	0.787 4*	0.734 0*	-0.110 0	0.520 5*	0.462 6*	-0.796 4*	0.566 5*	-0.250 0	0.887 7*	0.879 6*	0.708 6*	0.190 0	1.000 0	
lnIntrp	-0.040 0	0.236 5*	0.190 0	0.387 7*	0.276 2*	-0.180 0	0.090 0	0.200 0	-0.463 9*	0.100 0	0.070 0	0.430 6*	0.628 5*	0.200 0	0.372 8*	0.572 8*	1.000 0

注：①变量之间的相关关系检验结果由笔者使用 STATA 16 软件分析得出。②"*"表示在 10%显著水平上显著，"**"表示在 5%显著水平上显著，"***"表示在 1%显著水平上显著。

（二）单位根检验

要求所研究的序列平稳是研究时间序列数据的前提，这是因为如果把非平稳的序列直接用来分析，可能会出现伪回归现象。因为每种方法在检验单位根时都有各自的优缺点，为了保证检验结果更准确，本章使用 Fisher-ADF 检验法和 Phillips-Perron 检验法两种方法进行单位根检验，以判断样本数据是否平稳。具体检验结果如表 5-4 所示。

表 5-4 变量原序列单位根检验结果

变量	Fisher-ADF	Phillips-Perron	结论
$PRICE$	$-2.747\,0^*$	$-2.539\,5$	不平稳
	$(0.067\,8)$	$(0.107\,5)$	
$JaponicaRice$	$-2.828\,9^*$	$-2.782\,6^*$	平稳
	$(0.055\,8)$	$(0.062\,4)$	
$Soybean$	$-1.372\,8$	$-1.396\,1$	不平稳
	$(0.595\,3)$	$(0.583\,9)$	
$Corn$	$-1.385\,5$	$-1.273\,5$	不平稳
	$(0.589\,1)$	$(0.642\,1)$	
$Wheat$	$-1.508\,1$	$-1.427\,3$	不平稳
	$(0.527\,9)$	$(0.568\,5)$	
GPR	$-3.354\,5^{**}$	$-7.162\,7^{***}$	平稳
	$(0.013\,7)$	$(0.000\,0)$	
$\ln M2$	$-1.986\,7$	$-4.072\,2^{**}$	不平稳
	$(0.292\,6)$	$(0.001\,3)$	
$\ln SSE$	$-1.702\,6$	$-2.218\,0$	不平稳
	$(0.428\,6)$	$(0.200\,5)$	
$Rate$	$-1.654\,3$	$-1.621\,3$	不平稳
	$(0.453\,1)$	$(0.470\,0)$	
$\ln Futures$	$-5.099\,9^{***}$	$-5.060\,6^{***}$	平稳
	$(0.000\,0)$	$(0.000\,0)$	
$\ln JaponicaRice\_Futures$	$-2.965\,1^*$	$-2.744\,6^*$	平稳
	$(0.041\,9)$	$(0.070\,4)$	
$\ln Soybean\_Futures$	$-1.925\,1$	$-1.759\,8$	不平稳
	$(0.320\,4)$	$(0.399\,9)$	

（续）

变量	Fisher-ADF	Phillips-Perron	结论
ln$Corn\_Futures$	−1.993 5	−2.121 4	不平稳
	(0.289 6)	(0.236 5)	
ln$Wheat\_Futures$	−1.480 8	−1.523 6	不平稳
	(0.541 7)	(0.520 0)	
CPI	−2.962 9**	−3.357 9**	平稳
	(0.040 1)	(0.013 5)	
ln$Intgp$	−2.834 0*	−2.554 5	不平稳
	(0.055 2)	(0.104 1)	
ln$Intnp$	−3.007 4**	−2.769 8*	平稳
	(0.035 7)	(0.064 3)	

注：①变量原序列单位根检验结果由笔者使用STATA16软件分析得出。②"*"表示在10%显著水平上显著，"**"表示在5%显著水平上显著，"***"表示在1%显著水平上显著。

如表5-4所示，被解释变量粳稻的集贸市场价格，中介变量粮食期货价格、粳稻期货价格，解释变量地缘政治风险指数以及控制变量居民消费价格指数、国际能源价格均通过了 Fisher-ADF 检验和 Phillips-Perron 检验，说明变量是平稳的，其余的变量并没有通过 Fisher-ADF 检验和 Phillips-Perron 检验，表明这些变量的原序列表现出不平稳的特征。但是，在进行协整检验之前，要确保所有的变量都必须是平稳的，因此对原始变量序列进行一阶差分之后再进行相应的单位根检验。表5-5呈现出变量一阶差分后的单位根检验结果，从表所呈现的检验结果可以看出，在1%的显著性水平下，各个变量都通过了 Fisher-ADF 检验和 Phillips-Perron 检验，说明各变量都是一阶差分平稳的，且这种平稳均带有趋势项。

表5-5　变量一阶差分后的单位根检验

变量	Fisher-ADF	Phillips-Perron	结论
$PRICE$	−12.242 8***	−12.439 2***	平稳
	(0.000 0)	(0.000 0)	
$JaponicaRice$	−11.820 8***	−12.099 8***	平稳
	(0.000 0)	(0.000 0)	
$Soybean$	−7.944 1***	−8.480 4***	平稳
	(0.000 0)	(0.000 0)	

（续）

变量	Fisher-ADF	Phillips-Perron	结论
Corn	−8.801 9***	−8.742 5***	平稳
	(0.000 0)	(0.000 0)	
Wheat	−10.563 3***	−10.524 5***	平稳
	(0.000 0)	(0.000 0)	
GPR	−9.792 2***	−37.166 6***	平稳
	(0.000 0)	(0.000 1)	
ln*M2*	−12.898 8***	−15.807 7***	平稳
	(0.000 0)	(0.000 0)	
ln*SSE*	−13.272 0***	−13.777 8***	平稳
	(0.000 0)	(0.000 0)	
Rate	−8.515 5***	−8.542 8***	平稳
	(0.000 0)	(0.000 0)	
ln*Futures*	−14.380 1***	−14.365 8***	平稳
	(0.000 0)	(0.000 0)	
ln*JaponicaRice Futures*	−10.909 3***	−14.877 9***	平稳
	(0.000 0)	(0.000 1)	
ln*Soybean Futures*	−12.070 8***	−12.048 6***	平稳
	(0.000 0)	(0.000 0)	
ln*Corn Futures*	−15.920 7***	−15.903 7***	平稳
	(0.000 0)	(0.000 0)	
ln*Wheat Futures*	−12.669 2***	−12.537 9***	平稳
	(0.000 0)	(0.000 0)	
CPI	−7.447 8***	−13.954 2***	平稳
	(0.000 0)	(0.000 0)	
ln*Intgp*	−8.259 9***	−15.251 0***	平稳
	(0.000 0)	(0.000 0)	
ln*Intnp*	−12.613 3***	−12.423 3***	平稳
	(0.000 0)	(0.000 0)	

注：①变量一阶养分后的单位根检验结果由笔者使用 STATA16 软件分析得出。②" * "表示在 10%显著水平上显著，" *** "表示在 5%显著水平上显著，" **** "表示在 1%显著水平上显著。

平稳性是分析时间序列的一个重要前提，如表 5-4 和表 5-5 所示，大部分的变量至少需要通过一阶差分之后才能够达到平稳的要求，这说明数据整体的变动幅度比较均衡，数据幅度变化的情况可以说明数据整体的变化情况，反映数据的变动风格。单位根检验的结果表明，数据整体一阶差分平稳，可以进行下一步的分析讨论，利用该数据所得到的结果是可靠的。

（三）协整检验

有无协整关系是确定变量之间是否具有长期均衡稳定的关系基础。表 5 - 6 展示了协整检验的结果。根据 Johansen 协整检验结果可以知道，在 5% 的显著性水平下，粮食价格指数和小麦集贸市场价格拒绝了存在零个、最多存在一个、最多存在两个协整向量的假设，但是无法拒绝最多存在三个协整关系的原假设，这说明粮食价格指数、小麦集贸市场价格与粮食金融化之间存在至少两个协整关系。粳稻的集贸市场价格无法拒绝存在零个协整向量的假设。大豆的集贸市场价格拒绝了存在零个、最多存在一个协整向量的假设，但是无法拒绝最多存在两个协整关系的原假设，这说明粮食价格指数与粮食金融化之间存在至少一个协整关系。玉米集贸市场价格拒绝了存在零个协整向量的假设，但是无法拒绝最多存在一个协整关系的原假设，这说明玉米集贸市场和粮食金融化之间存在至少零个长期的协整关系。

表 5 - 6　Johansen 协整检验

原假设	特征值	迹统计量	5%临界值	p 值
粮食价格指数				
存在零个	0.153 141	94.456 190	69.818 890	0.000 2
最多存在一个	0.113 836	57.388 980	47.856 130	0.005 0
最多存在二个	0.084 916	30.438 740	29.797 070	0.042 1
最多存在三个	0.029 100	10.649 740	15.494 710	0.234 0
最多存在四个	0.018 060	4.064 224	3.841 465	0.043 8
粳稻				
存在零个	0.224 611	59.958 770	69.818 890	0.236 6
最多存在一个	0.166 317	36.809 290	47.856 130	0.356 6
最多存在二个	0.145 875	20.256 170	29.797 070	0.405 6
最多存在三个	0.061 186	5.907 530	15.494 710	0.706 4
最多存在四个	0.001 778	0.161 938	3.841 465	0.687 4

（续）

大豆				
原假设	特征值	迹统计量	5%临界值	p 值
存在零个	0.161 365	91.251 320	69.818 890	0.000 4
最多存在一个	0.115 008	52.007 720	47.856 130	0.019 4
最多存在二个	0.060 216	24.762 330	29.797 070	0.170 1
最多存在三个	0.033 757	10.912 860	15.494 710	0.216 9
最多存在四个	0.014 490	3.254 957	3.841 465	0.071 2
玉米				
原假设	特征值	迹统计量	5%临界值	p 值
存在零个	0.128 799	73.169 240	69.818 890	0.026 3
最多存在一个	0.091 070	42.421 410	47.856 130	0.147 3
最多存在二个	0.064 213	21.127 660	29.797 070	0.349 7
最多存在三个	0.017 519	6.327 767	15.494 710	0.656 8
最多存在四个	0.010 644	2.386 396	3.841 465	0.122 4
小麦				
原假设	特征值	迹统计量	5%临界值	p 值
存在零个	0.186 249	96.662 350	69.818 890	0.000 1
最多存在一个	0.087 022	51.113 930	47.856 130	0.023 9
最多存在二个	0.084 265	30.993 360	29.797 070	0.036 3
最多存在三个	0.037 248	11.539 190	15.494 710	0.180 4
最多存在四个	0.014 153	3.150 212	3.841 465	0.075 9

注：Johanen 协整检验结果由笔者使用 STATA16 软件分析得出。

二、粮食金融化对粮食价格影响的总体估计 VAR 模型

根据研究目的，本书首先以国内粮食价格指数为例进行分析，根据时间序列模型估计方法，具体分析步骤如下。

第一，滞后阶数的选择。在进行 VAR 模型建模之前，需要确定变量的最优滞后阶数。本章节使用信息准则来确定模型的最优滞后阶数。表 5-7 展示了信息准则的结果，可以看出，VAR 模型的最优滞后阶数为 2 阶。

表 5-7　信息准则

滞后阶数	似然函数	似然比检验	自由度	p 值	最终预测误差	AIC	HQIC	SBIC
0				−550.507	0.000 1	4.982 12	5.012 96	5.058 52
1	1 718.71	4 538.400	25	0	1.80E-13	−15.145 40	−14.960 30	−14.687 00*
2	1 769.87	102.330	25	0	1.40E-13*	−15.380 00*	−15.040 80*	−14.539 70
3	1 785.45	31.158	25	0.184	1.60E-13	−15.295 50	−14.802 10	−14.073 20
4	1 807.56	44.215	25	0.010	1.60E-13	−15.269 60	−14.622 00	−13.665 30
5	1 830.93	46.745*	25	0.005	1.60E-13	−15.255 00	−14.453 20	−13.268 70

注：①信息准则检验结果由笔者使用 STATA 16 软件分析得出。②"*"表示在10%显著水平上显著，"**"表示在5%显著水平上显著，"***"表示在1%显著水平上显著。

第二，VAR 回归模型。根据信息准则，选择滞后 2 期建立粮食价格与粮食金融化之间的 VAR（2）模型，然后对 VAR（2）模型进行回归。由于空间有限这里就不再详细展示。

进一步，通过特征值检验该 VAR（2）系统是否为平稳的过程。如果所有的特征值都在单位圆内部，则可以认为该 VAR（2）系统是一个平稳的过程。如表 5-8 和图 5-7 所示，所有的特征值均在单位圆之内，因此，可以表明 VAR（2）模型是稳定的。因此，可以进行脉冲响应函数分析和方差分解。

表 5-8　特征值

特征值			模数
0.995 689 4			0.995 689
0.982 663 4			0.982 663
0.918 905 9	＋	0.014 200 55i	0.919 016
0.918 905 9	−	0.014 200 55i	0.919 016
0.506 985 5			0.506 986
0.435 992 9			0.435 993
0.228 520 3	＋	0.128 232 1i	0.262 040
0.228 520 3	−	0.128 232 1i	0.262 040
−0.235 238 0			0.235 238
0.022 928 2			0.022 928

注：特征值检验结果由笔者使用 STATA16 软件分析得出。

第三，格兰杰因果检验。格兰杰因果检验的目的在于研究解释变量与被解释变量间的因果联系。检验结果如表 5-9 所示。从表中可以看出被解释变量 $PRICE$ 不是解释变量 $\ln M2$、$Rate$、$\ln Futures$ 的格兰杰原因，是解释变量 $\ln SSE$ 的格兰杰原因。解释变量 $\ln M2$ 是被解释变量 $PRICE$ 的格兰杰原因，解释变量 $\ln SSE$、$Rate$、$\ln Futures$ 不是 $PRICE$ 的格兰杰原因。总的来说，变量 $PRICE$ 和 $\ln SSE$、$\ln M2$ 之间存在单向的因果关系。

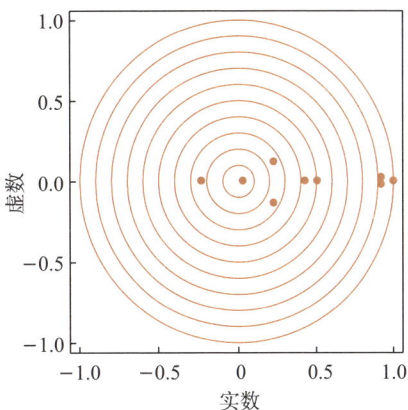

图 5-7 特征值检验

注：特征值检验结果由笔者使用 STATA16 软件分析得出。

表 5-9 格兰杰因果检验

方程	排除变量	F 值	自由度	样本值	p 值>F 值
$PRICE$	$\ln M2$	0.627 65	2	212	0.534 8
$PRICE$	$\ln SSE$	2.692 50	2	212	0.070 0
$PRICE$	$Rate$	0.027 90	2	212	0.972 5
$PRICE$	$\ln Futures$	0.846 73	2	212	0.430 3
$\ln M2$	$PRICE$	3.700 60	2	212	0.026 3
$\ln SSE$	$PRICE$	1.291 80	2	212	0.276 9
$Rate$	$PRICE$	0.340 27	2	212	0.712 0
$\ln Futures$	$PRICE$	1.465 00	2	212	0.233 4

注：格兰杰因果检验结果由笔者使用 STATA16 软件分析得出。

第四，脉冲响应函数分析。利用脉冲响应函数图，对 VAR（2）模型进行分析，粮食价格指数的脉冲响应函数图如图 5-8 所示。我们首先分析粮食价格指数对上证指数冲击所作出的反应。图中实线表示粮食价格指数受到冲击之后的实际走势，阴影部分表示当冲击加大之后粮食价格指数的走势。从图 5-8a 中可以看出，当上证指数对数变动一个单位时粮食价格指数会先做出一个正向的反应，然后大概到第 4 期之后开始有一个负向的反应，并且这种负向的反应大小在缓慢变大。接下来，分析粮食价格指数对货币和准货币供应量对数冲击所做出的反应。从图 5－8b 中可以看出，当货币和准货币供应量对数变动一个单位时，粮食价格指数会做出一个负向的反应，并且随着期数的不断增加，逐渐趋向于－0.01。并且当冲击加大之后，粮食价格指数会做出正向反应还是负向反应并不确定。之后，分析粮食价格指数对美元对人民币汇率冲击所做出的反应。从图 5－8c 中可以看出，当汇率变动一个单位时，粮食价格指数会做出一个负向的反应，但是这种反应会随着期数的增加逐渐趋向于 0。最后，分析粮食价格指数对粮食期货价格冲击所做出的反应。从图 5－8d 中可以看出，当粮食期货价格变动一个单位时，粮食价格指数会做出一个负向的反应，这种反应会随着期数的增加缓慢趋向于－0.025。由此可以看出，粮食金融化对粮食价格的冲击十分显著。

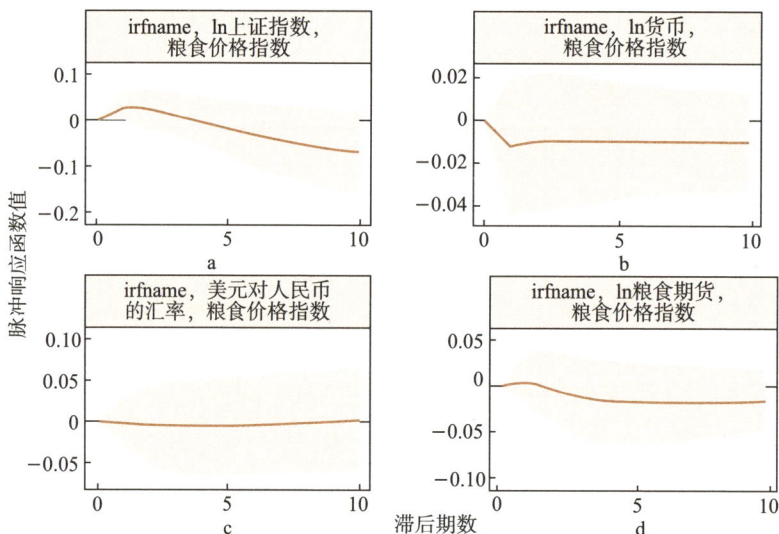

图 5－8　粮食价格对粮食金融化的脉冲反应

注：粮食价格对粮食金融化的脉冲反应结果由笔者使用 STATA16 软件分析得出。

第五，方差分解。表 5－10 展示了方差分解的结果。如表 5－10 所示，粮食价格指数变动的过程中，随着期数的不断增加，其自身能够解释的部分开始逐渐下降，从第一期的 1 下降到第十期的 0.976 603，虽然所占比重有所下降，但是仍然占据主要部分。由货币与准货币供应量、上证指数、美元对人民币汇率、粮食期货价格所解释的比重开始缓慢增加。到了第十期，所占比重分别为 0.001 461、0.018 070、0.000 247、0.003 620。按从大到小依次是上证指数对数、货币和准货币供应量对数、粮食期货价格对数、美元对人民币汇率。上证指数是除粮食价格指数自身之外主要的原因。

表5-10　方差分解

期数	（1）	（2）	（3）	（4）	（5）
1	1.000 000	0.000 000	0.000 000	0.000 000	0.000 000
2	0.994 246	0.000 858	0.004 710	0.000 004	0.000 181
3	0.993 847	0.000 975	0.004 965	0.000 077	0.000 137
4	0.994 177	0.001 050	0.004 080	0.000 172	0.000 521
5	0.994 047	0.001 100	0.003 427	0.000 247	0.001 180
6	0.993 009	0.001 153	0.003 687	0.000 284	0.001 866
7	0.990 843	0.001 217	0.005 187	0.000 289	0.002 464
8	0.987 416	0.001 290	0.008 071	0.000 276	0.002 947
9	0.982 667	0.001 372	0.012 376	0.000 258	0.003 326
10	0.976 603	0.001 461	0.018 070	0.000 247	0.003 620

注：①表格中（1）irfname＝irfname，impulse＝$PRICE$，and response＝$PRICE$；（2）irfname＝irfname，impulse＝ln$M2$，and response＝$PRICE$；（3）irfname＝irfname，impulse＝lnSSE，and response＝$PRICE$；（4）irfname＝irfname，impulse＝$Rate$，and response＝$PRICE$；（5）irfname＝irfname，impulse＝ln$Futures$，and response＝$PRICE$。②方差分解检验结果由笔者使用STATA16软件分析得出。

综上所述，这里验证了H2，即粮食金融化对粮食价格具有十分显著的影响。

三、四大主要粮食品种的分类 VAR 估计

根据研究内容安排，本书对粳稻、大豆、玉米和小麦分别进行 VAR 分析，以便检验粮食金融化对四类主粮价格波动是否存在差异性，在前面已经对四类主粮时间序列平稳性检验的基础上，这里直接进行 VAR 分析。

第一，滞后阶数的选择。本书使用信息准则来确定 VAR 模型的最优滞后阶数。表5-11 展示了信息准则的结果。根据信息准则，粳稻、玉米、小麦的价格与粮食金融化之间的 VAR 模型的最优滞后阶数为 2 阶，大豆价格与粮食金融化之间的 VAR 模型的最优滞后阶数为 5 阶。

表 5 - 11　信息准则

滞后阶数	似然函数	似然比检验	自由度	p 值	最终预测误差	AIC	HQIC	SBIC
粳稻								
0				374.641	2.00E-10	−8.123 97	−8.068 31	−7.986 01
1	948.084	1 146.900	25	0.000	1.20E-15	−20.177 70	−19.843 70*	−19.349 90*
2	975.515	54.861*	25	0.001	1.10E-15*	−20.231 10*	−19.618 90	−18.713 50
3	989.845	28.662	25	0.278	1.40E-15	−19.996 60	−19.106 10	−17.789 30
4	1 007.450	35.215	25	0.084	1.70E-15	−19.834 10	−18.665 30	−16.937 00
5	1 022.880	30.856	25	0.194	2.20E-15	−19.623 80	−18.176 60	−16.036 80
大豆								
0				−297.528	0.000 01	2.713 26	2.744 10	2.789 65
1	2 050.740	4 696.500	25	0.000	9.30E-15	−18.123 20	−17.938 20	−17.664 90*
2	2 103.300	105.120	25	0.000	7.20E-15	−18.370 40	−18.031 20*	−17.530 10
3	2 123.590	40.579	25	0.025	7.60E-15	−18.328 10	−17.834 70	−17.105 80
4	2 153.570	59.955	25	0.000	7.20E-15	−18.372 80	−17.725 20	−16.768 50
5	2 181.060	54.987*	25	0.000	7.10E-15*	−18.395 20*	−17.593 30	−16.408 90
玉米								
0				−310.685	0.000 012	2.831 26	2.862 10	2.907 65
1	2 001.330	4 624.000	25	0.000	1.40E-14	−17.680 10	−17.495 10	−17.221 70
2	2 074.850	147.030	25	0.000	9.30E-15	−18.115 20	−17.776 00*	−17.274 90*
3	2 098.770	47.855	25	0.004	9.40E-15	−18.105 60	−17.612 20	−16.883 30
4	2 133.070	68.598	25	0.000	8.70E-15*	−18.189 00*	−17.541 40	−16.584 70
5	2 155.470	44.798*	25	0.009	8.90E-15	−18.165 70	−17.363 80	−16.179 40
小麦								
0				131.025	2.20E-07	−1.140 50	−1.109 46	−1.063 62
1	2 312.600	4 363.100	25	0.000	7.40E-16	−20.657 00	−20.470 70	−20.195 70
2	2 382.210	139.230	25	0.000	4.90E-16*	−21.060 80*	−20.719 30*	−20.215 10*
3	2 395.280	26.143	25	0.400	5.50E-16	−20.952 80	−20.456 10	−19.722 70
4	2 418.470	46.367	25	0.000	5.60E-16	−20.936 40	−20.284 50	−19.321 90
5	2 451.190	65.449*	25	0.000	5.20E-16	−21.006 30	−20.199 10	−19.007 30

注：①信息准则检验结果由笔者使用 STATA16 软件分析得出。②"*"表示在 10% 显著水平上显著，"**"表示在 5% 显著水平上显著，"***"表示在 1% 显著水平上显著。

第二，VAR 回归模型。根据信息准则，选择滞后 2 期建立粳稻、玉米、小麦的粮食价格与粮食金融化之间的 VAR（2）模型，选择滞后 5 期建立大豆价格与粮食金融化之间的 VAR（5）模型。受篇幅所限，这里就不再详细展示 VAR 模型回归结果。接下来，为了检验残差是否为白噪声，即残差是否存在自相关，本节进行残差项自相关检验。检验结果如表 5 - 12 所示。从结果中可以看出粳稻、大豆、玉米、小麦的价格和粮食金融化之间的 VAR 模型可以接受"残差无自相关"的原假设，即可以认为 VAR 模型的残差项为白噪声。

表 5 - 12　LM 检验

滞后阶数	卡方检验	自由度	p 值＞卡方值
	粳稻		
1	28.186 4	25	0.299 35
2	22.556 3	25	0.603 45
	大豆		
1	4.281 3	4	0.621 80
5	8.102 9	4	0.213 40
	玉米		
1	4.962 9	4	0.291 13
2	7.874 8	4	0.196 27
	小麦		
1	8.013 0	4	0.191 10
2	12.874 7	4	0.111 90

注：①LM 检验结果由笔者使用 STATA16 软件分析得出。②由于篇幅有限，此处只显示大豆滞后 1 期与滞后 5 期的结果

进一步，通过特征值检验粳稻、玉米、小麦的价格与粮食金融化之间的 VAR（2）模型，大豆价格与粮食金融化之间的 VAR（5）模型是否为平稳的过程。如果所有的特征值都在单位圆内部，则可以认为这些 VAR 系统是一个平稳的过程。如图 5 - 9 所示，所有的特征值均在单位圆之内，因此，可以表明这些 VAR 系统是稳定的，因此可以进行脉冲响应函数分析和方差分解。

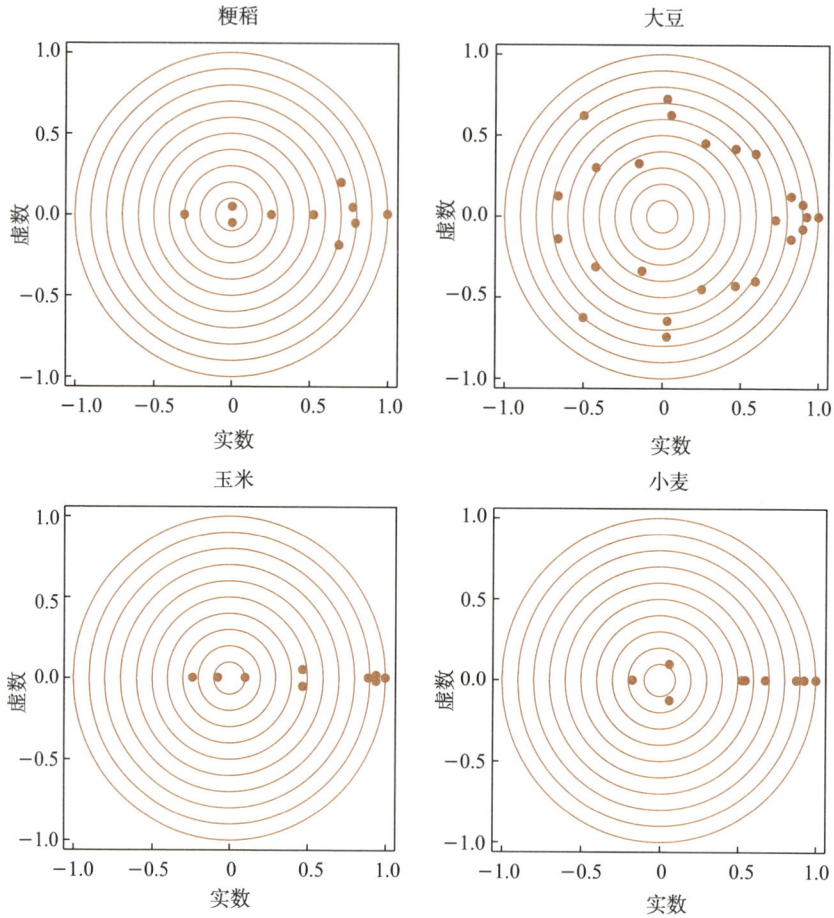

图 5-9 特征值检验

注：特征值单位圆检验结果由笔者使用 STATA16 软件分析得出。

第三，格兰杰因果检验。格兰杰因果检验的结果如表 5-13 所示。从表中可以看出，被解释变量 $JaponicaRice$ 不是解释变量 $\ln M2$、$\ln SSE$、$Rate$、$\ln JaponicaRice\_Futures$ 的格兰杰原因。解释变量 $\ln M2$ 是被解释变量 $JaponicaRice$ 的格兰杰原因，解释变量 $\ln SSE$、$Rate$、$\ln Futures$ 不是 $JaponicaRice$ 的格兰杰原因。被解释变量 $Soybean$ 不是解释变量 $\ln SSE$、$Rate$ 的格兰杰原因，但却是 $\ln M2$、$\ln Soybean\_Futures$ 的格兰杰原因。解释变量 $\ln M2$、$\ln SSE$、$Rate$、$\ln Soybean\_Futures$ 是被解释变量 $Soybean$ 的格兰杰原因。总的来

说，变量 *Soybean* 和 ln*M*2、ln*Soybean _ Futures* 之间存在双向的因果关系，变量 *Soybean* 和 ln*SSE*、*Rate* 之间存在着单项因果关系。被解释变量 *Corn* 不是解释变量 ln*SSE*、*Rate*、ln*Corn _ Futures* 的格兰杰原因，是 ln*M*2 的格兰杰原因。解释变量 ln*M*2 是被解释变量 *Corn* 的格兰杰原因，解释变量 ln*SSE*、*Rate*、ln*Corn _ Futures* 不是被解释变量 *Corn* 的格兰杰原因。总的来说，变量 *Corn* 和 ln*M*2 之间存在双向的因果关系。从表中可以看出被解释变量 *Wheat* 不是解释变量 *Rate* 的格兰杰原因，是 ln*M*2、ln*SSE*、ln*Wheat _ Futures* 的格兰杰原因。解释变量 ln*M*2 是被解释变量 *Wheat* 的格兰杰原因，解释变量 ln*SSE*、*Rate*、ln*Wheat _ Futures* 不是被解释变量 *Wheat* 的格兰杰原因。因此，变量 *Wheat* 和 ln*M*2 之间存在双向的因果关系，与 ln*SSE*、ln*Wheat _ Futures* 之间存在单向因果关系。

表 5 - 13　格兰杰因果检验

方程	排除变量	F 值	自由度	样本值	*p* 值＞F 值
粳稻					
JaponicaRice	ln*M*2	0. 401 17	2	80	0. 670 9
JaponicaRice	ln*SSE*	0. 376 53	2	80	0. 687 4
JaponicaRice	*Rate*	0. 665 32	2	80	0. 516 9
JaponicaRice	ln*JaponicaRice _ Futures*	1. 244 50	2	80	0. 293 6
ln*M*2	*JaponicaRice*	3. 838 40	2	80	0. 025 6
ln*SSE*	*JaponicaRice*	0. 044 51	2	80	0. 956 5
Rate	*JaponicaRice*	0. 209 89	2	80	0. 811 1
ln*JaponicaRice _ Futures*	*JaponicaRice*	1. 881 90	2	80	0. 159 0
大豆					
Soybean	ln*M*2	5. 238 40	5	194	0. 000 2
Soybean	ln*SSE*	0. 767 57	5	194	0. 574 2
Soybean	*Rate*	0. 559 67	5	194	0. 730 8
Soybean	ln*Wheat _ Futures*	4. 819 60	5	194	0. 000 3
ln*M*2	*Soybean*	4. 235 20	5	194	0. 001 1
ln*SSE*	*Soybean*	2. 151 40	5	194	0. 061 1
Rate	*Soybean*	0. 619 06	5	194	0. 685 4
ln*Wheat _ Futures*	*Soybean*	4. 767 70	5	194	0. 000 4

（续）

方程	排除变量	F 值	自由度	样本值	p 值＞F 值
玉米					
Corn	lnM2	2.620 50	2	212	0.075 1
Corn	lnSSE	1.734 50	2	212	0.179 0
Corn	Rate	1.241 50	2	212	0.291 0
Corn	lnCorn _ Futures	1.005 70	2	212	0.367 5
lnM2	Corn	3.398 80	2	212	0.035 2
lnSSE	Corn	0.570 46	2	212	0.566 1
Rate	Corn	0.662 48	2	212	0.516 6
lnCorn _ Futures	Corn	1.246 30	2	212	0.289 7
小麦					
Wheat	lnM2	7.775 70	2	210	0.000 6
Wheat	lnSSE	4.636 90	2	210	0.010 7
Wheat	Rate	1.994 40	2	210	0.138 7
Wheat	lnWheat _ Futures	13.874 00	2	210	0.000 0
lnM2	Wheat	3.817 80	2	210	0.023 5
lnSSE	Wheat	1.399 30	2	210	0.249 1
Rate	Wheat	0.819 68	2	210	0.442 0
lnWheat _ Futures	Wheat	0.218 58	2	210	0.803 8

注：格兰杰因果检验结果由笔者使用 STATA16 软件分析得出。

第四，脉冲响应函数分析。利用脉冲响应函数对粳稻、玉米、小麦的价格与粮食金融化之间的 VAR（2）模型，大豆价格与粮食金融化之间的 VAR（5）模型进行分析。

图 5-10 为粳稻价格与粮食金融化的脉冲响应图。第一，分析粳稻集贸市场价格对上证指数冲击的反应。图中实线表示粳稻集贸市场价格受到冲击之后的实际走势，阴影部分表示当冲击加大之后粳稻集贸市场价格的走势。从图 5-10a 中可以看出，当上证指数的对数变动一个单位时，粳稻集贸市场价格会做出一个正向的反应，并且这种反应整体呈现先缓慢上升后缓慢下降的趋势。第二，分析粳稻集贸市场价格对货币和准货币供应量冲击的反应。从图 5-10b 中可以看出，当货币和准货币供应量的对数增加一个单位时，粳稻集贸市场价

格先上升然后缓慢下降，缓慢趋向于 0，并且当冲击加大之后，粳稻集贸市场价格会做出正向反应还是负向反应并不确定。第三，分析粳稻价格对美元对人民币汇率冲击的反应。从图 5 - 10c 中可以看出，当美元对人民币的汇率变动一个单位时，粳稻价格会做出一个负向的反应，并且这种反应在前期比较大，然后开始缓慢减小。第四，分析粳稻价格对粳稻期货价格冲击的反应。从图中可以看出，当粳稻期货价格的对数变动一个单位时，粳稻价格会做出一个正向反应，然后缓慢趋向于 0。

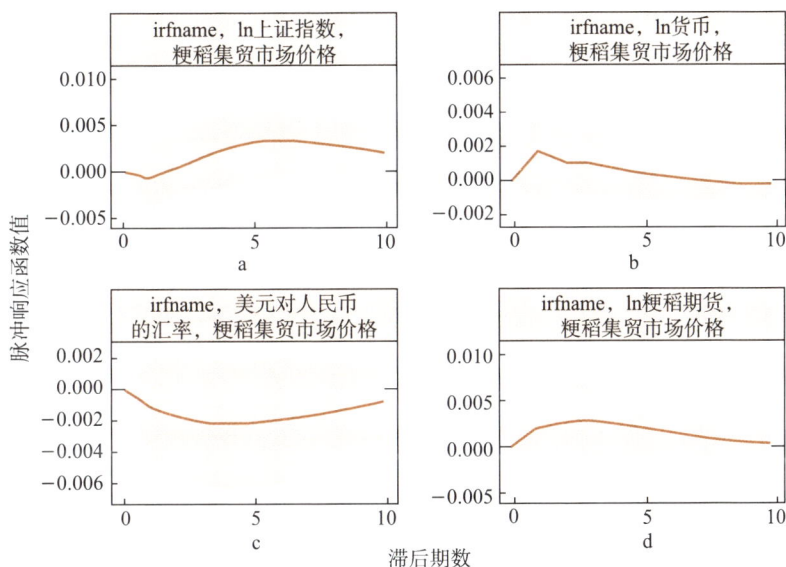

图 5 - 10　粳稻价格与粮食金融化的脉冲响应

图 5 - 11 为大豆价格与粮食金融化的脉冲响应图。第一，分析大豆价格对上证指数冲击所作出的反应。图中实线表示大豆价格受到冲击之后的实际走势，阴影部分表示当冲击加大之后大豆价格的走势。从图 5 - 11a 中可以看出，当上证指数的对数变动一个单位时大豆价格会给出一个正向的反应，并且这种反应会随着期数的增加而不断上升，最后趋于 0.03 左右。第二，分析大豆价格对货币与准货币供应量冲击所作出的反应。从图 5 - 11b 中可以看出，当货币与准货币供应量的对数变动一个单位时，大豆价格会给出一个正向反应，这种反应先上升后下降，最后趋于 0.05 左右；并且当这种冲击加大之后，大豆价格会做出正向反应还是负向反应并不确定。第三，分析大豆价格对汇率冲击

的反应。从图 5-11c 中可以看出，当汇率变动一个单位时，大豆价格会给出一个正向反向，这种反应在前期接近于 0，但是随着期数的增加会缓慢增大。第四，分析大豆价格对大豆期货价格冲击的反应。从图 5-11d 中可以看出，当大豆期货价格的对数变动一个单位时，大豆价格会给出一个正向反应，并且这种反应在前期增长速度较快，然后缓慢趋向于 0.025 左右。

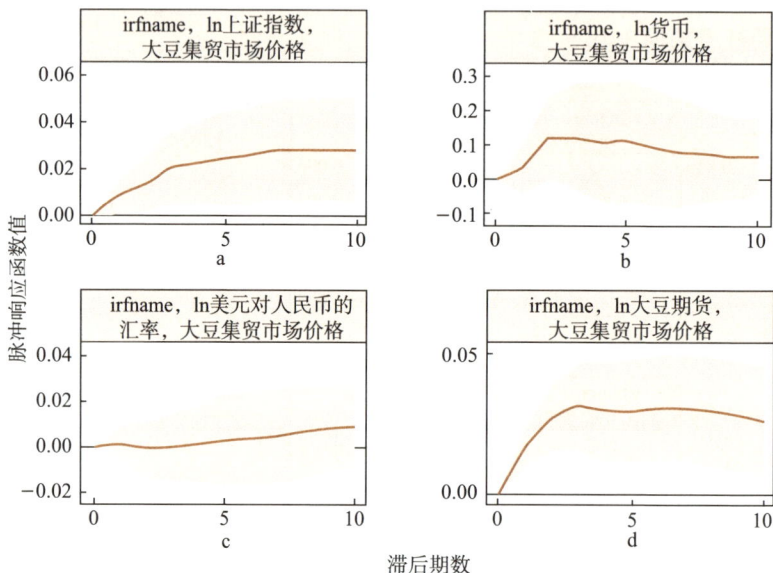

图 5-11　大豆价格与粮食金融化的脉冲响应

　　图 5-12 为玉米价格与粮食金融化的脉冲响应图。第一，分析玉米价格对上证指数冲击所作出的反应。图中实线表示玉米价格受到冲击之后的实际走势，阴影部分表示当冲击加大之后玉米价格的走势。从图 5-12a 中可以看出，当上证指数的对数变动一个单位时玉米价格会给出一个正向的反应，并且这种反应是呈现先上升后下降的趋势。第二，分析玉米价格对货币和准货币供应量冲击所作出的反应。从图 5-12b 中可以看出，当货币和准货币的对数变动一个单位时，玉米价格会给出一个正向反应，并且这种反应随着期数的增加逐渐稳定在 0.01 左右。当这种冲击加大之后，玉米价格会做出正向反应还是负向反应并不确定。第三，分析玉米价格对汇率冲击的影响。从图 5-12c 中可以看出，当汇率变动一个单位时玉米价格在初期会给出一个负向反应，当到达第七期左右玉米价格给出一个正向的反应。第四，分析玉米价

格对玉米期货价格冲击的反应。从图 5 - 12d 中可以看出，当玉米期货价格的对数变动一个单位时，玉米价格会给出一个正向反应，但是这种反应会随着期数的增加逐渐趋向于 0。

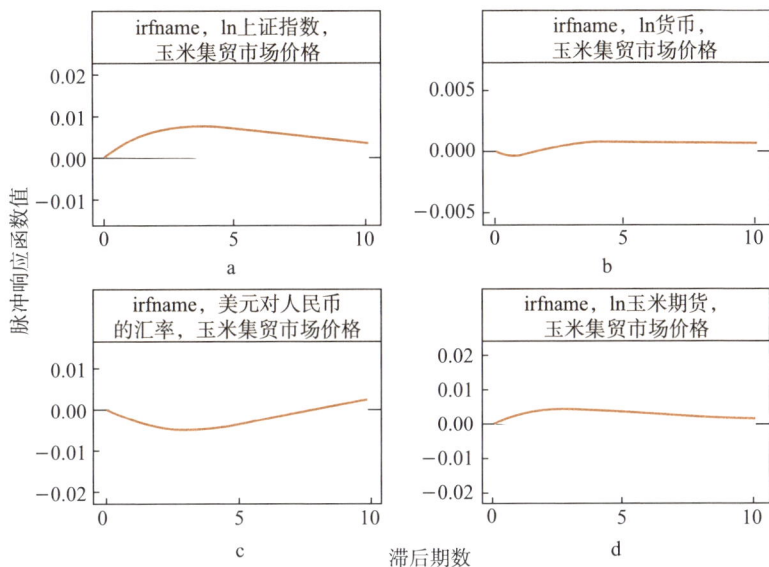

图 5 - 12　玉米价格与粮食金融化的脉冲响应

　　图 5 - 13 为小麦价格与粮食金融化的脉冲响应图。第一，分析小麦价格对上证指数冲击所作出的反应。图中实线表示小麦价格受到冲击之后的实际走势，阴影部分表示当冲击加大之后小麦价格的走势。从图 5 - 13a 中可以看出，当上证指数的对数变动一个单位时，小麦价格会在前期给出一个正向反应，当到达第四期之后开始变成一个负向反应，并且这种负向反应逐渐增大。第二，分析小麦价格对货币和准货币供应量冲击所作出的反应。从图 5 - 13b 中可以看出，当货币和准货币供应量的对数变动一个单位时，小麦价格会给出一个正向反应，并且这种反应随着期数的增加逐渐稳定在 0.002 左右。第三，分析小麦价格对汇率冲击的影响。从图 5 - 13c 中可以看出，当汇率变动一个单位时，小麦价格会给出一个负向反应，这种反应大小先增大后减小。第四，分析小麦价格对小麦期货价格冲击的反应。从图 5 - 13d 中可以看出，当小麦期货价格的对数变动一个单位时，小麦价格会给出一个正向反应，从第二期之后，这种反应缓慢减小，到第十期时已经趋向于 0。

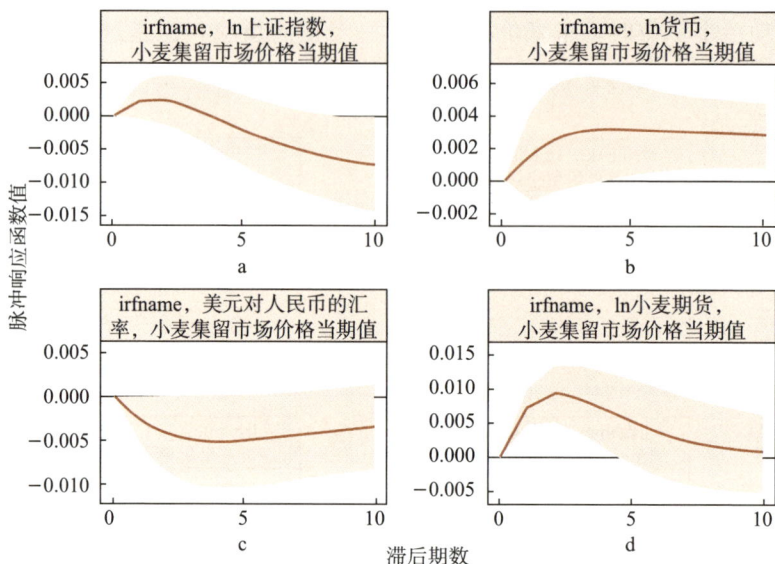

图 5-13　小麦价格与粮食金融化的脉冲响应

注：粮食价格与粮食金融化的脉冲响应检验结果由笔者使用 STATA16 软件分析得出。

综上脉冲响应函数分析可知，粳稻、大豆、小麦和玉米的价格受粮食金融化的四种度量指标（上证指数、货币和准货币供应量、美元对人民币汇率和期货价格）的冲击的响应走势存在十分显著的差异性，这就为后文提出相应的对策提供依据。

第五，粳稻价格方差分解。表 5-14 为粳稻价格方差分解结果。粳稻价格变动的过程中，随着期数的不断增加，其自身能够解释的部分开始逐渐下降，从第一期的 1，下降到第十期的 0.839 516，虽然所占比重有所下降，但是仍然占据主要部分。由货币与准货币供应量、上证指数、美元对人民币汇率、粳稻期货价格所能解释的比重开始缓慢增加。到了第十期，所占比重分别为 0.008 052、0.069 636、0.038 258、0.044 536。按从大到小依次是上证指数、粳稻期货价格、美元对人民币汇率、货币和准货币供应量。上证指数是除粳稻价格自身之外主要的原因。

表 5-15 为大豆价格方差分解结果。大豆价格变动的过程中，随着期数的不断增加，其自身能够解释的部分开始逐渐下降，从第一期的 1，下降到第十期的 0.643 189，虽然所占比重有所下降，但是仍然占据主要部分。由货币和准

货币供应量、上证指数、美元对人民币汇率、大豆期货价格所解释的比重开始缓慢增加。到了第十期，所占比重分别为 0.021 337、0.131 728、0.004 600、0.199 146。按从大到小依次是大豆期货价格、上证指数、货币和准货币供应量、美元对人民币汇率。大豆期货价格是除大豆价格自身之外的主要原因。

表 5 - 16 为玉米价格方差分解结果。玉米价格变动的过程中，随着期数的不断增加，其自身能够解释的部分开始逐渐下降，从第一期的 1，下降到第十期的 0.968 000，虽然所占比重有所下降，但是仍然占据主要部分。由货币和准货币供应量、上证指数、美元对人民币汇率、玉米期货价格所解释的比重开始缓慢增加。到了第十期，所占比重分别为 0.000 255、0.020 501、0.005 590、0.005 838。按从大到小依次是上证指数、玉米期货价格、货币和准货币供应量、美元对人民币汇率。上证指数是除玉米价格自身之外的主要原因。

表 5 - 17 为小麦价格方差分解结果。小麦价格变动的过程中，随着期数的不断增加，其自身能够解释的部分开始逐渐下降，从第一期的 1，下降到第十期的 0.826 826，虽然所占比重有所下降，但是仍然占据主要部分。由货币和准货币供应量、上证指数、美元对人民币汇率、小麦期货价格所解释的比重开始缓慢增加。到了第十期，所占比重分别上升为 0.018 043、0.035 656、0.046 013、0.073 462。按从大到小依次是小麦期货价格、美元对人民币汇率、上证指数、货币和准货币供应量。小麦期货价格是除小麦价格自身之外的主要原因。

表 5 - 14   粳稻价格方差分解结果

期数	(1)	(2)	(3)	(4)	(5)
1	1.000 000	0.000 000	0.000 000	0.000 000	0.000 000
2	0.982 318	0.005 833	0.000 730	0.002 937	0.008 182
3	0.965 816	0.007 033	0.000 924	0.007 692	0.018 535
4	0.943 667	0.008 141	0.004 918	0.014 223	0.029 052
5	0.919 582	0.008 496	0.014 247	0.021 075	0.036 601
6	0.895 905	0.008 515	0.027 247	0.027 174	0.041 159
7	0.875 294	0.008 376	0.041 028	0.031 881	0.043 421
8	0.859 068	0.008 221	0.053 269	0.035 120	0.044 322
9	0.847 357	0.008 109	0.062 846	0.037 130	0.044 557
10	0.839 516	0.008 052	0.069 636	0.038 258	0.044 536

表 5 - 15　大豆价格方差分解结果

期数	(6)	(7)	(8)	(9)	(10)
1	1. 000 000	0. 000 000	0. 000 000	0. 000 000	0. 000 000
2	0. 952 780	0. 001 182	0. 010 092	0. 000 409	0. 035 537
3	0. 889 765	0. 011 935	0. 019 950	0. 000 342	0. 078 008
4	0. 834 109	0. 016 858	0. 038 235	0. 000 248	0. 110 550
5	0. 806 589	0. 018 207	0. 051 005	0. 000 236	0. 123 963
6	0. 776 073	0. 019 891	0. 065 689	0. 000 593	0. 137 753
7	0. 741 796	0. 020 639	0. 080 801	0. 000 886	0. 155 878
8	0. 706 624	0. 020 961	0. 098 508	0. 001 468	0. 172 438
9	0. 673 535	0. 021 283	0. 115 339	0. 002 790	0. 187 053
10	0. 643 189	0. 021 337	0. 131 728	0. 004 600	0. 199 146

表 5 - 16　玉米价格方差分解结果

期数	(11)	(12)	(13)	(14)	(15)
1	1. 000 000	0. 000 000	0. 000 000	0. 000 000	0. 000 000
2	0. 988 000	0. 000 048	0. 006 480	0. 001 990	0. 003 002
3	0. 978 000	0. 000 046	0. 011 961	0. 004 731	0. 004 895
4	0. 972 000	0. 000 079	0. 015 693	0. 006 592	0. 005 946
5	0. 968 000	0. 000 122	0. 018 039	0. 007 349	0. 006 397
6	0. 967 000	0. 000 160	0. 019 447	0. 007 302	0. 006 495
7	0. 966 000	0. 000 191	0. 020 220	0. 006 842	0. 006 407
8	0. 967 000	0. 000 216	0. 020 568	0. 006 282	0. 006 234
9	0. 967 000	0. 000 237	0. 020 629	0. 005 826	0. 006 034
10	0. 968 000	0. 000 255	0. 020 501	0. 005 590	0. 005 838

表 5 - 17　小麦价格方差分解结果

期数	(16)	(17)	(18)	(19)	(20)
1	1. 000 000	0. 000 000	0. 000 000	0. 000 000	0. 000 000
2	0. 942 350	0. 002 010	0. 003 174	0. 006 637	0. 045 829
3	0. 902 813	0. 004 943	0. 004 443	0. 014 292	0. 073 509
4	0. 883 281	0. 007 549	0. 003 766	0. 021 343	0. 084 061

（续）

期数	（16）	（17）	（18）	（19）	（20）
5	0.872 977	0.009 806	0.003 359	0.027 627	0.086 231
6	0.865 593	0.011 796	0.004 785	0.033 046	0.084 780
7	0.858 090	0.013 579	0.008 770	0.037 551	0.082 010
8	0.849 241	0.015 197	0.015 437	0.041 158	0.078 966
9	0.838 765	0.016 678	0.024 541	0.043 943	0.076 074
10	0.826 826	0.018 043	0.035 656	0.046 013	0.073 462

注：①表中（1）表示 irfname＝irfname，impulse＝$JaponicaRice$，and response＝$JaponicaRice$；（2）表示 irfname＝irfname，impulse＝ln$M2$，and response＝$JaponicaRice$；（3）表示 irfname＝irfname，impulse＝lnSSE，and response＝$JaponicaRice$；（4）表示 rfname＝irfname，impulse＝$Rate$，and response＝$JaponicaRice$；（5）表示 irfname＝irfname，impulse＝ln$JaponicaRice\_Futures$，and response＝$JaponicaRice$；（6）表示 irfname＝irfname，impulse＝$Soybean$，and response＝$Soybean$；（7）表示 irfname＝irfname，impulse＝ln$M2$，and response＝$Soybean$；（8）表示 irfname＝irfname，impulse＝lnSSE，and response＝$Soybean$；（9）表示 irfname＝irfname，impulse＝$Rate$，and response＝$Soybean$；（10）表示 irfname＝irfname，impulse＝ln$Soybean\_Futures$，and response＝$Soybean$；（11）表示 irfname＝irfname，impulse＝$Corn$，and response＝$Corn$；（12）表示 irfname＝irfname，impulse＝ln$M2$，and response＝$Corn$；（13）表示 irfname＝irfname，impulse＝lnSSE，and response＝$Corn$；（14）表示 irfname＝irfname，impulse＝$Rate$，and response＝$Corn$；（15）表示 irfname＝irfname，impulse＝ln$Corn\_Futures$，and response＝$Corn$；（16）表示 irfname＝irfname，impulse＝$Wheat$，and response＝$Wheat$；（17）表示 irfname＝irfname，impulse＝ln$M2$，and response＝$Wheat$；（18）表示 irfname＝irfname，impulse＝lnSSE，and response＝$Wheat$；（19）表示 irfname＝irfname，impulse＝$Rate$，and response＝$Wheat$；（20）表示 irfname＝irfname，impulse＝ln$Wheat\_Futures$，and response＝$Wheat$。②方差分解检验结果由笔者使用 STATA16 软件分析得出。

综上方差分解的分析可知，粳稻、大豆、小麦和玉米的价格受粮食金融化四种度量指标（上证指数、货币和准货币供应量、美元对人民币汇率和期货价格）的外部影响效果存在十分显著的差异性，其中大豆和小麦受自身期货价格的影响相对较大，这与脉冲响应的结果分析一致。此外，结合前一部分的实证分析，验证了粮食金融化对粮食价格具有十分显著的影响，并且这种影响存在十分显著的差异性。这就验证了 H2 即粮食金融化会显著影响粮食价格波动的正确性。

四、基于粮食金融化中介效应的检验

中介效应检验的分析思路是：首先以粮食价格指数为分析对象进行中介效

应检验；接下来，分别以四类主粮价格为对象进行中介效应检验；最后进行对比分析。

（一）地缘政治风险、粮食金融化与粮食价格指数波动作用机制检验

前文已经详细阐述粮食金融化对粮食价格波动的影响以及它们是否存在因果关系，同时也检验了粮食金融化的波动与中国粳稻、大豆、玉米、小麦价格之间是否存在格兰杰因果关系。但粮食价格不仅受到粮食金融化的影响，同时还受到其他因素的影响。所以本书运用最小二乘回归模型（OLS），加入主要解释变量粮食金融化的四个变量：货币和准货币供应量、上证指数、美元对人民币汇率、期货价格，加入控制变量居民消费价格指数、国际粮食价格以及国际原油价格进行回归，回归结果如表 5 - 18 所示。

表 5 - 18　粮食金融化对粮食价格波动的最小二乘估计结果

变量	(1) PRICE	(2) JaponicaRice	(3) Soybean	(4) Corn	(5) Wheat
$\ln M2$	−0.594**	0.050 0*	0.970***	0.248***	0.523***
	(−2.33)	(1.67)	(20.11)	(8.77)	(34.50)
$\ln SSE$	−1.698***	0.0243	−0.405***	−0.114***	−0.147***
	(−5.96)	(0.89)	(−6.01)	(−2.74)	(−8.02)
Rate	0.784 0***	0.073 7***	0.380 0***	0.223 0***	0.087 0***
	(2.76)	(3.36)	(5.76)	(5.45)	(4.31)
$\ln Futures$	−1.176*				
	(−1.93)				
$\ln JaponicaRice\_Futures$		−0.042 3**			
		(−1.99)			
$\ln Soybean\_Futures$			1.728***		
			(8.19)		
$\ln Corn\_Futures$				0.128*	
				(1.81)	
$\ln Wheat\_Futures$					0.347***
					(4.63)
CPI	0.036 4	−0.015 5***	0.053 8***	−0.001 36	0.005 22
	(0.74)	(−3.94)	(4.94)	(−0.19)	(1.64)

（续）

变量	(1)	(2)	(3)	(4)	(5)
	PRICE	JaponicaRice	Soybean	Corn	Wheat
ln$Intgp$	2.213***	−0.019 8	0.050 6	0.349***	0.049 6
	(4.8)	(−0.75)	(0.31)	(4.15)	(1.60)
ln$Intnp$	−1.427***	−0.005 01	−0.095 8	0.0128	0.040 4**
	(−4.74)	(−0.35)	(−1.44)	(0.30)	(2.01)
_cons	131.7***	3.248***	−16.27***	−1.555*	−6.323***
	(20.15)	(5.78)	(−10.54)	(−1.74)	(−9.69)
N	228	96	228	228	228
adj. R-sq	0.341	0.480	0.955	0.874	0.979

注：①括号内报告的为 t 值。②粮食金融化对粮食价格波动的最小二乘估计结果由笔者使用 STA-TA16 软件分析得出。③ "*" 表示在10％显著水平上显著，"**" 表示在5％显著水平上显著，"***"表示在1％显著水平上显著。

从表5-18可知，模型（1）为粮食金融化对粮食价格指数波动的回归结果，从回归结果中可知，货币和准货币供应量的对数对粮食价格指数波动的回归系数为−0.594，且通过了1％水平的显著性检验，表明货币和准货币供应量的对数增长会抑制粮食价格指数的增长，可能是因为当货币市场上货币数量增多时，由于货币政策效果的发挥存在着较长的外部时滞，不能及时地作用于粮食市场影响粮食价格，从而导致粮食价格指数下降。上证指数的对数对粮食价格指数波动的回归系数为−1.698且通过了1％水平的显著性检验，表明上证指数的对数会抑制粮食价格指数的增长，可能是因为当上证指数增加时表示人们对资本市场看好，并且对未来充满信心，会有大量的资本涌入证券市场，可以帮助企业进行技术革新，扩展经营规模，这些会使粮食生产成本下降，促使粮食价格指数下降。美元对人民币汇率对粮食价格指数的回归系数为−0.784，且通过了1％水平的显著性检验，表明美元对人民币汇率的上涨会促进粮食价格指数的增长，可能是因为当美元对人民币汇率上涨时人民币贬值，导致国内物价降低，粮食价格指数上涨。粮食期货价格的对数对粮食价格指数的回归系数为−1.176，且通过了10％水平的显著性检验，表明粮食期货价格的对数的增加会抑制粮食价格指数的增长。模型（2）至模型（5）分别是粮食金融化对粳稻价格、大豆价格、玉米价格、小麦价格波动的回归结果。从表中可以看出，货币和货币供应量的对数对四大主要

粮食品种价格的影响均通过了显著性水平为 10% 的检验，回归系数分别为
0.050 0、0.970、0.248、0.523。上证指数的对数对大豆、玉米、小麦的价
格影响均通过检验，但是对粳稻价格的影响并不显著。美元对人民币汇率对
四大主要粮食品种价格的影响均显著，回归系数分别为 0.073 7、0.380、
0.223、0.087 0。期货粮食价格的对数对四大主要粮食品种价格的影响均显
著，回归系数分别为 −0.042 3、1.728、0.128、0.347，对粳稻价格会产生
负向影响，对大豆、玉米、小麦的价格会产生正向影响。

表 5-19 是以粮食价格指数为分析对象的中介效应检验结果。如表 5-19
所示，从模型（1）的回归结果可知，地缘政治风险对国内粮食价格指数具有
显著的影响，进而可以进行模型（2）至模型（5）的回归，从模型（2）至模
型（5）可知，地缘政治风险会显著影响粮食金融化。模型（6）为作用机制检
验结果，即在模型（1）中加入粮食金融化指标得到的回归结果，再加入了粮
食金融化指标变量后，地缘政治风险对中国粮食价格指数波动的影响依旧十分
显著，同时，回归系数也从 1.324 下降为 0.366，且通过了 10% 的显著性检验。
同时，粮食金融化指标变量同样显著，中介效应结果十分显著，表明地缘政治
风险可以通过影响粮食金融化进而影响中国粮食价格指数波动。

综上可以得出结论，粮食金融化在地缘政治风险和粮食价格波动之间发挥
着部分中介效应，这也有力地验证了前文提出的 H3，即基于粮食金融化的传
导渠道的存在性。

表 5-19　地缘政治风险、粮食金融化与粮食价格指数波动作用机制检验

变量	(1) PRICE	(2) lnM2	(3) lnSSE	(4) Rate	(5) lnFutures	(6) PRICE
GPR	1.324***	1.376***	0.379***	0.381***	0.325***	0.366***
	(3.60)	(9.61)	(4.48)	(3.45)	(5.76)	(3.93)
lnM2						−0.745**
						(−2.46)
lnSSE						−1.707***
						(−5.99)
Rate						0.877***
						(2.91)

（续）

变量	(1) PRICE	(2) lnM2	(3) lnSSE	(4) Rate	(5) lnFutures	(6) PRICE
lnFutures						−1.081*
						(−1.75)
CPI	−0.0385	−0.061 7***	0.029 9**	0.080 1***	0.000 999	0.037 9
	(−0.76)	(−3.11)	(2.55)	(5.24)	(0.13)	(0.77)
lnIntgp	0.717**	1.787***	0.627***	1.855***	0.703***	2.251***
	(2.02)	(12.9)	(7.65)	(17.35)	(12.85)	(4.86)
lnIntnp	−0.572*	−0.379***	−0.107	0.224**	−0.217***	−1.467***
	(−1.85)	(−3.15)	(−1.50)	(2.41)	(−4.56)	(−4.83)
_cons	101.3***	5.467***	4.789***	17.36***	4.426***	133.6***
	(65.03)	(9.01)	(13.34)	(37.06)	(18.48)	(19.53)
N	228	228	228	228	228	228
adj. R-sq	0.058	0.548	0.284	0.689	0.464	0.340

注：①括号内报告的为 t 值。②地缘政治风险、粮食金融化与粮食价格指数波动作用机制检验结果由笔者使用 STATA16 软件分析得出。③"＊"表示在 10% 显著水平上显著，"＊＊"表示在 5% 显著水平上显著，"＊＊＊"表示在 1% 显著水平上显著。

（二）地缘政治风险、粮食金融化与粳稻价格波动作用机制检验

表 5 - 20 是以粳稻价格为例的中介效应检验结果。如表 5 - 20 所示，从模型（1）的回归结果可知，地缘政治风险对国内粳稻价格具有显著的影响。进而可以进行模型（2）至模型（5）的回归，从模型（2）至模型（5）可知，地缘政治风险会显著影响粮食金融化。模型（6）为作用机制检验结果，即在模型（1）中加入粮食金融化指标得到的回归结果，再加入了粮食金融化指标变量后，地缘政治风险对中国粳稻价格波动的影响依旧十分显著，同时回归系数也从 0.900 下降为 0.033 3，且通过了 10% 的显著性检验。表明地缘政治风险可以通过影响粮食金融化进而影响中国粳稻价格波动。综上可以得出结论，粮食金融化在地缘政治风险和粳稻价格波动之间发挥着部分中介效应。

表5-20　地缘政治风险、粮食金融化与粳稻价格波动作用机制检验

变量	(1) *JaponicaRice*	(2) lnM2	(3) lnSSE	(4) *Rate*	(5) ln*JaponicaRice_Futures*	(6) *JaponicaRice*
GPR	0.900***	1.376***	0.379***	0.381***	−0.072 8**	0.033 3**
	(7.03)	(9.61)	(4.48)	(3.45)	(−2.14)	(2.31)
ln*M2*						0.014 4
						(0.43)
ln*SSE*						0.032 5
						(1.20)
Rate						0.070 7***
						(3.29)
ln*JaponicaRice_Futures*						−0.059 7
						(−1.40)
CPI	−0.043 2**	−0.061 7***	0.029 9**	0.080 1***	0.000 339	−0.015 1***
	(−2.44)	(−3.11)	(2.55)	(5.24)	(0.03)	(−3.93)
ln*Intgp*	1.580***	1.787***	0.627***	1.855***	−0.250***	0.004
	(12.76)	(12.90)	(7.65)	(17.35)	(−3.66)	(0.14)
ln*Intnp*	−0.127	−0.379***	−0.107	0.224**	0.101***	−0.014 1
	(−1.18)	(−3.15)	(−1.50)	(2.41)	(2.78)	(−0.98)
_cons	−5.275***	5.467***	4.789***	17.36***	8.940***	3.703***
	(−9.73)	(9.01)	(13.34)	(37.06)	(28.81)	(6.35)
N	96	96	96	96	96	96
adj. R-sq	0.518	0.548	0.284	0.689	0.127	0.504

注：①括号内报告的为 *t* 值。②地缘政治风险、粮食金融化与粳稻价格波动作用机制检验结果由笔者使用 STATA16 软件分析得出。③"*"表示 10% 显著水平上显著，"**"表示 5% 显著水平上显著，"***"表示 1% 显著水平上显著。

（三）地缘政治风险、粮食金融化与大豆价格波动作用机制检验

表5-21是以大豆价格为例的中介效应检验结果。如表5-21所示，从模型（1）的回归结果可知，地缘政治风险对国内大豆价格具有显著的影响。进而可以进行模型（2）至模型（5）的回归，从模型（2）至模型（5）可知，地

缘政治风险会显著影响粮食金融化。模型（6）为作用机制检验结果，即在模型（1）中加入粮食金融化指标得到的回归结果，再加入了粮食金融化指标变量后，地缘政治风险对中国大豆价格波动的影响依旧十分显著，同时回归系数也从 1.402 下降为 0.148，且通过了 10% 的显著性检验。表明地缘政治风险可以通过影响粮食金融化进而影响中国大豆价格波动。综上可以得出结论，粮食金融化在地缘政治风险和大豆价格波动之间发挥着部分中介效应。

表 5 - 21　地缘政治风险、粮食金融化与大豆价格波动作用机制检验

变量	(1) Soybean	(2) lnM2	(3) lnSSE	(4) Rate	(5) lnSoybean _ Futures	(6) Soybean
GPR	1.402***	1.376***	0.379***	0.381***	0.096 4***	0.148*
	(7.16)	(9.61)	(4.48)	(3.45)	(3.70)	(1.66)
lnM2						1.024***
						(17.68)
lnSSE						−0.399***
						(−5.93)
Rate						0.339***
						(4.81)
lnSoybean _ Futures						1.691***
						(8.01)
CPI	−0.0435	−0.061 7***	0.029 9**	0.080 1***	0.003 67	0.052 4***
	(−1.61)	(−3.11)	(2.55)	(5.24)	(1.02)	(4.82)
lnIntgp	3.401***	1.787***	0.627***	1.855***	0.675***	0.051 7
	(17.95)	(12.9)	(7.65)	(17.35)	(−26.79)	(−0.32)
lnIntnp	−0.452***	−0.379***	−0.107	0.224**	−0.063 3***	−0.075 4
	(−2.75)	(−3.15)	(−1.50)	(2.41)	(−2.90)	(−1.12)
_ cons	−10.76***	5.467***	4.789***	17.36***	5.012***	−17.04***
	(−12.96)	(9.01)	(13.34)	(37.06)	(45.42)	(−10.61)
N	228	228	228	228	228	228
adj. R-sq	0.651	0.548	0.284	0.689	0.806	0.956

注：①括号内报告的为 t 值。②地缘政治风险、粮食金融化与大豆价格波动作用机制检验结果由笔者使用 STATA16 软件分析得出。③"*"表示在 10% 显著水平上显著，"**"表示在 5% 显著水平上显著，"***"表示在 1% 显著水平上显著。

（四）地缘政治风险、粮食金融化与玉米价格波动作用机制检验

表5-22是以玉米价格为例的中介效应检验结果。如表5-22所示，从模型（1）的回归结果可知，地缘政治风险对国内玉米价格具有显著的影响。进而可以进行模型（2）至模型（5）的回归，从模型（2）至模型（5）可知，地缘政治风险会显著影响粮食金融化。模型（6）为作用机制检验结果，即在模型（1）中加入粮食金融化指标得到的回归结果，再加入了粮食金融化指标变量后，地缘政治风险对中国玉米价格波动的影响依旧十分显著，同时回归系数也从0.269下降为−0.215，且通过了10%的显著性检验。表明地缘政治风险可以通过影响粮食金融化进而影响中国玉米价格波动。综上可以得出结论，粮食金融化波动在地缘政治风险和玉米价格波动之间发挥着部分中介效应。

表5-22　地缘政治风险、粮食金融化与玉米价格波动作用机制检验

	(1) Corn	(2) lnM2	(3) lnSSE	(4) Rate	(5) lnCorn _ Futures	(6) Corn
GPR	0.269***	1.376***	0.379***	0.381***	0.129***	−0.215***
	(3.73)	(9.61)	(4.48)	(3.45)	(3.00)	(−3.93)
lnM2						0.322***
						(9.68)
lnSSE						−0.114***
						(−2.83)
Rate						0.163***
						(3.85)
lnCorn _ Futures						0.168**
						(2.42)
CPI	−0.037 6***	−0.061 7***	0.029 9**	0.080 1***	0.017 3***	−0.004 13
	(−3.77)	(−3.11)	(2.55)	(5.24)	(2.91)	(−0.61)
lnIntgp	1.249***	1.787***	0.627***	1.855***	0.911***	0.289***
	(17.9)	(12.9)	(7.65)	(17.35)	(21.89)	(3.49)
lnIntnp	−0.009 9	−0.379***	−0.107	0.224**	0.157***	0.037
	(−0.16)	(−3.15)	(−1.50)	(2.41)	(4.35)	(0.87)
_ cons	−4.413***	5.467***	4.789***	17.36***	0.559***	−2.887***
	(−14.44)	(9.01)	(13.34)	(37.06)	(3.07)	(−3.11)
N	228	228	228	228	228	228
adj. R-sq	0.666	0.548	0.284	0.689	0.807	0.882

注：①括号内报告的为 t 值。②地缘政治风险、粮食金融化与玉米价格波动作用机制检验结果由笔者使用STATA16软件分析得出。③"＊"表示在10%显著水平上显著，"＊＊"表示在5%显著水平上显著，"＊＊＊"表示在1%显著水平上显著。

（五）地缘政治风险、粮食金融化与小麦价格波动作用机制检验

表 5 - 23 是以小麦价格为例的中介效应检验结果。如表 5 - 23 所示，从模型（1）的回归结果可知，地缘政治风险对国内小麦价格具有显著的影响。进而可以进行模型（2）至模型（5）的回归，从模型（2）至模型（5）可知，地缘政治风险会显著影响粮食金融化。模型（6）为作用机制检验结果，即在模型（1）中加入粮食金融化指标得到的回归结果，再加入了粮食金融化指标变量后，地缘政治风险对中国小麦价格波动的影响依旧十分显著，同时回归系数也从 0.720 下降为 0.059 6，且通过了 10% 的显著性检验。表明地缘政治风险可以通过影响粮食金融化进而影响中国小麦价格波动。综上可以得出结论，粮食金融化在地缘政治风险和小麦价格波动之间发挥着部分中介效应。

表 5 - 23　地缘政治风险、粮食金融化与小麦价格波动作用机制检验

变量	(1) $Wheat$	(2) $\ln M2$	(3) $\ln SSE$	(4) $Rate$	(5) $\ln Wheat\_Futures$	(6) $Wheat$
GPR	0.720***	1.376***	0.379***	0.381***	0.179***	0.059 6**
	(8.01)	(9.61)	(4.48)	(3.45)	(5.63)	(2.33)
$\ln M2$						0.546***
						(30.41)
$\ln SSE$						−0.147***
						(−8.07)
$Rate$						0.072 4***
						(3.45)
$\ln Wheat\_Futures$						0.333***
						(4.47)
CPI	−0.040 8***	−0.061 7***	0.029 9**	0.080 1***	−0.006 59	0.004 97
	(−3.28)	(−3.11)	(2.55)	(5.24)	(−1.50)	(1.58)
$\ln Intgp$	1.242***	1.787***	0.627***	1.855***	0.531***	0.043 5
	(14.26)	(12.90)	(7.65)	(17.35)	(17.25)	(1.42)
$\ln Intnp$	−0.162**	−0.379***	−0.107	0.224**	−0.110***	0.048 3**
	(−2.15)	(−3.15)	(−1.50)	(2.41)	(−4.13)	(2.40)
_cons	−3.791***	5.467***	4.789***	17.36***	5.419***	−6.603***
	(−9.94)	(9.01)	(13.34)	(37.06)	(40.00)	(−10.05)
N	228	228	228	228	228	228
adj. R-sq	0.569	0.548	0.284	0.689	0.612	0.979

注：①括号内报告的为 t 值。②地缘政治风险、粮食金融化与小麦价格波动作用机制检验结果由笔者使用 STATA16 软件分析得出。③"*"表示在 10% 显著水平上显著，"**"表示在 5% 显著水平上显著，"***"表示在 1% 显著水平上显著。

综上所述，本章通过 VAR 模型和中介效应模型分析了地缘政治风险、粮食金融化对粮食价格波动的影响。研究发现：①粮食金融化对粮食价格具有十分显著的影响，但是这种影响存在显著差异性。其中，货币与准货币供应量的对数上涨会抑制粮食价格指数的上涨，但是却会促进粳稻、大豆、玉米、小麦价格的上涨；上证指数的对数上涨会抑制粮食价格指数和大豆、玉米、小麦价格的上涨，但是却会促进粳稻价格的上涨；美元对人民币汇率的上涨会抑制粮食价格指数以及四种粮食品种价格的上涨；期货价格的对数上涨会抑制粮食价格指数和粳稻价格的上涨，但是却会促进大豆、玉米、小麦价格的上涨；②地缘政治风险会通过粮食金融化间接地对中国粮食价格指数以及粳稻、大豆、玉米、小麦的价格产生影响，也即粮食金融化存在中介效应，这也得出了地缘政治风险通过粮食金融化的传导渠道的存在性，验证了前文提出理论假设的正确性。

第五节　实证结论

本章采用中国 2003 年 1 月至 2021 年 12 月的地缘政治风险指数、国内粮食价格指数及四大主要粮食品种的国内价格等为研究对象，采用时间序列分析模型中的 VAR 模型和中介效应模型，实证检验了地缘政治风险影响粮食价格的粮食金融化中介效应的存在性及显著性。实证分析中首先检验粮食金融化对粮食价格的影响（分总体和分类进行研究：一是总体分析，以中国粮食价格指数为例，研究粮食金融化对粮食价格指数的影响。二是分类考察，以粳稻、大豆、玉米、小麦为例，分别估计粮食金融化对粳稻、大豆、玉米、小麦价格的影响）；其次，通过中介效应模型检验粮食金融化在地缘政治风险对粮食价格影响过程中所起的中介作用。

通过时间序列分析模型的单位根检验、协整分析、格兰杰因果检验、脉冲响应函数分析和方差分解等分析步骤展开了相关的实证分析，在此基础上，进行中介效应模型检验。实证结果显示：一是粮食金融化对粮食价格指数具有十分显著的影响，但是这种影响存在显著差异性。其中，度量粮食金融化的货币与准货币供应量虽然会抑制粮食价格指数上涨，但是却会促进粳稻、大豆、玉米、小麦价格的上涨；度量粮食金融化的上证指数会抑制粮食价格指数以及大豆、玉米、小麦价格的上涨，但是却会促进粳稻价格的上涨；度量粮食金融化的美元对人民币汇率会抑制粮食价格指数以及四种粮食品种价格的上涨；度量粮食金融化的期货价格会抑制粮食价格指数和粳稻价格的上涨，但是却会促进大豆、玉米、小麦价格的上涨。二是地缘政治风险会通过粮食金融化间接地对中国粮食价格指数以及粳稻、大豆、玉米、小麦的价格产生影响，即粮食金融化存在中介效应，这也得出了地缘政治风险通过粮食金融化的传导渠道的存在性，验证了前文提出两个理论假设的正确性。本章的相关研究结论对后文构建粮食价格稳定的保障机制和应对策略具有十分重要的现实意义。

第六章
基于粮食进口贸易传导渠道的实证研究

　　粮食是维护国家社会稳定、经济平稳发展的基础战略物资，而粮食安全直接关乎国家独立、政局稳定、经济发展和社会安定[①]。粮食的这一特殊性使得各国政府对粮食贸易的讨论非常敏感。在过去近半个世纪时间里，世界粮食贸易规模迅速扩张。但是在这一贸易的过程中，发达国家始终处于粮食贸易的顺差方，发展中国家则一直在粮食贸易中处于逆差态势。这就导致发达国家对粮食贸易采取严格的保护政策，抑制发展中国家的粮食生产，从而弱化了地区资源禀赋差异和经济发展水平对粮食贸易的影响。事实上，巴西、阿根廷、乌克兰等发展中国家凭借着丰富的农业资源在世界粮食贸易的市场中逐渐崭露头角，而像日本、韩国等发达国家尽管农业发展成果显著，但是国内的粮食市场供给则高度依赖于粮食进口。

　　随着全球化程度的不断加深，各国纷纷把粮食贸易作为自身关注的首要问题，2015 年二十国集团就曾在土耳其召开部长级会议，就世界的粮食安全做出讨论，并发布了《G20 农业部长公报》，强调各国十分重视世界的粮食安全问题，不断增加农业的扶持力度，提高农业生产力，不断优化粮食结构。中国不仅是世界人口大国，同时也是粮食消费大国。随着市场开放程度的不断加深，中国政府开始逐渐重视粮食贸易问题，自 2013 年开始，国家放宽了粮食贸易的控制，用相对开放的粮食贸易政策取代了过去以自给自足为主导的粮食政策。根据社会需求状况，适度地进口粮食，通过国际粮食的贸易手段对我国的粮食市场进行调控，有利于发挥中国粮食的比较优势，从而在对外贸易中获得更大竞争优势。但是，近几年，中国粮食进口规模逐渐增加，出口规模不断减

---

　　①　田志宏：《疫情冲击全球粮食安全 中国粮食安全的底气从何而来》，《人民论坛》，2020 年第 17 期，第 80-83 页。

少，有的粮食品种贸易逆差一度达到几十倍，这引起了很多人的担忧，认为再这样继续下去很容易引起粮食危机。粮食贸易就像一把双刃剑，既满足了我国对于粮食的正常需要，但同时也对粮食行业的长远发展造成了较大冲击。

第一节　理论假设

通过第一章的文献梳理可知，学术界对粮食贸易的研究已经较为成熟和完善，对中国的粮食贸易政策也进行了充分的研究，为本章实证研究提供了扎实的理论基础和方法参考。在分析外部冲击对粮食价格的影响时，一般认为外部冲击是由外部因素引起的，外部冲击是成本驱动的，因此本章所探讨的地缘政治风险对粮食进出口贸易是一种外在的冲击。影响生产成本的因素包括农业原材料和原油等能源的价格变动。这些因素对中国粮食价格的影响，既可以从国际贸易的角度，也可以从金融期货的角度来分析。

就粮食商品来说，直接价格传导是影响粮价变动的重要因素。对于中国来讲，在国际贸易中，若没有强大的进口商品，只有被动接受国际价格，那么我国国内的粮食市场会成为国际价格的被动接受方。粮价的上升会使现货市场的进口价格上升，从而造成国内食品价格的上升。除直接的价格传导机制外，由成本驱动的外部冲击也会对我国的粮食价格和食品价格变动产生一定的影响。贸易替代性效应是指在某一类商品的价格上涨时，人们会用较低的近似替代品来代替原来的产品，从而使其需求量激增。以能源产品贸易为例，石油既是工业的命脉，同时农业的生产过程中也离不开石油，但石油在工农业加工使用过程中，通过扩散、生物降解吸收等环节可能会产生烃类气体、污染大气环境、破坏土壤结构、污染水源等情况，对环境产生一定的损害。从生态保护的观点来看，随着原油价格上涨和生态环境恶化，世界各国对可替代石油的清洁能源需求日益增长，对乙醇等生物燃料的需求量也在不断增加。不断增长的绿色生产需求将会使市场上对大豆、玉米和其他谷物等生物能源原材料的需求上升。根据简单的供需理论，某一种原料的需求增大，其市价就会上涨，从而导致粮价的剧烈波动。

国际商品的价格变动会通过国际贸易、金融等途径来影响国内商品的价格，这是以成本为主导的效应。不同商品的价格变动对国内粮价的传导机制是不同的，同一种商品的价格对不同的粮食生产造成的影响也是不同的。以中国四大主要粮食作物——粳稻、小麦、玉米和大豆为例，其进口量大于出口量，

163

成为净进口作物。尤其是大豆，其对外依赖程度最高，金融化程度也最高。中国粮食作物严重依赖进口，容易受到粮食金融市场的冲击。因此，从理论上讲，在这四种粮食作物中，成本驱动对大豆价格波动的影响应该是最大的。近年，由于油价大幅波动，国际社会对生态和环境保护的要求越来越高，对生物燃料的需求不断增加，玉米作为生物燃料的原料之一，其价格受成本驱动的影响也逐渐显著。相比之下，稻米和小麦作为中国餐桌上的主食，政府对其进出口进行管制严格，国际粮食市场的波动很难对其价格产生影响。在对粮食贸易和粮食价格关系的研究方面，多数学者都认为，粮食贸易对稳定粮价具有正向影响。基于以上分析，提出如下假设：

H4：粮食进出口贸易会显著影响中国国内粮食价格波动。

2008 年全球金融危机的爆发，加快了之后十余年国际经济与政治的发展与变化进程，重构了国际经济政治发展格局。美俄政治游戏和俄乌冲突、欧洲难民战争和民粹主义崛起、新兴国家崛起、世界规则和秩序的变革都在改变着世界地缘政治的面貌。Carney（2016）把地缘政治和经济和政策的不确定性考虑在内，认为"三位一体的不确定性"会造成严重的负面经济后果，IMF（2017）指出地缘政治的不稳定是经济发展的主要危险。因此，近年，世界各国逐渐开始重视对地缘政治理论以及地缘政治风险的研究。出于对贸易安全以及对未来发展的考虑，进出口企业和投资者的国际贸易与投资活动可能会因为区域或者国与国之间地缘政治风险的加剧而减少，甚至取消双方贸易、金融投资活动，这无疑会对全球贸易流动、金融资本全球配置产生一定影响。此外，国际投资以及资本流动、国家汇率和外汇政策等因素不可避免地影响国际贸易活动，地缘政治格局的变化和地缘政治风险的加剧使得这些因素的不确定性增加，贸易双方以及投资者进行交易时的"沉没成本"可能增加，均会阻碍双方贸易与投资行为。随着地缘政治风险的不断增大、贸易和交易成本的提高，会对贸易商的期望造成一定的冲击，进而导致贸易活动的下降。一方面，由于地缘政治风险不断加剧，国际粮食交易者对进口国和国际市场的需求产生了悲观的预测；另一方面，由于需求的不确定性增加，出口企业为了获得相关的需求信息而推迟出口，同时也会根据市场的需求达到程度，对不确定的市场进行预测。此外，在地缘政治风险指数和相关事件的基础上，地缘冲突、恐怖主义等事件频繁发生，这也在一定程度上影响着全球正常的粮食贸易。

因此，即使没有实际的经济增长和市场需求减少，跨国公司仍会对未来的经济发展及市场需求产生消极的预期，并会根据预期而做出相应的调整。在地缘政治风险日益增加的情况下，贸易商在进出口贸易中加大了风险预测，从而使"沉没成本"传播渠道的影响力得到了进一步的加强和扩大。在此基础上，基于对消费市场的期望，外贸企业也会在搜集到大量资料的基础上，对国际贸易的环境与风险进行评价。此外，在部分国家，由于党派间的摩擦和民众的频繁抗议使得交易者相信经济前景依然不明朗，不确定性危险较大。因此，人们有充分的理论相信，"沉没成本"会继续上升，甚至引发恐慌，从而加剧贸易的负面效应。比如美国多年来对我国采取的贸易不公平政策和贸易摩擦等行为，已经严重损害了多边贸易制度的基本原则，导致中美两国之间的贸易纠纷不断，使得国际贸易公司对双边自由贸易和多边自由贸易的发展前景产生了忧虑。但另一方面，美国恣意的贸易制裁行为也使贸易商和国际投资者对美国和全球经济形势不断恶化的趋势感到担忧，地缘政治风险对地区间的贸易流动产生了一定的影响。综合以上的分析结果，本书认为，地缘政治风险通过中国粮食进出口这一间接渠道，对国内粮食价格具有一定的影响。为此，本章提出如下研究假设：

H5：地缘政治风险通过影响粮食进出口贸易，进而影响国内粮食价格。

第二节　粮食进出口贸易现状研究

为了更好地剖析地缘政治风险基于粮食进出口贸易这一间接渠道对粮食价格的作用，有必要首先对中国粮食进出口的总体变动情况和我国的小麦、大豆、玉米和粳稻四大主要粮食品种进出口的变动情况进行汇总和分析。

一、中国粮食贸易总体变动情况

新中国成立之初，我国的粮食贸易是以外销为主，而进口则是次要的，农业的发展则是以产业发展为基础，而粮食贸易所获得的利润，则是用来支撑国内产业发展。然而，由于工业水平的提高、人口的增加、土地资源的禀赋、自然条件、自然灾害等因素的影响，以及粮食安全的需要，我国采取了降低粮食出口量和增加进口量的措施。改革开放以来，我国开始稳步推进粮食领域的改革，从粮食收储到粮食进出口，逐步探索形成了符合中国实际情况的粮食进出口贸易模式。特别是 2009 年以后，我国的粮食由进口为辅转为以出口为辅，同时粮食贸易的赤字也在逐步增加。造成这一趋势的一个原因是，我国的粮食出口相对优势和资源禀赋正在逐渐丧失。本章从粮食进口量变化、粮食出口量变化等方面对我国的粮食贸易状况进行分析。

（一）进口量变动情况

自 2004 年以来，中国粮食生产连续 18 年丰收，但由于农药、化肥的大量使用，造成了土壤品质的急剧恶化，对粮食生产造成一定的阻碍。加之日益增长的食品刚性需求，中国需要借助国际食品市场来实现国内食品供给均衡。另外，中国的粮食消费需求在结构和数量上都有一定的改变。当前，我国的粮食供应和需求仍然保持着紧张的均衡。通过国际市场来调控我国的粮食需求已成为必然。如图 6 - 1 所示，1991—2021 年，中国粮食进口数量总体不断上升，这意味着从 1991 年开始，外部粮食市场的进口供给总量占中国粮食供给总量的比例在不断增加，我国也逐渐成为一个粮食净进口国，粮食自给率随着进口的增加也在不断下降。以 2002 年之后为例，中国粮食进口量从 2002 年的 1 417 万吨不断上升到 2021 年 16 454 万吨，涨幅超过了十倍。公开数据表明，中国粮食进口的 20 年中，其中 2007—2014 年、2019—2021 年两个阶段中国粮食进口增长速度加快，从整体上看，中国粮食进口量在不断上升。粮食进口数量的逐年上升对中国国内粮食产业发展与粮食安全的影响越来越明显。因此，中国在保障粮食安全方面的当务之急在于控制粮食的进口规模，一方面要利用粮食进口保证中国的粮食安全，助力国内粮食产业发展；另一方面要尽可能降低其所带来的负面消极影响。

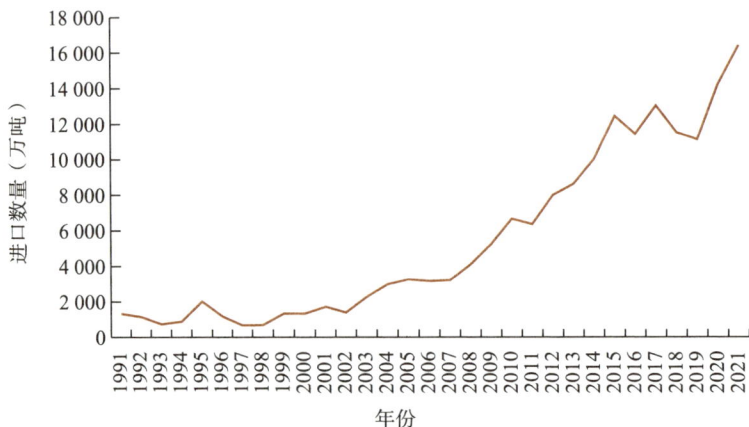

图 6 - 1　1991—2021 年中国粮食进口变动情况

数据来源：中国粮食进口数据来源于国家统计局网站，图表由笔者整理。

（二）出口量变动情况

图 6-2 展示了我国近些年粮食出口数量的变化情况。从图中可以看出，我国 1991—2021 年粮食出口数量波动幅度较大，在 1995 年下降到谷底 60 万吨，在 2003 年达到峰值 2 230 万吨，达到峰值之后就开始呈现下降的趋势。大致可以分为两个阶段：第一个阶段是 1991—2008 年，在这一阶段内，粮食出口数量变动幅度较大，出现过峰值，也出现过波谷。第二个阶段是 2009—2021 年，在这一阶段内，粮食出口已经基本稳定，并没有出现大幅度的波动。由此可以看出，1991—2021 年，我国出口粮食的规模呈现下降趋势，这与我国经济社会发展所处的阶段、为应对所面临的国际形势而采取的确保粮食安全战略等密切相关。

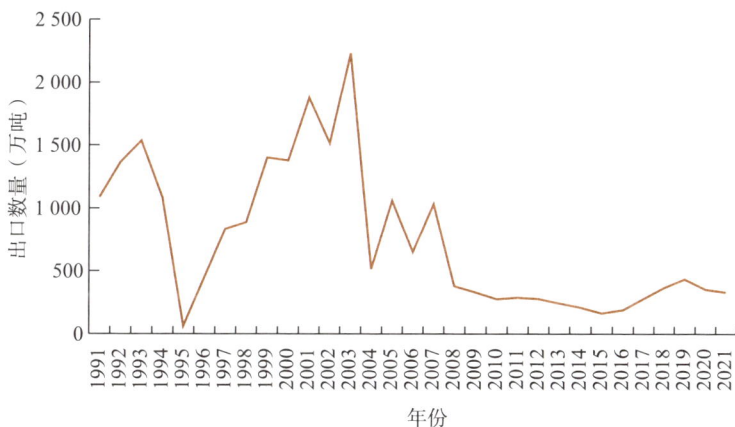

图 6-2　1991—2021 年中国粮食出口变动情况

数据来源：中国粮食出口数据来源于国家统计局网站，图表由笔者整理。

二、中国主要粮食品种的贸易变动情况

（一）进口量变动情况

进入 21 世纪以来，随着中国在国际粮食市场中进口数量的不断上升，以谷物、豆类为主的粮食品种的进口量也在不断增加，就中国粮食进口现状来看，粮食的品种结构性仍然是粮食进口的瓶颈问题。谷类和豆类作物是中国粮食进口的两类主要品种。其中，谷类的进口主要包括玉米、小麦和稻米三种

谷物;豆类进口主要是大豆,大豆的进口量占豆类总体的比重最大,其他的谷物如高粱、燕麦等作物的进口量较少,这里就不再多加赘述。本节以小麦、大豆、玉米、粳稻四种粮食进行具体分析。

第一,小麦的进口情况分析。图6-3展示了中国近些年小麦进口数量的变化情况。从图中可以看出,1991—2021年,我国的小麦进口数量整体上有下降的趋势,而且上下波动幅度比较大。中国小麦进口的变化过程主要分为三个阶段:第一个波动幅度较大的阶段是1991—1997年。在这一段时间内小麦进口数量出现明显的下降趋势,并且在前几年的时间内变化趋势比较大。从1991年的1 237万吨突然下降到1993年的642万吨,两年的时间内进口数量下降了近一半。之后又迅速增加到1995年的1 159万吨,又花了两年的时间恢复到了和1991年差不多的进口水平。之后就呈近似直线开始下降,下降到1997年的186万吨。1995—1997年,下降了973万吨,相当于1995年的84%,也就是说,在这5年的时间里,小麦进口量以年均16.8%的速度在下降。第二个波动阶段是1997—2011年。在这一时期内,粮食除了在2003—2006年出现大幅的变动趋势,其余年份变动趋势均较小。首先是从1997年的186万吨,下降到2003年的45万吨,下降了141万吨,相当于1997年的75.8%。其次,从2003年迅速增加到2004年的726万吨,一年的时间增加了681万吨,翻了近1 500%,变化很剧烈,然后又花了两年的时间下降到2006年的61万吨,与1997年的水平近似。第三个阶段是2006—2021年。在这一时期,小麦的进口数量整体是在波动中呈现稳步上升

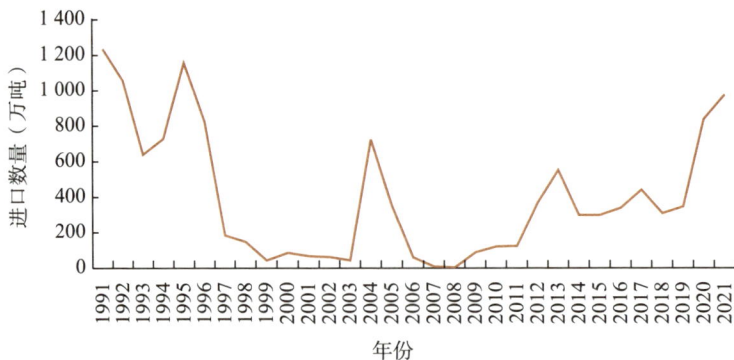

图6-3　1991—2021年我国小麦进口数量变动情况

数据来源:中国小麦进口数据来源于国家统计局网站,图表由笔者整理。

的趋势。从 2006 年的 61 万吨上升到 2021 年的 977 万吨，增加了 916 万吨，翻了近 1 500%。增长幅度较大。总的来说，在 1991—2021 年小麦的粮食进口数量波动较大，但整体上呈现下降的趋势。

第二，大豆进口情况分析。在 20 世纪 90 年代之前，大豆一直是我国出口的主要农产品之一，而进入 21 世纪，我国大豆的进口量一举超过出口量，在中国粮食进口总量中占据重要地位。目前，中国既是农产品进口大国，同时在粮食进口中，大豆也成为粮食外部依存度最高的粮食作物之一，并且其进口数量远超其余几类主要粮食作物。图 6-4 展示了我国近些年大豆进口数量的变化情况。从图中可以看出，1991—2021 年，我国的大豆进口数量持续波动中一直呈现上升的趋势。这与小麦的变动趋势有很大的不同。大豆的进口数量从 1991 年的 0.1 万吨增加到 2021 年的 9 652 万吨，31 年的时间里，翻了近 96 000%。

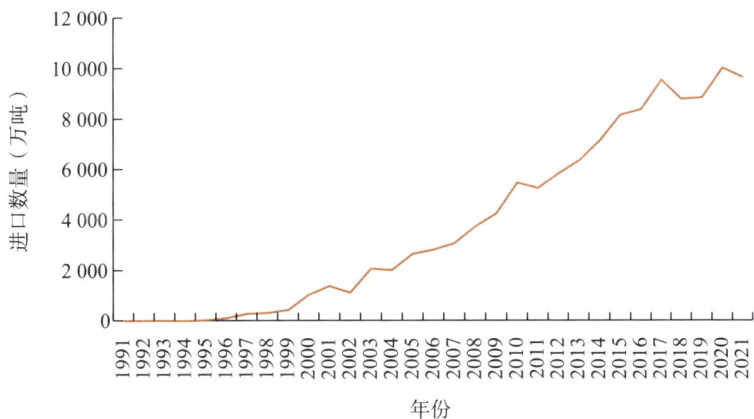

图 6-4　1991—2021 年我国大豆进口数量变动情况

数据来源：中国大豆进口数据来源于国家统计局网站，图表由笔者整理。

第三，玉米进口情况分析。图 6-5 展示了我国近些年玉米进口数量的变动情况。从图中可以看出，1993—2021 年（1991、1992 年相关数据缺失）我国的玉米进口数量整体上呈现上升的趋势，并且在 2016 年之后波动幅度较大。变化过程大致可以分为三个阶段：第一个阶段是 1993—2008 年，在这一期间内，玉米的进口数量基本维持在较低的水平。仅在 1994 和 1995 年出现了大幅度的上升，但之后又回落到较低的水平，并没有发生太大的变化。第二个阶段是 2009—2016 年。在这一期间内，玉米的进口数量整体呈现波动的上升趋势，基本上维持在一年进口数量增加，但第二年进口数量就出现下降的状态。从 2009 年的 130 万吨增加到 2016 年的 246.32 万吨，7 年的时间里增加了 116.32 万吨，相当于 2009 年的 89.48%，平均每年的增长幅度为 12.78%。第三个阶段为 2017—2021 年，在这一期间内玉米的进口数量呈现大幅度的上升趋势。但是在 2021 年的时候数量呈现大幅度下降的趋势，一方面可能是因为新冠疫情的暴发，使得玉米出口国增加了出口数量的限制，为了保障本国的粮食安全，减少了对玉米的出口数量；另一方面可能是因为国际石油价格的上涨使玉米交通运输成本增加，从而减少了对玉米的进口数量。玉米的进口数量从 2017 年的 346.68 万吨增加到 2021 年的 1 800 万吨，5 年的时间里增加了 1 453.32 万吨，相当于 2017 年的 407.46%，年平均增长速度为 81.59%。总的来说 1993—2021 年玉米的进口数量呈现先平稳后增长的趋势。

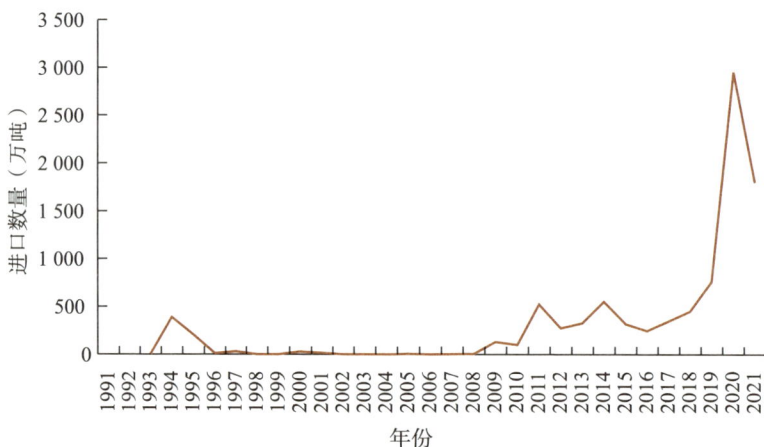

图 6-5　1991—2021 年我国玉米进口数量变动情况
数据来源：中国玉米进口数据来源于国家统计局网站，图表由笔者整理。

第四，粳稻进口情况分析。由于海关总署并没有关于粳稻的进口数量的相关数据，因此，这里分析稻谷和大米的进口数量。如图 6-6 所示，1996—2020 年我国稻谷和大米的进口数量呈现上升的趋势。变动的趋势大致可以分为两个阶段：第一个阶段是 1996—2011 年，这个阶段我国稻谷和大米的进口数量基本维持在 50 万吨上下波动。主要是因为我国的稻米在这些年出现了连年的大丰收，大米的生产数量比较多，国内的供给能够满足人们的需求，因此，从国外进口相对较少。第二个阶段是 2012—2020 年，这个阶段我国稻谷和大米的进口数量出现了快速增长的趋势，从 2011 年的 59.78 万吨，增加到了 2012 年的 236.86 万吨，增加了近 177.08 万吨，翻了近四倍多。主要是因为，国际稻米市场的竞争加剧。2012 年世界各国的稻米大丰收，使得各国之间的稻米出口竞争加剧，供给数量的增加导致国际稻米价格的下降。反观国内稻米的价格，因为受到国内相关政策的保护，国内稻米的价格维持平稳地增长，国内外价格的差异导致我国稻米进口数量开始大幅度增加。

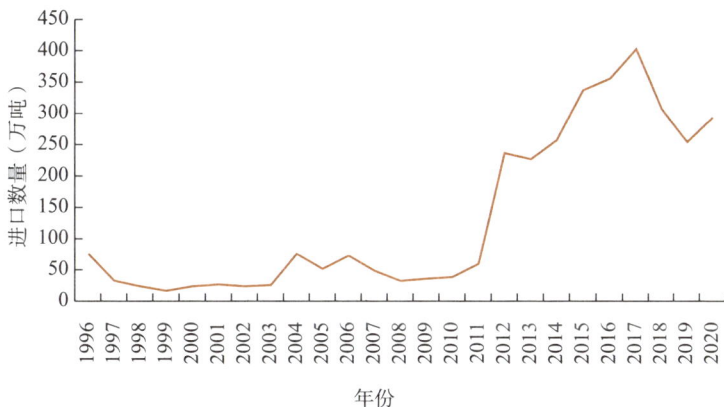

图 6-6 1996—2020 年我国稻谷和大米进口数量变动情况

数据来源：中国稻谷和大米进口数据来源于国家统计局网站，图表由笔者整理。

2021 年，中国粮食进口品种的结构如表 6-1 所示，粮食进口总量达到创纪录的 16 454 万吨，占我国当年粮食产量的 26%。对比中国粮食产量与主要进口粮食作物的数量，大豆进口数量占粮食总进口量比重最大，是对外依赖度很高的品种。根据我国的统计数据来看，我国的大豆产量约 1 960.0 万吨，而 2021 年的大豆进口量却达到了 9 652.0 万吨，是国内产量的 5 倍。小麦、玉米和稻谷则均在 10% 以下。另外，在我国主要粮食的进口中，进口来源高度集中，仅 6 个国家的粮食进口量合计就已经占到我国所有粮食进口数量的 93%。

表 6 - 1　2021 年中国粮食进口与产量对比

分项	产量（万吨）	进口量（万吨）	进口与含量之比（%）	六国进口合计		
				进口总量（万吨）	进口占比（%）	六国进口量占总进口量比重（%）
合计	63 276.0	16 454	26	15 376	24	93
玉米	272.2	2 835	10	2 806	10	99
小麦	13 694.6	977	7	940	7	96
大豆	1 960.0	9 652	492	9 477	484	98
稻谷	21 284.3	496	2			

数据来源：国家统计局、中华粮网数据库。表格由笔者整理。

注：六国是指 2021 年粮食总进口排名前 6 的国家。

　　在中国所有进口来源国中，美国为第一大粮食进口来源国，占中国粮食进口比重达到 37.3%，其次是巴西，占到 35.3%，两个国家进口数量总和占中国粮食进口总量的比重超过了 70%。分品种来看，大豆进口的来源地主要是美国和巴西；美国和乌克兰是玉米主要进口国家。美国、加拿大、法国和澳大利亚是大豆进口的主要来源（表 6 - 2）。

表 6 - 2　2021 年 7 国对中国粮食进口数据分析

分项		合计占比（%）	玉米占比（%）	小麦占比（%）	大豆占比（%）
美国	产量	9.7	7.3	2.0	165.0
	进口	37.3	69.9	27.8	33.5
巴西	产量	9.2			297.0
	进口	35.3			60.2
乌克兰	产量	1.8	3.0		
	进口	7.0	29.0		
阿根廷	产量	1.2			19.1
	进口	4.4			3.9
加拿大	产量	1.1		1.8	
	进口	4.1		25.9	

（续）

分项		合计占比 （％）	玉米占比 （％）	小麦占比 （％）	大豆占比 （％）
法国	产量	0.8		1.0	
	进口	3.1		14.4	
澳大利亚	产量	0.6		2.0	
	进口	2.3		28.0	

数据来源：河北省粮食和物资储备局，表格由笔者整理。

注：产量是指进口数量占中国粮食产量的比重；进口是指在某进口国数量占中国该品种全部进口数量的比重。

中国粮食进口结构并非一成不变，而是会随着国际大环境的变化而出现调整。在 2008 年之前，中国粮食进口近 80％ 为大豆，而小麦、大米及玉米进口均在 400 万吨以内的水平。这一时期进口来源相对稳定，主要为美国和巴西，以大豆为主，而小麦进口则主要集中于北美国家、澳大利亚，对于这些国家的进口产品多为优质专用小麦，玉米则以出口为主，特别是 1997—2007 年，是我国玉米出口的黄金十年，最高峰一年出口量逼近 1 700 万吨。但自 2008 年之后，我国玉米进口数量开始逐渐增大。

进入 2017 年之后，随着中美贸易摩擦日渐升级，为应对我国遭遇的不公平待遇，我国先是对美国进口 DDGS 实施"双反"措施，此后在 2018 年对美国部分农产品加征关税，我国开始从世界其他国家进口粮食，逐步摆脱依存偏于美国的局面，逐渐形成了当前的中美贸易格局。在这一时期，法国一跃成为我国谷物主要进口来源国之一，而到了 2021 年，在进口格局中饲用谷物进口继续保持高速增长，大米和小麦的进口也不再以高端产品为主，大米进口中的碎米主要为饲料用，来源地基本都是印度，小麦中则有相当数量的饲料小麦进口。从未来贸易发展格局来看，预计在保持当前进口结构不变的前提下，仍会有小幅调整，包括对俄罗斯的小麦进口出现缓慢增加、阿根廷高粱进口有望增加等。总的来说，通过梳理我国改革开放 40 多年来的粮食进出口演变趋势，可以看出，我国小麦的进口量在逐渐下降，玉米的进口量基本上保持稳定，但是近些年随着各个国家大力发展清洁能源，国内对玉米的需求量也随之增加，进口数量开始呈现上升的趋势。大豆的进口数量在不断增加，进口占比达到 80％ 以上。纵观中国粮食进口全局，主要的进口品种在今后几年依旧会以大豆、玉米和小麦为主。

（二）出口量变动情况

自从 2001 年我国加入 WTO 以来，农产品出口贸易出现机遇与挑战并存。针对农业生产以及国际贸易，我国政府采取一系列的优惠政策给予积极的扶持，促使我国的农产品质量不断提升，农产品贸易结构优化调整，从而促进我国农产品出口更好地发展。本节主要以本书所研究的小麦、大豆、玉米、粳稻四种粮食进行具体分析。

图 6-7 展示了我国近些年小麦出口数量的变动情况。从图中可以看出，1991—2021 年我国小麦的出口数量整体上呈现先平稳，后剧烈波动，再趋于平稳的一种状态。变化的趋势大致可以分为三个阶段：第一个阶段是 1991—2000 年，在这一时期内，小麦的出口数量基本维持在 10 万吨以下，并没有太大的波动幅度。第二个阶段是 2001—2008 年，在这一时期内，小麦的出口数量开始经历剧烈的波动，在 2003 年和 2007 年分别达到了峰值 216.5 万吨和 183.5 万吨。第三个阶段是 2009—2021 年，在这一个时期内，小麦的出口数量和第一阶段一样，基本维持在 10 万吨以下，并没有太大的波动趋势。总的来说，小麦的出口数量出现大幅度的上升又回落的趋势，并且在 2003 年以 216.5 万吨的出口量达到历史上最高水平。

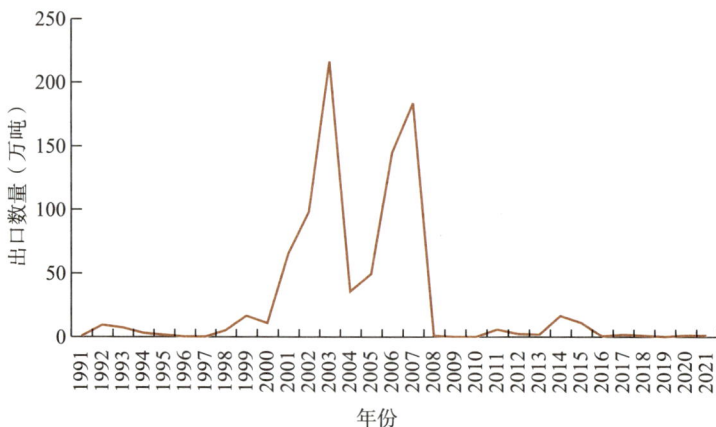

图 6-7 1991—2021 年我国小麦出口数量变动情况

数据来源：中国小麦出口数据来源于国家统计局网站，图表由笔者整理。

图 6-8 展示了我国近些年大豆出口数量的变动情况。从图中可以看出，1991—2021 年我国大豆的出口数量呈现在波动中不断下降的趋势。变动的趋势大致可以分为三个阶段：第一个阶段是 1991—1997 年。在这一时期内我国大豆的出口数量整体上呈现下降的趋势。1995 年之前，我国是大豆主要出口国，但因为种植大豆经济效益偏低，提高大豆产量的技术遇到瓶颈，达不到实质性突破，这使得我国大豆种植面积开始逐渐缩减，单位产量提高速度缓慢，总产量偏低，农民收入减少，极大地影响了农民种植大豆的积极性。近年，随着经济发展和人民生活质量的提高，国内对大豆的需求量日益增加，但是由于国内大豆的产量并不能很好地满足人们的需求，导致我国大豆进口量显著增加，成为当今世界上最大的大豆进口国之一。虽然我国大豆进口总量在不断提升，但是我国大豆出口总量却在减少。第二个阶段是 1998—2010 年。在这个阶段，我国大豆的出口数量呈现先上升后下降的趋势。从 1998 年的 20 万吨上升到 2007 年的峰值 45.257 万吨，然后开始呈现下降的趋势，下降到 2010 年的 17 万吨。第三个阶段是 2011—2021 年。在这个阶段，我国的大豆出口数量呈现持续下降的趋势，然后在 2017 年之后便逐渐减少出口规模。从 2011 年的 23.6 万吨，下降到 2021 年的 10 万吨，下降了 13.6 万吨，相当于 2011 年的 57.63%，以年均 5.76% 的速度下降。

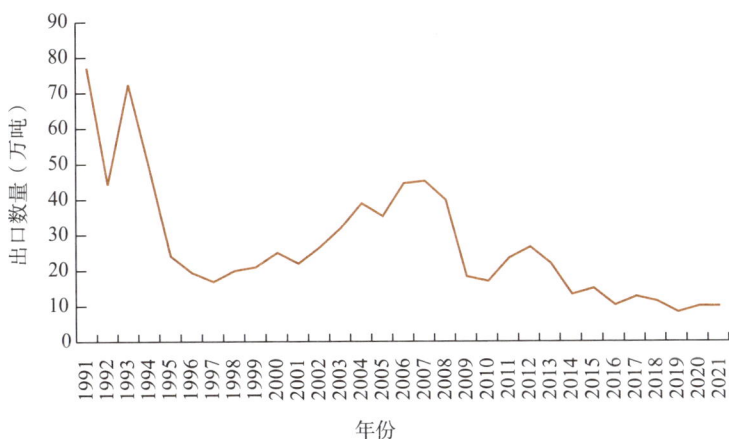

图 6-8　1991—2021 年我国大豆出口数量变动情况

数据来源：中国大豆出口数据来源于国家统计局网站，图表由笔者整理。

　　图6-9展示了我国近些年玉米出口数量的变动情况。从图中可以看出，1991—2021年我国玉米的出口数量呈现出在波动中下降的趋势。变动的趋势大致可以分为两个阶段：第一个阶段是1991—2008年。在这一期间内，玉米的出口数量呈现幅度较大的波动。其中，1995年达到了低谷13.5万吨，2002年达到了峰值1 482.8万吨。在达到峰值之后，玉米出口呈现出衰减态势，降到了2005年的426万吨。第二个阶段是2009—2021年。在2009年玉米出口数量下降之后，便相对比较平稳，数量在10万吨以下。

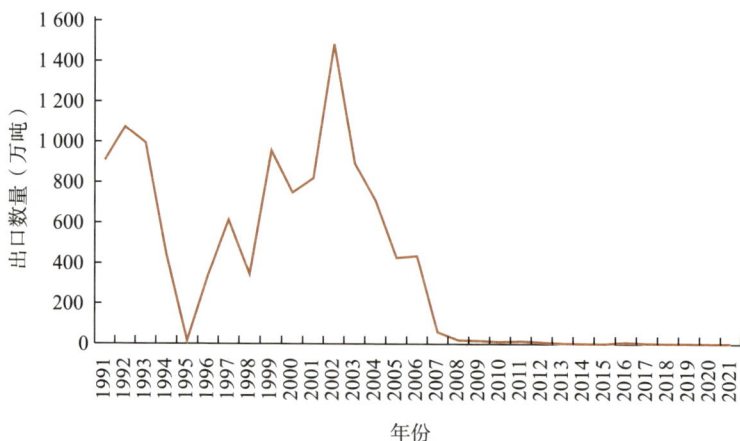

图6-9　1991—2021年我国玉米出口数量变动情况

数据来源：中国玉米出口数据来源于国家统计局网站，图表由笔者整理。

　　图6-10展示了我国近些年稻谷和大米出口数量的变动情况，从图中可以看出，1994—2020年我国稻谷和大米的出口数量变动比较剧烈，较为明显的有1995—1998年、2016—2019年两个时间段。尤其是1995年的时候我国稻谷出口数量仅为5万吨，达到了历史新低，但是到了1998年，我国的稻谷出口数量上升到了374万吨，涨幅明显。

　　综上所述，小麦的出口数量非常少，虽然有一段时间内出口数量有所增加，但是2003年和2007年之后又开始下降。大豆是我国最主要的粮食出口品种，在1992—1995年，大豆出口波动比较剧烈，但1991—2021年在整体出口量上表现出下降趋势。玉米的出口数量在2007年之前一直是我国主要的粮食出口品种，但是自从2008年之后出口数量基本维持在一个较高的水平，与小麦后期的出口情况类似。稻谷和大米的出口数量波动较为频繁且增长幅度较

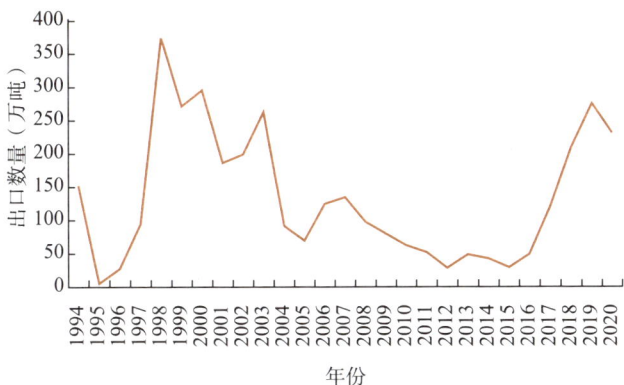

图 6 - 10　1994—2020 年我国稻谷和大米出口数量变动情况
数据来源：中国稻谷和大米出口数据来源于国家统计局网站，图表由笔者整理。

大。因此，中国粮食出口发展情况在今后几年依旧会以大豆、稻谷和大米、玉米和小麦为主。

三、中国粮食进口存在的问题

通过对近 30 多年的中国粮食进出口数量的分析可以发现，我国的粮食进口规模在近些年有了较大幅度的提升，从国际粮食市场上进口粮食可以在一定程度上缓解国内粮食市场供需短缺的问题，对稳定粮食价格、保障中国粮食安全有着重要作用。但是在肯定粮食进口对中国粮食价格和粮食安全所起的积极意义的同时，也应该重视中国粮食进口所面临的诸多问题。

一是粮食进口量逐年上升冲击着中国国内粮食市场。近些年，我国的粮食产量呈现连年增长的趋势，但是粮食产量增加是以大量使用农药、化肥造成土地、环境污染为代价，这为粮食增产增加了一定的难度，同时由于国内居民对粮食需求的增加，导致粮食市场的供给和需求不平衡。因此，我国需要充分利用国际粮食市场来调节国内粮食市场的均衡。通过相关数据分析可以知道，我国的粮食进口增速过快，粮食的进口量波动剧烈，再加上中国的劳动力工资和土地流转成本的增加，生产要素价格的上涨随之带来了粮食生产成本的上升，使国内粮食价格不断提高；在国内粮食价格提高的同时，同期国际粮食市场价格却出现下跌的趋势，国内外粮食价格的差额激化了粮价倒挂问题。根据需求理论，国际粮食与国内粮食生产互为替代品，当国际粮价下跌时，国内市场对国际粮食进口的需求量增加，比国内生产价格更低的国际粮食充斥国内粮食市场，这不仅会影响国内粮食生产的价格设定，同时对国内粮食市场的稳定也产生一定的冲击。近期，国际粮食价格的下降，中国粮食进口税水平不断降低，导致了进口粮食价格低于国内粮食价格，而粮食企业的最终目标是为了追求自身利润最大化。因此，粮食企业会选择放弃购买国内粮食而进口国际粮食，会对国内的粮食造成一定的挤压。

二是粮食进口结构性风险增加。中国粮食进口结构不合理主要体现在进口品种结构的不合理和进口来源结构的不合理两方面：一方面，中国的进口品种结构不合理，近些年，我国的大豆产业开始迅速发展，与大豆需求量的激增相对应的是国内大豆供给不足，同时，与国际大豆相比，国内大豆生产并不具有价格优势，使得目前国内大豆的供给大部分依旧需要依赖进口。根据中国海关总署提供数据显示，2021年中国累计进口粮食 16 454 万吨，其中，大豆全年进口 9 652 万吨，占粮食进口总量的 58.7%①。其他的粮食品种进口数量虽然有所增加，但是占比却是相当少的一部分，并且其他粮食品种的进口数量增长率远远没有大豆的进口数量增长率高，这与保障中国粮食安全的目的相违背。另一方面，我国的粮食进口来源国集中度比较高。通过前文分析可以知道，我国的粮食进口国比较集中，其中大豆对美国依存度最高。由于每个国家的资源禀赋和农业发展水平都不尽相同，各个国家的粮食种植结构和产量也不相同，这就导致每个国家的粮食出口品种也不一样。粮食进口国的集中度较高是世界上各个粮食进口国都存在的问题，但是粮食进口来源的过度集中，会导致中国粮食进口面临结构性风险，加剧可能因为国际政治、经济关系变动而产生的不确定性风险，通过国家之间政策传导机制影响粮食进出口，进而对中国粮食安全产生较大影响。

三是粮食进口的国际话语权比较弱。尽管近些年我国的粮食进口规模在不断增大，但是在国际粮食市场中仍然没有话语权。其中，尤其缺乏对国际粮食价格的定价权。中国作为国际粮食进口大国之一，在世界粮食贸易中所占比重接近 20%，在世界粮食贸易中具有举足轻重的地位，按进口量来说，中国凭借粮食进口数量便能在国际粮食贸易中拥有足够的价格话语权，但是事实上，我国在世界粮食贸易中的话语权比较弱，甚至可以说没有定价权。这就导致我国的粮食进口仍然面临着粮食价格上涨的风险。拿中国粮食进口数量最大的大豆

---

① 数据来源：中国海关总署 2021 年海关统计数据。

来说，导致话语权较低的原因可能是因为我国国内的粮食产业发展速度比较慢，尤其是我国的大豆产业几乎受制于国际大豆企业的控制，使得我国在粮食进口时丧失了话语权和定价权。

第三节 研究设计

基于本章提出的粮食进出口贸易对粮食价格波动具有显著影响、地缘政治风险能够通过影响粮食进出口贸易进而间接影响粮食价格波动两个研究假设，本节通过构建地缘政治风险、粮食进出口贸易对粮食价格影响的向量自回归模型、中介效应模型、对变量进行描述性统计与解释数据来源等，为后续章节展开实证分析奠定实证基础。

一、模型设定与变量选取

为了验证本章所提出的两个研究假设，实证考察地缘政治风险和粮食进出口贸易对粮食价格的影响及传导机制，本书分别以粮食价格指数（$PRICE$）、小麦（中等）集贸市场价格（$Wheat$）、玉米（中等）集贸市场价格（$Corn$）、大豆（中等）集贸市场价格（$Soybean$）和粳稻（中等）集贸市场价格（$JaponicaRice$）作为因变量，粮食进口量（GI）和粮食出口量（GE）作为自变量建立基本模型，本书以滞后一阶的向量自回归模型为例，构建的基本估计模型如下：

$$PRICE_t = c_1 + \alpha_1 PRICE_{t-1} + \alpha_2 GI_t + \alpha_3 GE_t + u_t$$

$$Wheat_t = c_1 + \alpha_1 Wheat_{t-1} + \alpha_2 GI_t + \alpha_3 GE_t + u_t$$

$$Corn_t = c_1 + \alpha_1 Corn_{t-1} + \alpha_2 GI_t + \alpha_3 GE_t + u_t$$

$$Soybean_t = c_1 + \alpha_1 Soybean_{t-1} + \alpha_2 GI_t + \alpha_3 GE_t + u_t$$

$$JaponicaRice_t = c_1 + \alpha_1 JaponicaRice_{t-1} + \alpha_2 GI_t + \alpha_3 GE_t + u_t$$

其中 $PRICE_t$ 表示 t 期的中国粮食价格指数，$Wheat_t$ 代表第 t 期的中国小麦中等集贸市场价格，$Corn_t$ 代表第 t 期的中国玉米中等集贸市场价格，$Soybean_t$ 代表第 t 期的大豆中等集贸市场价格，$JaponicaRice_t$ 代表 t 期的粳稻中等集贸市场价格。被解释变量 GI_t 表示 t 期的粮食进口量，GE_t 表示 t 期的粮食出口量，u_t 为随机干扰项。t 为时间。

中国粮食价格除了受到自身价格和粮食进出口贸易的影响外，同样还受到诸如通货膨胀率和外汇储备量等外生变量的影响。所以本章运用最小二乘回归模型估计方法（OLS），加入解释变量粮食进口量对数值（GI）和粮食出口量对数值（GE）和控制变量外汇储备量对数值（FE）、农副食品加工业资产对数值（$Total$）、农业固定资产投资额对数值（$FAPI$）、货币和准货币供应量对数值（$M2$）和反映通货膨胀率的变量——居民消费价格指数（CPI）对粮食农产品价格进行回归。其基本回归模型如下：

$$PRICE_t = \alpha_0 + \alpha_1 GI_t + \alpha_2 GE_t + \alpha_3 M2_t + \alpha_4 FE_t + \alpha_5 Total_t$$
$$+ \alpha_6 FAPI_t + \alpha_7 CPI_t + \varepsilon_t$$

$$Wheat_t = \alpha_0 + \alpha_1 GI_t + \alpha_2 GE_t + \alpha_3 M2_t + \alpha_4 FE_t + \alpha_5 Total_t$$
$$+ \alpha_6 FAPI_t + \alpha_7 CPI_t + \varepsilon_t$$

$$Corn_t = \alpha_0 + \alpha_1 GI_t + \alpha_2 GE_t + \alpha_3 M2_t + \alpha_4 FE_t + \alpha_5 Total_t$$
$$+ \alpha_6 FAPI_t + \alpha_7 CPI_t + \varepsilon_t$$

$$Soybean_t = \alpha_0 + \alpha_1 GI_t + \alpha_2 GE_t + \alpha_3 M2_t + \alpha_4 FE_t + \alpha_5 Total_t$$
$$+ \alpha_6 FAPI_t + \alpha_7 CPI_t + \varepsilon_t$$

$$JaponicaRice_t = \alpha_0 + \alpha_1 GI_t + \alpha_2 GE_t + \alpha_3 M2_t + \alpha_4 FE_t + \alpha_5 Total_t$$
$$+ \alpha_6 FAPI_t + \alpha_7 CPI_t + \varepsilon_t$$

其中，$PRICE_t$ 表示 t 期的中国粮食价格指数，$Wheat_t$、$Corn_t$、$Soybean_t$、$JaponicaRice_t$ 与上述公式变量定义一致，分别代表第 t 期的小麦、玉米、大豆和粳稻中等集贸市场价格。被解释变量 GI_t 表示 t 期的粮食进口量，GE_t 表示 t 期的粮食出口量，u_t 为随机干扰项。t 为时间，与前文中保持一致。模型中新加入的控制变量的含义分别是，$M2_t$ 代表 t 期货币和准货币供应量对数值，FE_t 代表 t 期外汇储备量对数值，$Total_t$ 代表 t 期农副食品加工业资产总计对数值，$FAPI_t$ 代表 t 期农业固定资产投资额对数值，CPI_t 代表 t 期消费价格指数。

为了验证 H5，即地缘政治风险和粮食进出口贸易对粮食价格的影响及其作用机制，本书借鉴温忠麟等（2014）对中介效应的检验方法，模型构建如下[①]：

$$PRICE_t = \alpha_0 + \alpha_1 GPR_t + \alpha_2 M2_t + \alpha_3 FE_t + \alpha_4 Total_t$$
$$+ \alpha_5 FAPI_t + \alpha_6 CPI_t + \varepsilon_t \quad\quad (6-1)$$

[①] 温忠麟、叶宝娟：《中介效应分析：方法和模型发展》，《心理科学进展》，2014 年第 5 期，第731-745 页。

$$GI_t = \beta_0 + \beta_1 GPR_t + \beta_2 M2_t + \beta_3 FE_t + \beta_4 Total_t + \beta_5 FAPI_t$$
$$+\beta_6 CPI_t + \varepsilon_t \tag{6-2}$$

$$GE_t = \gamma_0 + \gamma_1 GPR_t + \gamma_2 M2_t + \gamma_3 FE_t + \gamma_4 Total_t + \gamma_5 FAPI_t$$
$$+\gamma_6 CPI_t + \varepsilon_t \tag{6-3}$$

$$PRICE_t = \varphi_0 + \varphi_1 GPR_t + \varphi_2 GI_t + \varphi_3 M2_t + \varphi_4 FE_t + \varphi_5 Total_t$$
$$+\varphi_6 FAPI_t + \varphi_7 CPI_t + \varepsilon_t \tag{6-4}$$

$$PRICE_t = \varphi_0 + \varphi_1 GPR_t + \varphi_2 GE_t + \varphi_3 M2_t + \varphi_4 FE_t + \varphi_5 Total_t$$
$$+\varphi_6 FAPI_t + \varphi_7 CPI_t + \varepsilon_t \tag{6-5}$$

本书构建中介效应模型分别检验粮食进口量和粮食出口量在地缘政治风险和粮食价格指数之间的作用机制。也就是说，作用机制检验时用来验证地缘政治通过影响粮食进出口量进而影响中国粮食价格的作用机制是否成立。其大致思路为：首先验证地缘政治风险对粮食价格的影响是否显著，若显著，则继续验证模型 6-2 和模型 6-3 的显著性，即验证地缘政治风险对粮食进出口贸易是否显著，若模型 6-2 和 6-3 未通过显著性检验，则作用机制检验就此结束，证明地缘政治风险、粮食进出口贸易和粮食价格波动之间不存在作用机制，H5 不成立。若模型 6-2 和模型 6-3 通过了显著性检验，则进一步检验作用机制是否成立，若模型 6-4 和模型 6-5 的解释变量显著，则证明作用机制存在。

二、数据来源

为了研究地缘政治风险的影响，结合本书研究需要以及数据可得性，本章以中国 1994 年 1 月至 2022 年 1 月数据为研究样本进行实证研究。对于部分缺失的样本值，使用插值法进行补全，以确保数据的完整性和实证的顺利进行。粮食价格指数的月度数据来自中华粮网数据库，粳稻（中等）集贸市场价格当期值、小麦（中等）集贸市场价格当期值、玉米（中等）集贸市场价格当期值和大豆（中等）集贸市场价格当期值（四种粮食作物单位均为元/千克）来自国家统计局，地缘政治风险指数在前文中已经有介绍，这部分不再赘述。控制变量均采用其对数值形式，外汇储备量（FE）、农副食品加工业资产总计（Total）、农业固定资产投资额（FAPI）、货币和准货币供应量（M2）、衡量通货膨胀率的居民消费价格指数（CPI）分别来自国家统计局所发布的统计年鉴，外汇储备变量的样本数据来自国家外汇管理局（SAFE）网站公布的月度统计数据。

表 6-3 是变量的描述性统计结果，这里仅以粮食进出口变量为例进行分析，

从中可以看出，粮食进口量、出口量的平均值分别为 7.937、4.449，最小值和最大值分别为 5.455、2.210，10.177、6.569，由此可见，各个月份之间的进出口呈现出显著的差异。二者的峰度和偏度分别为 1.453、1.366，0.207、0.169，峰度和偏度均大于 0，说明粮食进出口贸易的样本分布整体上比较陡峭且呈现右偏态的趋势。其他变量的峰度和偏度数据存在差异。整体来看，所有变量并没有出现异常值，因此可以进行回归检验；并且所有变量的 JB 检验的 p 值均在 5% 的显著性水平下通过了检验，说明所有变量的样本分布基本上符合正态分布。

表6-3　变量描述性统计

变量名（中文）	变量名（英文）	均值	标准偏差	最小值	最大值	样本数	峰度	偏度
粮食价格指数	PRICE	4.634	0.104	4.453	5.102	339	11.506	2.605
粮食进口量	GI	7.937	1.466	5.455	10.177	339	1.453	0.207
粮食出口量	GE	4.449	1.424	2.210	6.569	339	1.366	0.169
地缘政治风险	GPR	0.463	0.266	0.098	2.052	339	7.895	1.774
外汇储备量对数值	FE	9.603	1.054	7.344	10.595	339	2.454	−0.980
农副食品加工业资产总计对数值	Total	10.257	0.146	9.818	10.439	339	4.257	−1.383
农业固定资产投资额对数值	FAPI	3.144	0.747	−0.916	4.805	339	8.066	−1.250
居民消费价格指数对数值	CPI	3.511	5.455	−2.200	27.700	339	10.447	2.688
货币和准货币供应量对数值	M2	12.884	1.230	10.434	14.684	339	1.783	−0.205

注：变量描述性统计检验结果由笔者使用计量软件估计得出。

第四节　实证分析

本书第四章运用了向量自回归模型检验了地缘政治风险对粮食价格的影响，本节将在第四章研究结论的基础上进一步检验粮食进出口贸易在地缘政治风险和粮食价格之间发挥的中介效应，即验证地缘政治风险通过影响粮食进出口贸易进而影响国内粮食价格波动。本节的研究思路如下：首先，借鉴第四章的时间序列模型估计方式，验证粮食进出口贸易对粮食价格指数的影响，同时检验粮食进出口贸易对我国小麦、大豆、玉米和粳稻价格的影响，使用格兰杰因果检验对变量之间的因果关系进行分析，之后使用脉冲响应与方差分解模型对粮食进出口贸易的外部冲击对内生变量所带来的影响进行分析。其次，通过估计粮食进出口贸易与粮食价格之间的关系后，通过中介效应模型检验粮食进出口贸易的作用机制，分别验证粮食进出口贸易在地缘政治风险与粮食价格指数、地缘政治风险与小麦价格、地缘政治风险和玉米价格、地缘政治风险和大豆价格、地缘政治风险和粳稻价格的作用机制。

一、粮食进出口贸易对粮食价格指数的影响的总体估计

本节主要使用向量自相关模型（VAR）研究粮食进出口贸易对中国粮食价格指数的影响，首先对全样本进行单位根检验，确保数据的平稳性，随后在 VAR 模型的检验中确定最优滞后阶，根据最优滞后阶进行 VAR 模型的回归分析，但其回归结果的参数并没有实际意义，也就是其经济意义无法解释，所以在本章中呈现回归结果意义不大，故在文中报告了方程联合显著性回归结果，用来检验方程的显著性。最后，进行格兰杰因果检验，进而检验粮食进出口贸易与中国粮食价格指数波动之间是否有因果关系，在此基础上，进行脉冲效应以及方差分解等，以此判断二者之间的具体实证关系。

（一）单位根检验

在进行 VAR 回归中所需要用到的时间序列需保证其平稳性，如果使用非平稳的序列进行 VAR 分析，可能出现伪回归的现象。文中主要使用 Fisher-ADF 检验法测度时间序列是否平稳，中国粮食价格指数和粮食进出口贸易的平稳性检验结果如表 6-4 所示。

表 6-4 平稳性检验

变量	ADF 值	显著水平下的检验			p 值	结论
		1%	5%	10%		
PRICE	-3.166	-3.453	-2.876	-2.570	0.021*	平稳
GI	-8.381	-3.453	-2.876	-2.570	0.000***	平稳
GE	-5.430	-3.453	-2.876	-2.570	0.000***	平稳

注：①平稳性检验结果由笔者使用 STATA16 软件分析得出。②"*"表示在 10% 显著水平上显著，"**"表示在 5% 显著水平上显著，"***"表示在 1% 显著水平上显著。

如表 6-4 所示，被解释变量粮食价格指数和解释变量粮食进出口量都呈现出平稳的时间序列特征。

（二）最优滞后阶数选择

在验证了数据的平稳性后，根据信息准则，以基于粮食价格指数和粮食进

出口贸易量为基础构建 VAR，该模型滞后阶数选择如表 6-5 所示。

表 6-5　最优滞后阶数选择

滞后阶数	似然函数	似然比检验	自由度	p 值	最终预测误差	AIC	HQIC	SBIC
0	−6 133.03				1.80E+12	36.742 7	36.756 3	36.776 9
1	−3 757.02	4 752.000	9	0.000	1.30E+06	22.569 0	22.623 6	22.705 9
2	−3 678.11	157.810	9	0.000	836 313	22.150 4	22.245 9	22.390 0
3	−3 650.46	55.311	9	0.000	747 945	22.038 7	22.175 1	22.381 0
4	−3 630.21	40.491*	9	0.000	699 284*	21.971 3*	22.148 8*	22.416 3*
5	−3 623.33	13.754	9	0.131	708 303	21.984 0	22.202 4	22.531 7

注：①最优滞后阶数选择检验结果由笔者使用 STATA16 软件分析得出。②"*"表示在 10% 显著水平上显著，"**"表示在 5% 显著水平上显著，"***"表示在 1% 显著水平上显著。

如表 6-5 所示，LL 为似然函数，LR 为关于似然函数的似然比检验，FPE 为 Akaike's Final Prediction Error；AIC 为 Akaike Information Criterion，赤池信息量准则；HQIC 为 Hannan-Quinn Information Criterion，汉南-奎恩信息准则；SBIC 为 Schwarz Bayesian Information Criterion，施瓦茨贝叶斯信息准则。不同信息模式下对滞后阶数的最优选择存在差异。根据 LR、FPE、AIC、HQIC、SBIC 准则，均应选用 4 阶滞后，根据多数原则，粮食价格指数与粮食进出口贸易的 VAR 模型最优滞后阶数是 4。

（三）VAR 回归结果检验

方程联合显著性检验结果如表 6-6 所示，在单一方程中，仅有 GE 滞后 3 阶的系数不显著，其余系数都满足方程显著性。将三个方程作为一个整体，各阶段系数均高度显著。

表 6-6　方程联合显著性检验

滞后阶数	卡方检验	自由度	p 值	滞后阶数	卡方检验	自由度	p 值
方程：*PRICE*				方程：*GE*			
1	778.116 70	3	0.000	1	100.834 700	3	0.000
2	43.774 86	3	0.000	2	15.829 690	3	0.001
3	11.876 72	3	0.008	3	3.453 365	3	0.327
4	15.441 63	3	0.001	4	12.366 020	3	0.006

（续）

滞后阶数	卡方检验	自由度	p 值	滞后阶数	卡方检验	自由度	p 值
	方程：GI				方程：ALL		
1	232.686 50	3	0.000	1	1 101.597 00	9	0.000
2	10.768 94	3	0.007	2	51.497 30	9	0.000
3	15.920 30	3	0.004	3	20.906 15	9	0.013
4	12.494 82	3	0.006	4	40.421 56	9	0.000

注：方程联合显著性检验结果由笔者使用 STATA16 软件分析得出。

表 6-7 是分析了对残差项的自相关性，如表 6-7 所示，对模型中的残差项进行自相关检验可以得出，在 1、2 阶滞后期中，其 p 值在 10% 的显著水平上均不显著，接受原假设，认为残差项是"无自相关"的，认为扰动项具有"白噪声"。

表 6-7 残差项自相关检验

滞后阶数	卡方检验	自由度	p 值＞卡方值
1	13.379 1	9	0.146 19
2	7.156 0	9	0.620 88

注：残差项自相关检验结果由笔者使用 STATA16 软件分析得出。

为了检验模型中所使用的 VAR 系统的稳定性，本书绘制了图 6-11，如图所示，所有特征值都在单位圆之内，故 VAR 系统是稳定的。其中有两个根距离单位圆最近，意味着某些冲击有较强的持续性。

（四）格兰杰因果检验

进行格兰杰因果检验主要是为了研究被解释变量与解释变量和控制变量之间是否存在显著负向的因果关系。从表 6-8 的回归结果可知，国内粮食价格指数波动并不是粮食进出口贸易波动的格兰杰原因，而粮食进出口贸易是国内粮食价格指数波动的原因，即绝大多数的格兰杰因果关系是成立的。

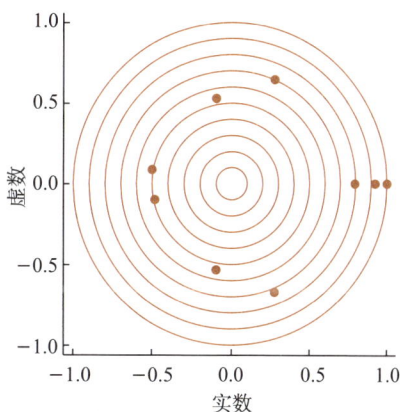

图 6-11 单位根检验
图表来源：单位根检验结果由笔者使用 STATA16 软件分析得出。

表 6 - 8　格兰杰因果检验

方程	排除变量	卡方检验	自由度	p 值>卡方值
PRICE	*GI*	0.332 90	4	0.988
PRICE	*GE*	0.410 10	4	0.982
PRICE	*ALL*	0.518 90	8	1.000
GI	*PRICE*	81.590 00	4	0.001
GI	*GE*	82.538 00	4	0.000
GI	*ALL*	89.542 00	8	0.000
GE	*PRICE*	0.315 99	4	0.989
GE	*GI*	82.815 00	4	0.000
GE	*ALL*	87.819 00	8	0.000

注：格兰杰因果检验结果由笔者使用 STATA16 软件分析得出。

（五）脉冲响应函数分析

在进行格兰杰因果分析之后，对 VAR 模型进行脉冲响应函数分析。被解释变量粮食价格指数的脉冲响应结果如图 6 - 12 所示。我们分析粮食价格指数对粮食出口贸易所作出的反应。图 6 - 12 中实线表示粮食价格指数受到冲击之后的实际走势，阴影部分表示当冲击加大之后粮食价格指数的走势。从图 6 - 12a 中

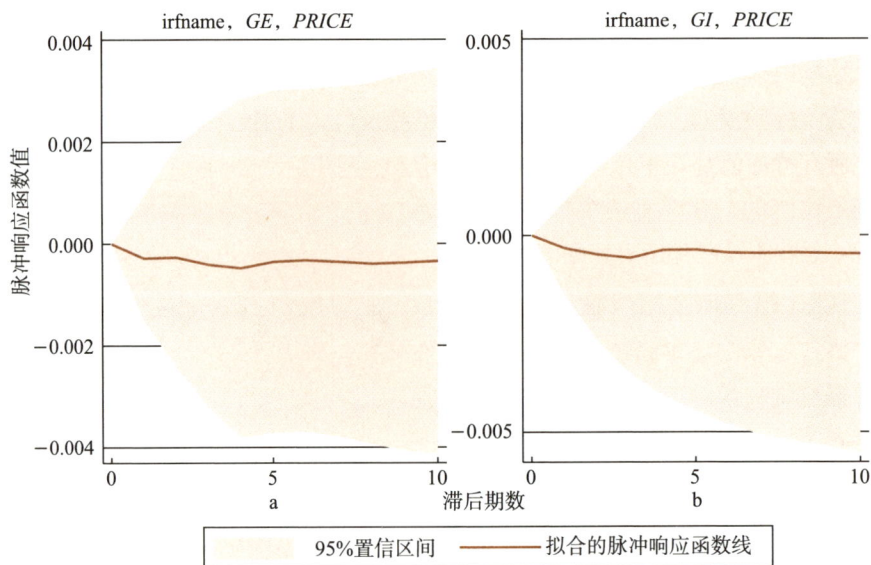

图 6 - 12　脉冲响应检验

图表来源：脉冲响应检验结果由笔者使用 STATA16 软件分析得出。

可以看出，当粮食出口贸易变动一个单位时粮食价格指数会先做出一个负向的反应，并且这种负向的反应程度在缓慢变大。然后，我们分析粮食价格指数对粮食进口贸易所作出的反应。从图 6 - 12b 中可以看出，当粮食进口贸易变动一个单位时粮食价格指数会先做出一个负向的反应，并且这种负向的反应在逐渐变大。

（六）方差分解

表 6 - 9 展示了方差分解的结果。如表 6 - 9 所示，粮食价格指数变动的过程中，随着期数的不断增加，其自身能够解释的部分开始逐渐下降，从第一期的 1 降至第十期的 0.999 253，虽然所占比重有所下降，但是仍然是占据主要部分。由粮食进口贸易和粮食出口贸易所解释的比重开始缓慢增加。到了第十期，所占比重分别为 0.000 442 和 0.000 304。

表 6 - 9　方差分解

期数	(1)	(2)	(3)
1	1.000 000	0.000 000	0.000 000
2	0.999 573	0.000 247	0.000 181
3	0.999 378	0.000 432	0.000 190
4	0.999 206	0.000 538	0.000 255
5	0.999 226	0.000 462	0.000 313
6	0.999 277	0.000 421	0.000 302
7	0.999 292	0.000 420	0.000 288
8	0.999 287	0.000 427	0.000 287
9	0.999 271	0.000 431	0.000 298
10	0.999 253	0.000 442	0.000 304

注：①方差分解检验结果由笔者使用 STATA 16 软件分析得出。②表中（1）irfname＝irfname，impulse＝$PRICE$，and response＝$PRICE$。（2）irfname＝irfname，impulse＝GI，and response＝$PRICE$。（3）irfname＝irfname，impulse＝GE，and response＝$PRICE$。

综上分析可知，无论是格兰杰因果检验，还是脉冲响应检验、方差分解，均得出了粮食进出口贸易对我国国内粮食价格指数产生了显著影响，这就验证了 H4 的正确性，即粮食进出口贸易会显著影响中国国内粮食价格波动。

二、四大主要粮食品种的分类估计

与上一节相同，本节主要使用向量自相关模型（VAR）研究粮食进出口贸易对中国小麦、玉米、大豆和粳稻四类主粮国内价格的影响。在借鉴多数文献的研究思路的基础上，梳理出本书的研究思路如下：首先对各个粮食价格全样本进行单位根检验，确保数据的平稳性。随后确定 VAR 的最优滞后阶数，进行 VAR 模型回归估计，但其回归结果的参数并没有实际意义，也就是其经济意义无法解释，所以在本章中呈现回归结果意义不大，故文中报告了方程联合显著性回归结果，用来检验方程的显著性。接下来进行格兰杰因果检验，进而检验粮食进出口贸易与中国小麦、玉米、大豆、粳稻价格波动之间是否有因果关系。最后进行脉冲响应函数分析和方差分析，以此判定粮食进出口贸易对各个粮食价格的影响效果。

第一，对模型进行单位根检验。进行 VAR 回归的前提是所研究的时间序列为平稳序列。对单位根主要的检验方法有 Levin-Lin-Chu（LLC）检验法、Fisher-ADF 检验法、Fisher-PP 检验法等，本书使用 Fisher-ADF 单位根检验。中国小麦、玉米、大豆、粳稻价格和粮食进出口贸易的平稳性检验结果如表 6 - 10 所示。从平稳性检验结果可知，所有的数据均满足平稳性检验。

表 6 - 10　平稳性检验

变量	ADF 值	显著水平下的检验结果			p 值	结论
		1%	5%	10%		
Wheat	-10.583	-3.453	-2.877	-2.570	0.000^{***}	平稳
GI	-8.381	-3.453	-2.876	-2.570	0.000^{***}	平稳
GE	-5.430	-3.453	-2.876	-2.570	0.000^{***}	平稳
Corn	-0.959	-3.453	-2.876	-2.576	0.000^{***}	平稳
Soybean	-9.497	-3.453	-2.877	-2.570	0.000^{***}	平稳
JaponicaRice	-14.465	-3.453	-2.877	-2.570	0.000^{***}	平稳

注：平稳性检验结果由笔者使用 STATA16 软件分析得出。"*"表示在 10%显著水平上显著，"**"表示在 5%显著水平上显著，"***"表示在 1%显著水平上显著。

第二，对模型进行最优滞后阶数选择。在验证了数据的平稳性后，继续对四种粮食作物的滞后阶数进行信息准则检验，最优滞后阶数选择结果如表 6 - 11 所示。LL 为似然函数，LR 为似然函数检验，FPE 为 Akaike's Final Prediction Error，不同信息准则的滞后阶数具有差异性。根据选择多数原则，小麦、玉米价格与粮食进出口之间的 VAR 模型应选用 5 阶滞后，大豆价格与粮食进出口之间的 VAR 模型应选用 3 阶滞后，粳稻价格与粮食进出口之间的 VAR 模型应选用 4 阶滞后。

表 6 - 11 最优滞后阶数选择

滞后阶数	似然函数	似然比检验	自由度	p 值	最终预测误差	AIC	HQIC	SBIC
				小麦				
0	−4 864.92				9.20E+08	29.149 2	29.162 9	29.183 4
1	−2 304.52	5 120.800	9	0.000	212.248	13.871 4	13.926 0	14.008 3
2	−2 255.13	98.787	9	0.000	166.649	13.629 5	13.725 0	13.869 1
3	−2 227.34	55.569	9	0.000	148.925	13.517 0	13.653 5	13.859 3*
4	−2 208.09	38.497	9	0.000	140.070	13.455 7	13.633 1	13.900 7
5	−2 182.20	51.792*	9	0.000	126.605*	13.354 5*	13.572 9*	13.902 2
				玉米				
0	−4 786.32				5.70E+08	28.678 5	28.692 2	28.712 8
1	−2 435.80	4 701.000	9	0.000	465.843	14.657 5	14.712 1	14.794 4
2	−2 357.74	156.110	9	0.000	308.079	14.244 0	14.339 5	14.483 6
3	−2 317.95	79.580	9	0.000	256.216	14.059 6	14.196 1	14.401 9*
4	−2 304.68	26.552	9	0.002	249.755	14.034 0	14.211 4	14.479 0
5	−2 291.44	26.472*	9	0.002	243.525*	14.008 6*	14.227 0*	14.556 3
				大豆				
0	−5 119.82				4.20E+09	30.675 6	30.689 2	30.709 8
1	−2 676.87	4 885.900	9	0.000	1 973.190	16.101 0	16.155 6	16.238 0
2	−2 599.51	154.730	9	0.000	1 310.350	15.691 7	15.787 2	15.931 3
3	−2 568.09	62.834	9	0.000	1 145.790	15.557 4	15.693 9*	15.899 7*
4	−2 552.52	31.132*	9	0.000	1 101.680*	15.518 1*	15.695 5	15.963 1
5	−2 545.33	14.387	9	0.109	1 113.780	15.528 9	15.747 3	16.076 6
				粳稻				
0	−4 857.31				8.80E+08	29.103 7	29.117 3	29.137 9
1	−2 381.32	4 952.000	9	0.000	336.178	14.331 3	14.385 9	14.468 2
2	−2 350.60	61.447	9	0.000	295.177	14.201 2	14.296 7	14.440 8
3	−2 321.81	57.569	9	0.000	262.208	14.082 7	14.219 2	14.425 0*
4	−2 309.45	24.729*	9	0.003	256.995*	14.062 6*	14.240 0*	14.507 6
5	−2 302.50	13.907	9	0.126	260.190	14.074 8	14.293 2	14.622 5

注：最优滞后阶数选择检验结果由笔者使用 STATA16 软件分析得出。"*"表示在 10% 显著水平上显著，"**"表示在 5% 显著水平上显著，"***"表示在 1% 显著水平上显著。

第三，VAR 回归模型。根据信息准则，选择滞后 5 期建立小麦、玉米的粮食价格与粮食进出口贸易之间的 VAR（5）模型，选择滞后 3 期建立大豆价格与粮食进出口贸易之间的 VAR（3）模型，选择滞后 4 期建立粳稻价格与粮食进出口贸易之间的 VAR（4）模型。方程联合显著性检验结果如表 6-12 所示。

表 6-12 方程联合显著性检验

滞后阶数	卡方检验	自由度	p 值	滞后阶数	卡方检验	自由度	p 值
			小麦				
	方程：*Wheat*				方程：*GE*		
1	647.208 500	3	0.000	1	95.193 600	3	0.000
2	38.406 920	3	0.000	2	5.573 121	3	0.134
3	7.240 931	3	0.065	3	3.398 211	3	0.334
4	20.860 010	3	0.000	4	5.093 592	3	0.165
5	22.948 910	3	0.000	5	4.094 154	3	0.251
	方程：*GI*				方程：*ALL*		
1	256.531	3	0.000	1	981.456 80	9	0.000
2	11.218	3	0.011	2	53.320 47	9	0.000
3	14.071	3	0.003	3	24.057 83	9	0.004
4	35.270	3	0.000	4	62.698 47	9	0.000
5	27.633	3	0.000	53	54.447 34	9	0.000
			玉米				
	方程：*Corn*				方程：*GE*		
1	774.639 300	3	0.000	1	89.898 510	3	0.000
2	49.366 360	3	0.000	2	5.102 180	3	0.164
3	18.866 890	3	0.000	3	7.186 503	3	0.066
4	4.787 589	3	0.188	4	9.161 860	3	0.027
5	2.567 525	3	0.463	5	8.569 379	3	0.036
	方程：*GI*				方程：*ALL*		
1	241.462	3	0.000	1	1127.382 00	9	0.000
2	0.814	3	0.846	2	58.861 94	9	0.000
3	6.287	3	0.098	3	37.086 54	9	0.000
4	20.424	3	0.000	4	34.610 99	9	0.000
5	14.101	3	0.003	53	27.186 82	9	0.001

（续）

滞后阶数	卡方检验	自由度	p 值	滞后阶数	卡方检验	自由度	p 值
			大豆				
	方程：$Soybean$				方程：GE		
1	749.250 10	3	0.000	1	124.990 600	3	0.000
2	10.428 27	3	0.015	2	9.271 896	3	0.026
3	11.653 74	3	0.009	3	30.511 970	3	0.000
	方程：GI				方程：ALL		
1	259.988	3	0.000	1	1121.208 00	9	0.000
2	0.735	3	0.865	2	22.402 41	9	0.008
3	26.572	3	0.000	3	65.751 27	9	0.000
			粳稻				
	方程：$JaponicaRice$				方程：GE		
1	458.115 900 0	3	0.000	1	97.973 950	3	0.000
2	7.512 742 0	3	0.057	2	5.044 854	3	0.169
3	2.458 497 0	3	0.483	3	4.208 577	3	0.240
4	0.872 142 1	3	0.832	4	12.779 330	3	0.005
	方程：GI				方程：ALL		
1	236.006 00	3	0.000	1	779.002 10	9	0.000
2	1.139 00	3	0.768	2	14.271 20	9	0.013
3	5.667 00	3	0.129	3	12.169 83	9	0.204
4	12.425 58	3	0.006	4	25.245 77	9	0.003

注：方程联合显著性检验结果由笔者使用STATA16软件分析得出。

如表 6-12 所示，在单一方程中，GE 的单一方程中仅有 1 阶滞后显著，而其余滞后期均不显著。其余 $Corn$ 与 GI 的单一方程滞后系数均满足方程显著性。将三个方程作为一个整体，各阶段系数均高度显著。在 $Corn$ 的单一方程中，方程的 4 阶滞后与 5 阶滞后并不显著，其余滞后阶数均显著。在 GI 的单一方程中，方程的 2 阶滞后并不显著，而其余滞后阶数均显著。在 GE 的单一方程中，方程的 2 阶滞后并不显著，而其余滞后阶数均显著。将三个方程作为一个整体，各阶段系数均高度显著。在 $Soybean$ 的单一方程中，方程的滞后阶数均显著。在 GI 的单一方程中，方程的 2 阶滞后并不显著，而其余滞后阶数均显著。在 GE 的单一方程中各滞后阶数均显著。将三个方程作为一个整体，各阶段系数均高度显著。在 $JaponicaRice$ 的单一方程中，方程的 1 阶滞后和 2 阶滞后均显著，但 3 阶滞后和 4 阶滞后并不显著。在 GI 的单一方程中，方程的 2 阶滞后和 3 阶滞后并不显著，而其余滞后阶数均显著。在 GE 的单一方程中，2 阶滞后和 3 阶滞后均不显著，但 1 阶滞后和 4 阶滞后均显著。将三个方程作为一个整体，方程的 3 阶滞后不显著，其余滞后阶数均显著。

表 6-13 分析了对残差项的自相关性，如表所示，粳稻、大豆、玉米、小麦的价格与进出口贸易之间的 VAR 模型依旧在 10% 的显著水平上不显著，则接受原假设，认为扰动项具有"白噪声"。

表 6-13 残差项自相关检验

滞后阶数	卡方检验	自由度	p 值＞卡方值
小麦			
1	14.228	9	0.114 4
2	14.684	9	0.199 8
玉米			
1	11.517	9	0.241 9
2	17.063	9	0.477 3
大豆			
1	30.104	9	0.429 0
2	24.054	9	0.422 0
粳稻			
1	23.844	9	0.455 0
2	15.726	9	0.172 0

注：残差项自相关检验结果由笔者使用 STATA16 软件分析得出。

随后对 VAR 模型稳定性进行检验，如图 6-13 所示，所有特征值都在单位圆的范围内。因此小麦、玉米价格与粮食进出口贸易之间的 VAR（5）模型、大豆价格与粮食进出口贸易之间的 VAR（3）模型、粳稻价格与粮食进出口贸易关系的 VAR（4）均具备稳定性。在稳定性检验中，有两个根十分靠近单位圆，意味着某些冲击影响比较持久。

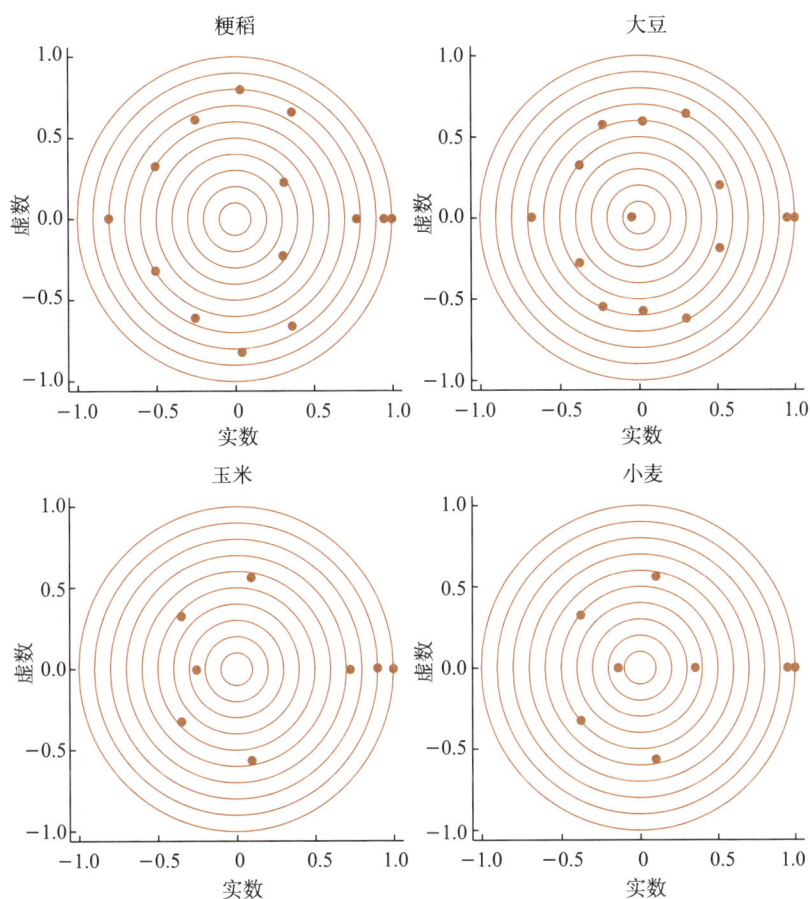

图 6-13 单位根检验

图表来源：单位根检验结果由笔者使用 STATA16 软件绘制。

第四，格兰杰因果检验。中国进出口贸易对小麦、玉米、大豆、粳稻价格影响的格兰杰因果检验结果如表 6-14 所示。

表 6-14 格兰杰因果检验

方程	排除变量	卡方检验	自由度	p 值>卡方值
小麦				
Wheat	GI	19.292	5	0.002
Wheat	GE	11.011	5	0.051

（续）

方程	排除变量	卡方检验	自由度	p 值＞卡方值
		小麦		
Wheat	*ALL*	49.454	10	0.000
GI	*Wheat*	41.619	5	0.000
GI	*GE*	29.990	5	0.000
GI	*ALL*	117.210	10	0.000
GE	*Wheat*	3.505	5	0.622
GE	*GI*	43.512	5	0.000
GE	*ALL*	95.542	10	0.000
		玉米		
Corn	*GI*	22.199	5	0.000
Corn	*GE*	1.619	5	0.900
Corn	*ALL*	24.758	10	0.006
GI	*Corn*	9.509	5	0.090
GI	*GE*	53.807	5	0.000
GI	*ALL*	78.639	10	0.000
GE	*Corn*	17.357	5	0.000
GE	*GI*	93.414	5	0.000
GE	*ALL*	113.170	10	0.000
		大豆		
Soybean	*GI*	4.304	3	0.230
Soybean	*GE*	5.698	3	0.012
Soybean	*ALL*	11.949	6	0.063
GI	*Soybean*	20.865	3	0.000
GI	*GE*	29.193	3	0.000
GI	*ALL*	98.457	6	0.000
GE	*Soybean*	10.142	3	0.017
GE	*GI*	44.644	3	0.000
GE	*ALL*	88.861	6	0.000

（续）

方程	排除变量	卡方检验	自由度	p 值＞卡方值
	粳稻			
$JaponicaRice$	GI	7.384	4	0.061
$JaponicaRice$	GE	2.535	4	0.469
$JaponicaRice$	ALL	16.944	8	0.009
GI	$JaponicaRice$	1.393	4	0.707
GI	GE	34.939	4	0.000
GI	ALL	74.753	8	0.000
GE	$JaponicaRice$	56.204	4	0.000
GE	GI	3.065	4	0.382
GE	ALL	80.173	8	0.000

注：格兰杰因果检验结果由笔者使用 STATA16 软件分析得出。

从表 6－14 小麦的格兰杰因果检验可知，中国小麦价格的波动是粮食进出口贸易的格兰杰原因，粮食进口价格波动是引起国内小麦价格波动的原因，同时粮食出口价格波动也是引起国内小麦价格波动的原因，但粮食出口价格与小麦价格波动并未通过格兰杰检验。从表 6－14 玉米的格兰杰因果检验可知，国内玉米价格的变动与粮食进口贸易之间具有格兰杰因果关系，但国内玉米价格波动对粮食出口贸易并未通过格兰杰检验。粮食进口贸易是国内玉米价格波动和粮食出口贸易的格兰杰原因。粮食出口贸易同样也是国内玉米价格波动和粮食进口贸易的格兰杰原因。从表 6－14 大豆的格兰杰因果检验可知，国内大豆价格的波动对粮食进口贸易并未通过格兰杰检验，但是国内大豆价格变动与粮食出口贸易之间同时也具备格兰杰因果关系，将三者结合起来分析，粮食进口贸易与国内大豆价格变动、粮食出口贸易之间具备格兰杰因果关系。粮食出口贸易同样也是国内大豆价格波动和粮食进口贸易的格兰杰原因。从表 6－14 粳稻的格兰杰因果检验可知，国内粳稻价格的波动对粮食出口贸易并未通过格兰杰检验，国内粳稻价格波动是粮食出口贸易的格兰杰原因。粮食进口贸易对国内粳稻价格波动的影响未通过格兰杰检验。粮食出口贸易同样也是国内粳稻价格波动和粮食进口贸易的格兰杰原因。

第五，脉冲响应函数分析。对 VAR 模型进行脉冲响应函数分析，四类粮食价格的脉冲响应函数图如图 6-14 至图 6-17 所示。

小麦价格的脉冲响应函数如图 6-14 所示。首先分析小麦价格对粮食出口贸易所作出的反应。图中实线表示小麦价格指数受到冲击之后的实际走势，阴影部分表示当冲击加大之后小麦价格的走势。从图 6-14a 中可以看出，当粮食出口贸易变动一个单位时小麦会先做出一个正向的反应，在一期之后负向冲击渐渐转变为正向冲击，在下一期继续转变为负向冲击。表明粮食贸易出口会对国内小麦价格波动产生较强影响。然后，分析小麦价格对粮食进口贸易所作出的反应。从图 6-14b 中可以看出，当粮食进口贸易变动一个单位时小麦价格会先做出一个负向的反应，并且这种负向的反应在缓慢变大。

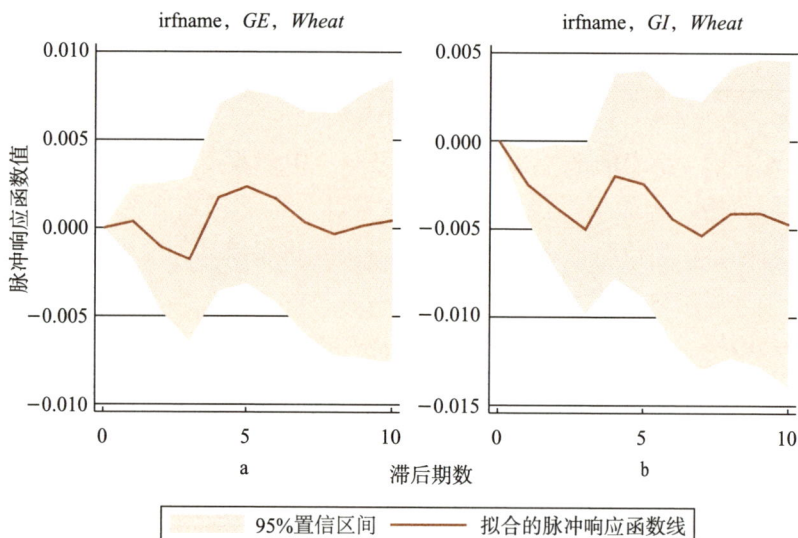

图 6-14　小麦价格脉冲响应检验

玉米价格的脉冲响应函数如图 6-15 所示。首先分析玉米价格对粮食出口贸易所作出的反应。从图 6-15a 中可以看出，当粮食出口贸易变动一个单位时玉米价格会先做出一个正向的反应，并且这种正向反应在缓慢变大。接下来分析玉米价格指数对粮食进口贸易所作出的反应。从图 6-15b 中可以看出，当粮食进口贸易变动一个单位时，玉米价格先做出正向的冲击，随后随着滞后阶数的扩大，正向冲击缓慢变为负向冲击。

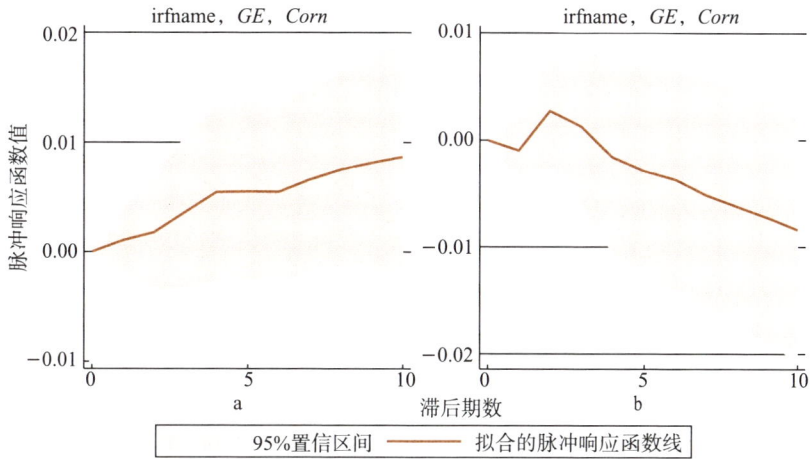

图 6-15　玉米价格脉冲响应检验

大豆价格的脉冲响应函数如图 6-16 所示。首先分析大豆价格对粮食出口贸易所作出的反应。从图 6-16a 中可以看出，当粮食出口贸易变动一个单位时大豆价格会先做出一个正向的反应，并且这种正向反应在缓慢变大，大概在五阶之后这种正向冲击缓慢减弱。随后继续分析大豆价格对粮食进口贸易所作出的反应。从图 6-16b 中可以看出，当粮食进口贸易变动一个单位时，玉米价格做出负向冲击，随后随着滞后阶数的扩大，负向冲击的影响也越来越大。

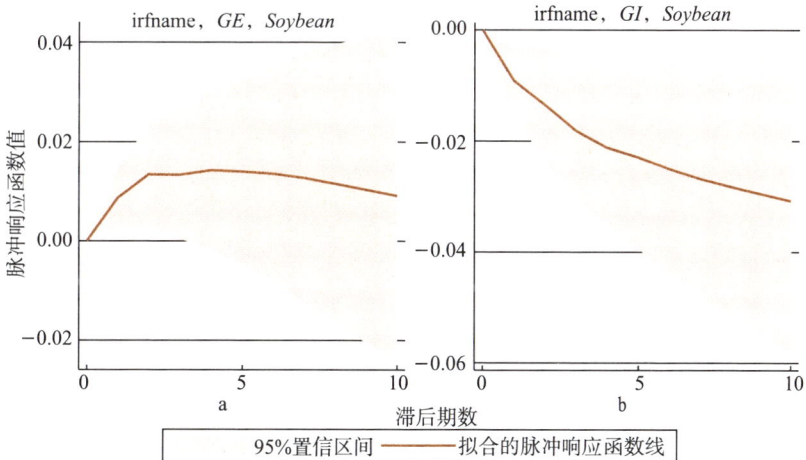

图 6-16　大豆价格脉冲响应检验

粳稻价格的脉冲响应函数如图 6-17 所示。首先分析粳稻价格对粮食出口贸易所作出的反应。从图 6-17a 中可以看出，当粮食出口贸易变动一个单位时粳稻价格会先做出一个正向的反应，并且这种正向反应在缓慢变小，最后趋向于零。随后分析粳稻价格对粮食进口贸易所作出的反应，从图 6-17b 中可以看出，当粮食进口贸易变动一个单位时，粳稻价格首先做出正向冲击，接着变为负向冲击，随后随着滞后阶数的扩大，负向冲击的影响也越来越大。

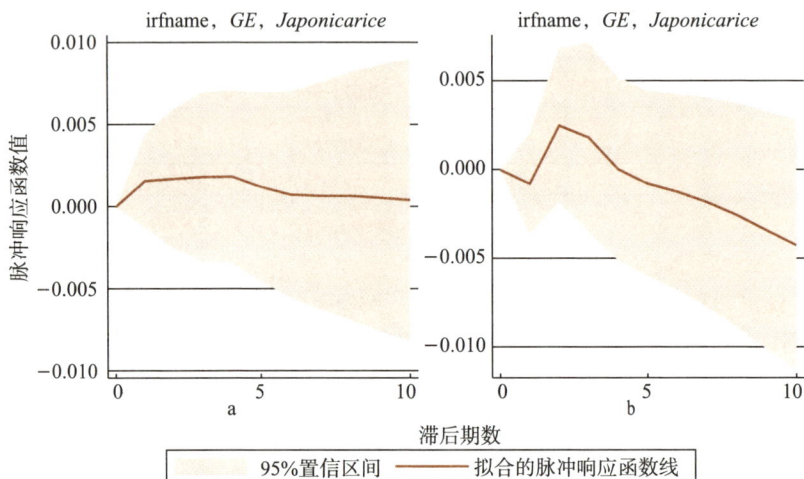

图 6-17　粳稻价格脉冲响应检验

图表来源：粮食价格脉冲响应检验结果由笔者使用 STATA16 软件绘制。

第六，方差分解。表 6-15 至表 6-18 展示了方差分解的结果。

如表 6-15 所示，小麦价格变动的过程中，随着期数的不断增加，其自身能够解释的部分开始逐渐下降，从第一期的 1 逐渐下降到第十期的 0.987 283，虽然所占比重有所下降，但是仍然是占据主要部分。由粮食进口贸易和粮食出口贸易所解释的比重开始缓慢增加，到了第十期，所占比重分别为 0.011 370 和 0.001 347。

如表 6-16 所示，玉米价格变动的过程中，随着期数的不断增加，其自身能够解释的部分开始逐渐下降，从第一期的 1 缓慢降至第十期的 0.980 549，虽然所占比重有所下降，但是仍然是占据主要部分。由粮食进口贸易和粮食出口贸易所解释的比重开始缓慢增加。到了第十期，所占比重分别为 0.006 981 和 0.012 470。

如表 6-17 所示，大豆价格变动的过程中，随着期数的不断增加，其自身能够解释的部分开始逐渐下降，从第一期的 1 变动至第十期的 0.963 412，虽然所占比重有所下降，但是仍然是占据主要部分。由粮食进口贸易和粮食出口贸易所解释的比重开始缓慢增加。到了第十期，所占比重分别为 0.027 954 和 0.008 634。

如表 6 - 18 所示，粳稻价格变动的过程中，随着期数的不断增加，其自身能够解释的部分开始逐渐下降，粳稻价格的方差变动在四类作物中比较缓慢，表现为从第一期的 1 降为第十期的 0.995 392，虽然所占比重有所下降，但是仍然是占据主要部分。由粮食进口贸易和粮食出口贸易所解释的比重开始缓慢增加。到了第十期，所占比重分别为 0.003 174 和 0.001 433。

表 6 - 15　小麦价格方差分解

期数	（1）	（2）	（3）
1	1.000 000	0.000 000	0.000 000
2	0.994 749	0.005 130	0.000 120
3	0.989 714	0.009 686	0.000 601
4	0.984 176	0.014 433	0.001 392
5	0.987 186	0.011 139	0.001 676
6	0.988 260	0.009 500	0.002 241
7	0.987 553	0.010 262	0.002 185
8	0.986 421	0.011 754	0.001 825
9	0.986 893	0.011 553	0.001 554
10	0.987 283	0.011 370	0.001 347

表 6 - 16　玉米价格方差分解

期数	（4）	（5）	（6）
1	1.000 000	0.000 000	0.000 000
2	0.999 184	0.000 375	0.000 441
3	0.997 424	0.001 690	0.000 886
4	0.996 340	0.001 311	0.002 349
5	0.994 031	0.001 245	0.004 725
6	0.992 053	0.001 679	0.006 268
7	0.990 376	0.002 350	0.007 273
8	0.987 636	0.003 581	0.008 783
9	0.984 272	0.005 129	0.010 599
10	0.980 549	0.006 981	0.012 470

表 6 - 17　大豆价格方差分解

期数	（7）	（8）	（9）
1	1.000 000	0.000 000	0.000 000
2	0.985 152	0.007 754	0.007 094
3	0.976 866	0.011 788	0.011 346
4	0.972 855	0.015 694	0.011 451
5	0.970 038	0.018 590	0.011 372
6	0.968 450	0.020 603	0.010 947
7	0.967 018	0.022 545	0.010 437
8	0.965 733	0.024 406	0.009 861
9	0.964 563	0.026 194	0.009 243
10	0.963 412	0.027 954	0.008 634

表 6 - 18　粳稻价格方差分解

期数	（10）	（11）	（12）
1	1.000 000	0.000 000	0.000 000
2	0.998 264	0.000 355	0.001 381
3	0.995 805	0.002 358	0.001 836
4	0.995 416	0.002 484	0.002 100
5	0.995 797	0.001 932	0.002 271
6	0.996 217	0.001 682	0.002 101
7	0.996 500	0.001 634	0.001 866
8	0.996 501	0.001 814	0.001 686
9	0.996 152	0.002 297	0.001 550
10	0.995 392	0.003 174	0.001 433

注：①表中（1）irfname＝irfname，impulse＝$Wheat$，and response＝$Wheat$；（2）irfname＝irfname，impulse＝GI，and response＝$Wheat$；（3）irfname＝irfname，impulse＝GE，and response＝$Wheat$；（4）irfname＝irfname，impulse＝$Corn$，and response＝$Corn$；（5）irfname＝irfname，impulse＝GI，and response＝$Corn$；（6）irfname＝irfname，impulse＝GE，and response＝$Corn$；（7）irfname＝irfname，impulse＝$Soybean$，and response＝$Soybean$；（8）irfname＝irfname，impulse＝GI，and response＝$Soybean$；（9）irfname＝irfname，impulse＝GE，and response＝$Soybean$；（10）irfname＝irfname，impulse＝$JaponicaRice$，and response＝$JaponicaRice$；（11）irfname＝irfname，impulse＝GI，and response＝$JaponicaRice$；（12）irfname＝irfname，impulse＝GE，and response＝$JaponicaRice$。②方差分解检验结果由笔者使用 STATA16 软件分析得出。

第七，粮食进出口贸易对粮食价格的线性回归检验。前文已经详细阐述粮食进出口贸易对粮食价格波动的影响以及这两个变量之间是否存在因果关系，同时也检验了粮食进出口贸易对中国小麦、大豆、玉米和粳稻之间是否存在格兰杰因果关系。但粮食价格不仅受到进出口贸易的影响，同时还受到诸如通货膨胀率和外汇储备量等外生变量的影响。所以本书运用最小二乘回归模型估计方法（OLS），加入主解释变量粮食进口量对数值（GI）和粮食出口量对数值（GE）和控制变量外汇储备量对数值（FE）、农副食品加工业资产总计对数值（$Total$）、农业固定资产投资额对数值（$FAPI$）、货币和准货币供应量对数值（$M2$）和反映通货膨胀率的变量，居民消费价格指数（CPI）对粮食农产品价格（$PRICE$）进行回归，回归结果如表 6 - 19 所示。

表 6 - 19 地缘政治风险对粮食价格波动分析

变量	(1) PRICE	(2) Wheat	(3) Corn	(4) Soybean	(5) JaponicaRice
GI	−0.017***	−0.341***	−0.044	−0.430***	−0.160***
	(−3.31)	(−8.49)	(−1.35)	(−5.61)	(−9.19)
GE	−0.001***	−0.585***	−0.571***	−1.311***	−0.904***
	(−7.09)	(−14.15)	(−17.00)	(−16.62)	(−21.96)
$M2$	4.441***	0.889***	0.574*	1.892***	0.187***
	(2.70)	(7.94)	(1.85)	(4.18)	(2.83)
$FAPI$	−0.276	0.019	0.207***	0.227***	0.016**
	(−1.39)	(1.39)	(5.56)	(4.17)	(1.98)
$Total$	−9.368***	−0.509***	−1.037***	−1.343***	0.074
	(−5.50)	(−4.40)	(−3.23)	(−2.87)	(1.08)
FE	3.876***	0.843***	2.876***	3.253***	0.111**
	(2.86)	(9.15)	(11.24)	(8.71)	(2.03)
CPI	−0.167	−0.002	−0.034	−0.037	−0.011**
	(−1.19)	(−0.22)	(−1.30)	(−0.97)	(−2.01)
_ cons	98.148***	−13.593***	−26.003***	−41.476***	−1.387**
	(6.43)	(−13.11)	(−9.03)	(−9.88)	(−2.26)
N	339	339	339	339	339
r2 _ a	0.726	0.866	0.747	0.778	0.710
F	43.890	105.841	48.775	57.664	40.543

注：①地缘政治风险对粮食价格波动分析检验结果由笔者使用 STATA16 软件分析得出。②括号中为 t 值，"*"表示在 10% 显著水平上显著，"**"表示在 5% 显著水平上显著，"***"表示在 1% 显著水平上显著。

如表 6-19 所示，模型（1）为粮食进出口贸易对中国粮食价格波动的回归结果，从回归结果可知，粮食进口对粮食价格波动的回归系数为 -0.017，且通过了 1% 水平的显著性检验，表明粮食进口贸易的发展可以抑制国内粮食价格的上涨，较为直观的解释是，随着粮食进口数量的增多，国内粮食的供给量增加，在国内需求量保持不变的情况下，供给增多会导致稳定状态下的供给曲线向右移动，进而导致粮食价格下降，即粮食进口贸易会抑制国内粮食价格上涨，符合预期。粮食出口对粮食价格的影响回归系数为 -0.001，且通过了 1% 水平的显著性检验，表明粮食出口贸易同样能够抑制国内粮食价格上涨。控制变量中，货币和准货币供应量对数值（$M2$）、农副食品加工业资产对数值（$Total$）和外汇储备量对数值（FE）均通过了显著性检验，表明货币和准货币的供应、对农业的资产投入和外汇储备量都会影响国内粮食价格波动情况。模型（2）为粮食进出口贸易对中国小麦价格波动的回归结果，从回归结果可以看出，粮食进口贸易对小麦价格波动的回归系数为 -0.341，且通过了 1% 水平的显著性检验，表明粮食进口贸易的发展可以抑制国内小麦价格的上涨，作为国内粮食主要作物，小麦的价格波动同样符合供求定理，在供求定理下，粮食进口贸易的增加会增加国内小麦的供给量，进而会抑制国内粮食价格的上涨。模型（3）为粮食进出口贸易对中国玉米价格波动的回归结果，从回归结果可以看出，粮食进口贸易对玉米价格波动的回归系数为 -0.044，但并未通过显著性检验。模型（4）为粮食进出口贸易对中国大豆价格波动的回归结果，从回归结果可以看出，粮食进口贸易对大豆价格波动的回归系数为 -0.430，且通过了 1% 水平的显著性检验，表明粮食进口贸易的发展对国内大豆价格具有负向抑制作用，作为国内主要粮食作物，大豆的价格波动同样符合供求定理，在供求定理下，粮食进口贸易的增加会增加国内大豆的供给量，进而会抑制国内粮食价格的上涨。模型（5）为粮食进出口贸易对中国粳稻价格波动的回归结果，从回归结果可以看出，粮食进口贸易对小麦价格波动的回归系数为 -0.160，且通过了 1% 水平的显著性检验，表明粮食进口贸易的发展可以抑制国内粳稻价格的上涨，作为国内粮食主要作物，粳稻的价格波动同样符合供求定理，在供求定理下，粮食进口贸易的增加会增加国内粳稻的供给量，进而会抑制国内粮食价格的上涨。

综上分析可知，无论是格兰杰因果检验，还是脉冲响应检验、方差分解，以及最后的最小二乘分析，均得出了粮食进出口贸易对我国国内粮食价格指数产生了显著影响，这就验证了 H4，即粮食进出口贸易会显著影响中国国内粮食价格波动。

三、基于粮食进出口贸易的中介效应的检验

本节中介效应检验的分析思路是：首先以总体粮食价格指数为例进行检验，接下来，分别对四类主粮价格进行检验，进行对比分析，即分别检验粮食进出口贸易在地缘政治风险和粮食价格之间的中介效应、粮食进出口贸易在地缘政治风险和小麦价格之间的中介效应、粮食进出口贸易在地缘政治风险和大豆价格之间的中介效应、粮食进出口贸易在地缘政治风险和玉米价格之间的中介效应、粮食进出口贸易在地缘政治风险和粳稻价格之间的中介效应。

（一）地缘政治风险、粮食进出口贸易和粮食价格的影响机制检验

表 6 - 20 解释了地缘政治风险、粮食进出口贸易对粮食价格影响的作用机制检验。模型（1）为地缘政治风险对中国粮食价格波动的回归结果，关于地缘政治风险对粮食价格的影响，在第四章已经作了详细介绍，本节不再赘述。从模型（1）的回归结果可知，地缘政治风险对国内粮食价格具有显著的影响，进而可以进行模型（2）和模型（4）的回归，从模型（2）和模型（4）可知，地缘政治风险的增加会显著抑制粮食进口贸易与粮食出口贸易，即随着地缘政治风险因素的增加，外部冲击将会抑制国与国之间的粮食进出口贸易。模型（3）和模型（5）为作用机制检验结果，即在模型（1）中表现为加入粮食进口贸易、粮食出口贸易这两个变量之后的回归结果，再加入粮食进口贸易变量后，地缘政治风险对中国粮食价格波动的影响依旧十分显著，同时回归系数也从 0.051 略微下降为 0.023，且通过了 5% 的显著性检验。同时粮食进口贸易变量同样显著，中介效应结果十分显著，表明地缘政治风险可以通过影响粮食进口贸易进而影响中国粮食价格波动。同样，模型（5）证明了地缘政治风险可以通过影响粮食出口贸易进而影响中国粮食价格波动。综上，地缘政治风险可以通过影响粮食进出口贸易，进而影响中国粮食价格波动，即粮食进出口贸易在地缘政治风险和粮食价格波动之间发挥着部分中介效应。

表 6 - 20　地缘政治风险、粮食进出口贸易对粮食价格的影响机制检验

变量	(1)	(2)	(3)	(4)	(5)
	PRICE	GI	PRICE	GE	PRICE
GPR	0.051**	−2.060***	0.023**	−2.256***	0.021***
	(2.42)	(−7.39)	(2.01)	(−8.52)	(2.91)

（续）

变量	(1) *PRICE*	(2) *GI*	(3) *PRICE*	(4) *GE*	(5) *PRICE*
GI			0.014***		
			(3.41)		
GE					0.013***
					(3.11)
M2	4.441***	0.659***	−0.010	0.737***	−0.017***
	(2.7)	(4.38)	(−1.52)	(3.56)	(−3.03)
FAPI	−0.276	0.043	0.001	−0.083	0.001
	(−1.39)	(0.93)	(0.29)	(−1.30)	(0.88)
Total	−9.368***	0.357*	−0.041***	−0.973***	−0.030***
	(−5.50)	(1.65)	(−4.86)	(−3.27)	(−3.72)
FE	3.876***	0.343	0.063***	−0.953**	0.074***
	(2.86)	(1.13)	(5.4)	(−2.28)	(6.73)
CPI	−0.167	−0.013	−0.001	0.074	−0.001
	(−1.19)	(−0.36)	(−0.36)	(−1.48)	(−1.02)
_cons	98.148***	−9.845**	4.515***	12.603**	4.369***
	(6.43)	(−2.42)	(28.02)	(2.25)	(29.60)
N	339	339	339	339	339
r2_a	0.726	0.534	0.692	0.380	0.739
F	43.89	54.635	82.837	72.645	47.851

注：①地缘政治风险、粮食进出口贸易对粮食价格的影响机制检验结果由笔者使用 STATA16 软件分析得出。②括号中为 t 值，"*"表示在 10%显著水平上显著，"**"表示在 5%显著水平上显著，"***"表示在 1%显著水平上显著。

（二）地缘政治风险、粮食进出口贸易和小麦价格的影响机制检验

表 6-21 解释了地缘政治风险、粮食进出口贸易对小麦价格影响的作用机制检验。模型（1）为地缘政治风险对中国小麦价格波动的回归结果，从模型（1）的回归结果可知，地缘政治风险会显著促进国内的小麦价格上涨，进而可以进行模型（2）和模型（4）的回归，从模型（2）和模型（4）可知，地缘政治风险的增加会显著抑制粮食进口贸易与粮食出口贸易，即随着地缘政治风险

因素的增加，外部冲击将会抑制国与国之间的粮食进出口贸易。模型（3）和模型（5）为作用机制检验结果，即在模型（1）的分析中加入粮食出口贸易、粮食进口贸易两个变量得到的回归结果，加入粮食进口贸易变量之后，地缘政治风险对中国小麦价格波动的影响依旧十分显著，且通过了 1% 的显著性检验。同时粮食进口贸易变量同样显著，中介效应结果十分明显，表明地缘政治风险可以通过影响粮食进口贸易进而影响中国小麦价格波动。同理，模型（5）证明了地缘政治风险可以通过影响粮食出口贸易进而影响中国小麦价格波动。综上所述，地缘政治风险可以通过影响粮食进出口贸易，进而影响中国小麦价格波动，即粮食进出口贸易在地缘政治风险和小麦价格波动之间发挥着部分中介效应。

表 6-21　地缘政治风险、粮食进出口贸易对小麦价格的影响机制检验

变量	(1) Wheat	(2) GI	(3) Wheat	(4) GE	(5) Wheat
GPR	0.028***	−2.060***	0.012***	−2.256***	0.015***
	(3.02)	(−7.39)	(2.92)	(−8.52)	(3.63)
GI			0.057***		
			(3.41)		
GE					0.049**
					(2.57)
M2	0.675***	0.659***	0.711***	0.737***	0.642***
	(16.97)	(4.38)	(16.79)	(3.56)	(15.79)
FAPI	0.033***	0.043	0.035***	−0.083	0.036***
	(2.73)	(0.93)	(3.00)	(−1.30)	(3.11)
Total	−0.306***	0.357*	−0.284***	−0.973***	−0.260***
	(−5.49)	(1.65)	(−5.12)	(−3.27)	(−4.57)
FE	0.966***	0.343	0.990***	−0.953**	1.005***
	(11.83)	(1.13)	(12.25)	(−2.28)	(12.46)
CPI	0.002	−0.013	0.001	0.074	−0.002
	(0.19)	(−0.36)	(0.10)	(1.48)	(−0.18)
_cons	−14.074***	−9.845**	−14.672***	12.603**	−14.630***
	(−13.29)	(−2.42)	(−13.65)	(2.25)	(−13.93)

（续）

变量	(1) Wheat	(2) GI	(3) Wheat	(4) GE	(5) Wheat
N	339	339	339	339	339
r2 _ a	0.862	0.534	0.867	0.380	0.870
F	102.108	54.635	91.711	72.645	93.879

注：①地缘政治风险、粮食进出口贸易对小麦价格的影响机制检验结果由笔者使用 STATA16 软件分析得出。②括号中为 t 值，"＊"表示在 10％显著水平上显著，"＊＊"表示在 5％显著水平上显著，"＊＊＊"表示在 1％显著水平上显著。

（三）地缘政治风险、粮食进出口贸易和玉米价格的影响机制检验

表 6-22 解释了地缘政治风险、粮食进出口贸易对国内玉米价格影响的作用机制检验。模型（1）为地缘政治风险对中国玉米价格波动的回归结果，从模型（1）的回归结果可知，地缘政治风险会显著促进国内的玉米价格上涨，进而可以进行模型（2）和模型（4）的回归，从模型（2）和模型（4）可知，地缘政治风险的增加会显著抑制粮食进口贸易与粮食出口贸易，即随着地缘政治风险因素的增加，外部冲击将会抑制国与国之间的粮食进出口贸易。模型（3）和模型（5）为作用机制检验结果，即在模型（1）的基础上加入粮食进口贸易、粮食出口贸易两个变量进行回归，回归结果说明了加入粮食进口贸易变量之后，地缘政治风险对中国粮食价格波动的影响依旧十分显著，且通过了 1％的显著性检验。同时粮食进口贸易变量同样显著，中介效应结果十分明显，表明地缘政治风险可以通过影响粮食进口贸易进而影响中国玉米价格波动。同样，模型（5）证明了地缘政治风险可以通过影响粮食出口贸易进而影响中国玉米价格波动。综上，地缘政治风险可以通过影响粮食进出口贸易，进而影响中国玉米价格波动，即粮食进出口贸易在地缘政治风险和玉米价格波动之间发挥着部分中介效应。

表 6-22　地缘政治风险、粮食进出口贸易对玉米价格的影响机制检验

变量	(1) Corn	(2) GI	(3) Corn	(4) GE	(5) Corn
GPR	0.206***	−2.060***	0.224***	−2.256***	0.218***
	(3.10)	(−7.39)	(3.51)	(−8.52)	(3.28)
GI			0.210***		
			(3.08)		

（续）

变量	(1) Corn	(2) GI	(3) Corn	(4) GE	(5) Corn
GE					0.076
					(1.48)
M2	1.265***	0.659***	1.134***	0.737***	0.642***
	(11.95)	(4.38)	(10.32)	(3.56)	(15.79)
FAPI	0.159***	0.043	0.149***	−0.083	0.036***
	(5.00)	(0.93)	(4.87)	(−1.30)	(3.11)
Total	−1.674***	0.357*	−1.753***	−0.973***	−0.260***
	(−11.30)	(1.65)	(−12.17)	(−3.27)	(−4.57)
FE	2.374***	0.343	2.284***	−0.953**	1.005***
	(10.93)	(1.13)	(10.89)	(−2.28)	(−12.46)
CPI	−0.042*	−0.013	−0.039	0.074	−0.002
	(−1.69)	(−0.36)	(−1.62)	(1.48)	(−0.18)
_cons	−23.501***	−9.845**	−21.290***	12.603**	−14.630***
	(−8.34)	(−2.42)	(−7.63)	(2.25)	(−13.93)
N	339	339	339	339	339
r2_a	0.76	0.534	0.781	0.380	0.763
F	52.309	54.635	50.359	72.645	45.732

注：①地缘政治风险、粮食进出口贸易对玉米价格的影响机制检验结果由笔者使用STATA16软件分析得出。②括号中为 t 值，"*"表示在10%显著水平上显著，"**"表示在5%显著水平上显著，"***"表示在1%显著水平上显著。

（四）地缘政治风险、粮食进出口贸易和大豆价格的影响机制检验

表 6-23 解释了地缘政治风险、粮食进出口贸易对国内大豆价格影响的作用机制检验。模型（1）为地缘政治风险对中国大豆价格波动的回归结果，从模型（1）的回归结果可知，地缘政治风险会显著促进国内的大豆价格上涨，进而可以进行模型（2）和模型（4）的回归，从模型（2）和模型（4）可知，地缘政治风险的增加会显著抑制粮食进口贸易与粮食出口贸易，即随着地缘政治风险因素的增加，外部冲击将会抑制国与国之间的粮食进出口贸易。模型（3）和模型（5）为作用机制检验结果，即在模型（1）的基础上加入粮食进口贸易、粮食出口贸易两个变量进行回归，回归结果说明了加入粮食进口贸易变量之后，地缘政治风险对中国粮食价格波动的影响依旧十分显著，且通过了1%的显著性检验。同时，粮食进口贸易变量同样显著，中介效应结果十分明

显，表明地缘政治风险可以通过影响粮食进口贸易进而影响中国大豆价格波动。同理，模型（5）证明了地缘政治风险可以通过影响粮食出口贸易进而影响中国大豆价格波动。综上所述，地缘政治风险可以通过影响粮食进出口贸易，进而影响中国大豆价格波动，即粮食进出口贸易在地缘政治风险和大豆价格波动之间发挥着部分中介效应。

表 6 - 23　地缘政治风险、粮食进出口贸易对大豆价格的影响机制检验

变量	(1) Soybean	(2) GI	(3) Soybean	(4) GE	(5) Soybean
GPR	−0.273***	−2.060***	−0.290***	−2.256***	−0.289***
	(−2.86)	(−7.39)	(−3.07)	(−8.52)	(−3.02)
GI			0.196*		
			(1.94)		
GE					0.103
					(1.37)
M2	2.380***	0.659***	2.257***	0.737***	2.311***
	(15.59)	(4.38)	(13.83)	(3.56)	(14.44)
FAPI	0.190***	0.043	0.180***	−0.083	0.197***
	(4.13)	(0.93)	(3.97)	(−1.30)	(4.29)
Total	−1.773***	0.357*	−1.847***	−0.973***	−1.677***
	(−8.30)	(1.65)	(−8.64)	(−3.27)	(−7.49)
FE	2.796***	0.343	2.711***	−0.953**	2.878***
	(8.93)	(1.13)	(8.70)	(−2.28)	(−9.07)
CPI	−0.038	−0.013	−0.035	0.074	−0.045
	(−1.06)	(−0.36)	(−0.99)	(1.48)	(−1.26)
_cons	−38.788***	−9.845**	−36.721***	12.603**	−39.955***
	(−9.55)	(−2.42)	(−8.86)	(2.25)	(−9.67)
N	339	339	339	339	339
r2_a	0.795	0.534	0.801	0.380	0.797
F	63.509	54.635	56.618	72.645	55.237

　　注：①地缘政治风险、粮食进出口贸易对大豆价格的影响机制检验结果由笔者使用 STATA16 软件分析得出。②括号中为 t 值，" * "表示在 10% 显著水平上显著，" ** "表示在 5% 显著水平上显著，" *** "表示在 1% 显著水平上显著。

（五）地缘政治风险、粮食进出口贸易和粳稻价格的影响机制检验

表 6 - 24 解释了地缘政治风险、粮食进出口贸易对国内粳稻价格影响的作用机制检验。模型（1）为地缘政治风险对中国粳稻价格波动的回归结果，从模型（1）的回归结果可知，地缘政治风险会显著促进国内的粳稻价格上涨，进而可以进行模型（2）和模型（4）的回归，从模型（2）和模型（4）可知，地缘政治风险的增加会显著抑制粮食进口贸易与粮食出口贸易，即随着地缘政治风险因素的增加，外部冲击将会抑制国与国之间的粮食进出口贸易。模型（3）和模型（5）为作用机制检验结果，即在模型（1）中分别加入粮食进口贸易和粮食出口贸易得到的回归结果，再加入粮食进口贸易变量后，地缘政治风险对中国粮食价格波动的影响依旧十分显著，且通过了 1% 的显著性检验。同时，粮食进口贸易变量同样显著，中介效应结果十分明显，表明地缘政治风险可以通过影响粮食进口贸易进而影响中国粳稻价格波动。同样，模型（5）证明了地缘政治风险可以通过影响粮食出口贸易进而影响中国粳稻价格波动。综上所述，地缘政治风险可以通过影响粮食进出口贸易，进而影响中国粳稻价格波动，即粮食进出口贸易在地缘政治风险和粳稻价格波动之间发挥着部分中介效应。

表 6 - 24　地缘政治风险、粮食进出口贸易对粳稻价格的影响机制检验

变量	(1) Japonicarice	(2) GI	(3) Japonicarice	(4) GE	(5) Japonicarice
GPR	0.035**	−2.060***	0.034**	−2.256***	0.037***
	(2.44)	(−7.39)	(2.39)	(−8.52)	(2.62)
GI			0.004		
			(0.28)		
GE					−0.017
					(−1.53)
M2	0.081***	0.659***	0.079***	0.737***	0.093***
	(3.58)	(4.38)	(3.17)	(3.56)	(3.90)
FAPI	0.023***	0.043	0.023***	−0.083	0.022***
	(3.40)	(0.93)	(3.34)	(−1.30)	(3.21)
Total	0.171***	0.357*	0.170***	−0.973***	0.156***
	(5.39)	(1.65)	(5.23)	(−3.27)	(4.68)

（续）

变量	(1) *Japonicarice*	(2) *GI*	(3) *Japonicarice*	(4) *GE*	(5) *Japonicarice*
FE	0.190***	0.343	0.188***	−0.953**	0.177***
	(4.09)	(1.13)	(3.99)	(−2.28)	(3.76)
CPI	−0.010*	−0.013	−0.010*	0.074	−0.009*
	(−1.91)	(−0.36)	(−1.89)	(1.48)	(−1.68)
_ cons	−1.793***	−9.845**	−1.748***	12.603**	−1.600***
	(−2.97)	(−2.42)	(−2.78)	(2.25)	(−2.61)
N	339	339	339	339	339
r2 _ a	0.721	0.534	0.718	0.380	0.725
F	42.775	54.635	36.303	72.645	37.534

注：①地缘政治风险、粮食进出口贸易对粳稻价格的影响机制检验结果由笔者使用 STATA16 软件分析得出。②括号中为 t 值，"＊"表示在 10% 显著水平上显著，"＊＊"表示在 5% 显著水平上显著，"＊＊＊"表示在 1% 显著水平上显著。

因此，无论是以粮食价格指数为例，还是以玉米、大豆、小麦和粳稻四类主粮价格为分析对象，中介效应模型的结果显示，地缘政治风险通过影响粮食进出口贸易进而影响国内粮食价格，这就验证了基于粮食进出口贸易的传导渠道的存在性，也得出了 H5 的正确性。

第五节　实证结论

本章采用中国 2003 年 1 月至 2021 年 12 月的地缘政治风险指数、国内粮食价格指数及四大主要粮食品种的国内价格等为研究对象，采用时间序列分析模型中的 VAR 模型和中介效应模型，实证检验了地缘政治风险影响粮食价格的粮食进出口贸易中介效应的存在性及显著性。实证分析中，首先借鉴第四章的时间序列模型估计方式，验证粮食进出口贸易对粮食价格指数的影响，同时检验粮食进出口贸易对我国小麦、大豆、玉米和粳稻价格的影响，使用格兰杰因果检验进行变量因果关系分析，之后对粮食进出口贸易的外部冲击对内生变量所带来的影响分析时使用脉冲响应与方差分解模型。其次，通过中介效应模型检验粮食进出口贸易的作用机制，分别验证了粮食进出口贸易在地缘政治风险与粮食价格指数、地缘政治风险与小麦价格、地缘政治风险和玉米价格、地缘政治风险和大豆价格、地缘政治风险和粳稻价格的作用机制。

通过时间序列分析模型的单位根检验、协整分析、格兰杰因果检验、脉冲响应函数分析和方差分解等分析步骤展开了相关的实证分析，在此基础上，进行中介效应模型检验。实证结果显示，无论是格兰杰因果检验，还是脉冲响应检验、方差分解，以及最后的最小二乘分析，均得出了粮食进出口贸易对我国国内粮食价格指数产生了显著影响，这就验证了 H4 的正确性：粮食进出口贸易会显著影响中国国内粮食价格波动。此外，基于粮食进出口贸易的中介效应显著存在。无论是以粮食价格指数为例，还是以玉米、大豆、小麦和粳稻四类主粮价格为分析对象，中介效应模型的结果显示，地缘政治风险通过影响粮食进出口贸易，进而影响国内粮食价格，这就验证了基于粮食进出口贸易的传导渠道的存在性，也就得出了 H5 的正确性。

2020 年，国家主席习近平在第七十五届联合国大会的一般性辩论中提出了"3060"概念，在之后"3060 目标"被纳入"十四五"规划建议①。"3060 目标"具体表述为中国致力于在 2030 年前达到碳排放峰值，2060 年前实现碳中和。作为实现碳中和的必要条件与基础，中国力争在 2030 年前实现碳达峰。中国实现"3060 目标"任重而道远，30 年的时间力争从碳达峰转向碳中和，该目标相比发达国家提出的相关碳排放目标时间缩短了整整一半。"十四五"规划中关于碳排放的表述为：推动绿色发展，促进人与自然和谐共生，单位国内生产总值能源消耗和二氧化碳排放分别降低 13.5％、18％。而且，推动经济社会发展全面绿色转型，这就意味着中国在节能与经济发展两方面都将面临挑战。从宏观经济发展的角度来看，世界范围内出现的各类突发地缘政治风险事件越来越频繁：1997 年爆发的亚洲经济危机、2008 年席卷全球的金融危机、2013 年英国脱欧、2018 年中美贸易摩擦以及 2020—2022 年在全球蔓延的新冠疫情等，这些事件进一步增加了区域性与国际性的经济危机和地缘政治风险的发生概率，严重损害全球经济的稳定发展。国际市场中的不确定因素、地缘政治风险在国家交流之间重新抬头对全球能源价格的影响也逐渐明显。美国粮食战略的制定者，前国务卿、国家安全助理基辛格曾说："谁控制了石油，谁就控制了所有国家；谁控制了粮食，谁就控制了人类。"② 由此可见，粮食价格与能源价格之间存在紧密的联系。

能源与粮食是世界上最主要的两大资源。随着工业化进程的推进，老牌发

达国家与新型发展中国家均需要能源稳定其生产能力，依靠能源增强国家综合实力。一次能源的使用受到限制，促使人们寻找新的能源，近几年，利用大豆、玉米等粮食作物，提取纤维素制作生物燃料，发展生物能源已经在世界多个国家投入正式使用。自从 2001 年中国成功加入世界贸易组织，我国就以更广阔的胸怀迎接世界各国进行贸易合作。中国是一个农业大国，其粮食市场在全球范围内必然占据重要位置，并且我国的粮食市场正日益与国际接轨。因此，影响中国粮食价格变动的外部因素日益增多。

近些年在中国工业化进程的加快以及经济运行平稳向好的背景下，经济发展对石油的需求量也在不断上升。国际石油价格的不断波动也深刻地影响了中国经济的发展。因为中国本身原油储量与生产量较低，导致我国石油对外依赖性较高。同时，在过去的十几年中，由于石油价格的剧烈波动和上升，粮食价格也伴随着出现了明显的变化，中国是世界第二大经济体，既是粮食需求、消费大国，也是能源需求、消费主要市场。粮油是经济发展、社会安定的重要基础资源。随着中国持续快速的发展，中国的粮食进口量和石油进口量也在增长。一方面，石油对外依赖程度高涨，加剧了我国石油价格的对外敏感度；另一方面受到政治经济环境的影响，石油国际价格的不断波动对我国经济宏观调控压力越来越大，同时也引发了通胀。上述几大因素长期影响着中国粮食价格，很多经济学家相信，粮食价格低廉的年代已经过去了。在这样的大环境下，研究石油和粮食价格的关系，检验地缘政治风险是否能够通过能源价格，继而对粮食价格产生影响，这对于保持中国的经济稳定、确保粮食安全等有着十分重要的促进作用。

第一节　理论假设

关于能源与粮食价格之间的关系以及能源价格对粮食价格的作用机制，学术界已有很多研究。研究发现，我国的粮食期货与能源期货价格没有长期的平衡，而是具有较强的短期动态关系；而粮食现货价格与能源现货价格既有长期的平衡，又有短期的动态关系。能源价格的传导途径主要有生产成本、生物能源需求、交通成本等。

粮食价格和能源价格之间的联系本来不强，但是由于石油价格上涨促进了生物能源的发展，刺激了像玉米这样的谷物燃料和大豆这样生物柴油的需求持续增长，使得能源和粮食的价格之间的关联性越来越强。时间序列理论中的格兰杰定律认为，当两个变量具有线性的协整时，这两个变量之间有一个长期的平衡；当两个变量的关系是非线性的，而且可以用一个函数来描述，那么它们也有一个长期的平衡。但是，上面提到的"均衡"是一个长期的、稳定的数据关系，它不同于"均衡"这个经济概念。变量的长期平衡和短期的动态关系是有关联的：在确定了各变量间的长期平衡关系之后，可以对其进行进一步的估计。在此模式下，错误校正（长期平衡偏差）使各变量（在差分项中反映）的短期波动又返回到均衡线，并使变量之间的平衡状态得以回归。基于上述格兰杰定律可知，从总体上看，粮食和能源价格之间的长期平衡关系是指两者在较长时间内都是比较稳定的；粮食和能源价格之间的短期动态关系，反映了较短时期内粮食和能源的价格变动。关于粮食和能源价格的长期关系，学术界一直有争论，过去关于粮食价格和能源价格之间关系的研究，主要是从两个维度进行的，即研究能源和谷物的价格之间的关系。多数研究结果表明，农产品（主要指谷物）期货的价格和能源期货价格之间没有长期的协整关系，同时两者之间也并不存在格兰杰因果关系。国内学者在谷物价格与能源价格两者关系的研究中指出，现货原油价格对现货稻米价格具有明显的正效应，而对玉米和大豆的现货价格则存在相反的作用；从长远来看，原油价格与玉米、大豆和稻米价格之间具有长期效应，且原油对谷物的长期影响相较于短期更为显著，然而部分学者得出了二者没有显著关系的相反结论。

因此，基于较长的历史数据来看，能源价格与粮食价格之间是否存在显著的因果关系值得深入探讨。对于中国来讲，耕地作为中国的稀缺资源，粮食与能源价格直接影响了农户对所种植作物类型的选择，粮食作物与能源作物对农户来讲形成了"替代"关系。同时，农户的种植行为又会进一步影响不同类型的作物的产量与价格。根据商品间的替代性可知，市场中能源价格的上升，会使作为替代品的生物能源的原料粮食作物的需求上升，对粮食作物需求的上升又会进一步影响粮食生产成本，农户在生产中考虑到粮食作物的生产成本后，就会在种植能源作物与粮食作物之间做出选择，从而产生两类作物的种植"竞争"。综合考虑地缘政治风险可能会对世界发展格局以及区域经济政治关系产生影响从而加剧能源价格的波动，传统能源、生物能源与粮食作物三者之间价格的相互作用，传统能源与生物能源间替代效应对粮食生产成本以及需求的影响等因素，基于以上综合分析，本章提出如下两个假设：

H6：能源价格波动会对粮食价格波动产生显著影响。

H7：地缘政治风险能够通过影响能源价格，进而影响中国粮食价格。

第二节　能源和能源发展现状

能源多来源于自然界，是能够为社会生产活动提供能量的一种资源形式，如风能、热能、光能、电能、声能、水能或可以工作的物质资源。能源类型多样且空间分布不均，开发难度和方式受技术影响，主要体现在不同国家和地区能源开发利用的显著差异上。

能源的类型以及划分方式多样，根据是否可以再生，能源又可进一步分为可再生与不可再生能源。其中，可再生能源在合理利用范围内，能源资源可以自动补充和调整，实现能源的可持续利用，如潮汐能、水电、风能等。不可再生能源的生产需要很长时间，一般认为是由地球长期活动中逐渐累积形成的，如化石燃料，就是经过古代生物遗骸经历长期复杂转化所形成。在短时间内很难通过物质转化与积累形成，因此认为不可再生能源的数量往往是固定的。然而，伴随着人类生产活动的不断扩张，对资源的需求超过了能源自身的再生能力，能源在总体上呈现出"用多存少"的趋势，面对如今资源利用的速度，很多能源研究学者开始担忧未来能源安全。能源也可以根据其利用现状进行分类，这种分类模式下，能源的分类就变成了常规能源与新能源两类。其中，常规能源是指在人类的长期生产活动中，能源的生产、加工和使用方法已经能够被人们熟练掌握，具有开发经验并且能够规模化使用，为人们所接受的能源类型，如前文所提到的石油、煤炭等化石燃料、水电等。新能源并不意味着它是一种新发现的能源，是指在开发利用过程中，由于技术条件或生产成本的限制，在日常生产活动中未得到广泛使用的能源资源。在目前的技术条件下，能源具有一定的发展条件，并在逐步普及的过程中处于控制之下，如潮汐能、生物质能、风能等。

另外，针对能源使用过程中对自然环境的污染情况还可以将能源分为清洁性能源与污染性能源。清洁性能源是指在能源的生产使用过程中多借助自然力量，对大气、土壤和水源的污染较小，如风能、电能等；污染性能源则相反，是指其加工使用过程中所排放的气体、废料可能会对自然环境产生不可修复的影响，使环境恶化，如煤炭、石油等。此外，依据能源是否可以从自然界中直接获得，不需要通过二次加工便可转化使用的能源称为一次能源，常见的一次能源有煤炭、原油、天然气、水能、风能、太阳能、地热能等，在其中可以发现，一次能源并不一定非要是不可再生能源或者污染性能源，也具有可再生与清洁能源；在一次能源基础上进行加工产生的能源被称为二次能源，如电能、热能等①。

生物燃料泛指由通过对生物质进行萃取、在萃取过程中产生的固、液、气体，能够代替传统的汽油、柴油等原料的物质，是推动可再生能源使用的新兴发展方向②。生物质一般是指利用自然气候，通过光合作用而产生的具有生命且可以成长的有机物质，动植物与微生物都可以作为生物质③。相较于传统燃料，该类燃料种类更加丰富，对自然环境的破坏更小，具备可再生的特质。

能源消费是指人们在生产和生活过程中消耗的能源资源。随着社会经济的发展，当一个国家处在工业化的初期和中期时对于能源的需求会逐渐增多，而到了工业化的后期，在产业中心逐渐向第三产业转型时，对能源需求的增长速度会缓慢放缓。影响能源需求的因素有很多，如国民收入的增长、产业结构的升级转型、国家开放程度以及城市化水平的提高等。近些年，我国经济一直保持着中高速增长，经济发展平稳向好，尤其是党的十八大以来，我国经济发展步入新常态，经济增长模式开始由依靠高耗能模式向依靠技术、创新等模式转变，产业结构不断优化，总体上朝着经济高质量方向发展。据《中国统计年鉴》公开的数据显示，2020 年国内生产总值达到 1 013 567.0 亿元，相比较于 2019 年增长了 2.74 个百分点。人均国内生产总值达到 7.18 万元，较上一年增长 2.5%。我国改革开放以来经济增长奇迹的一个基本事实是，能源消费的不断增加是推动中国经济的快速增长的重要原因，我国经济增长在一定程度上是依赖于能源资源作为支撑，可以预见未来一段时期内，能源消费仍然占较大份额。因此，本章对中国的能源供给现状、进出口现状等进行深入的梳理和分析。

一、能源生产现状

（一）能源生产结构特征

从表 7 - 1 中可以看出，进入 21 世纪以来，中国原煤的生产规模在国家总

---

① 对一次能源与二次能源的相关描述具体定义来源与中国石油官网的石油科普《一次能源与二次能源的区别》，描述来源：《一次能源与二次能源的区别》，石油百科，www. cnpc. com. cn/syzs/index. shtml。

② Virginia：《点燃生物燃料的新革命》，《绿色中国》，2012 年第 15 期，第 70-72 页。

③ 对生物质的描述参考西安科普网 2019 发布的《生物质新能源》，http://xakpw. com/single/ 11630。

体能源生产中占据着重要地位。2016 年之前，中国原煤的生产量在总体生产中的比重就超过了 70%，虽然之后几年有所下降，但我国能源生产依旧以原煤为主。由 2019 年的统计结果可以看出，我国能源生产中原煤生产所占比重由 2000 年的 72.9% 下降到 2019 年的 68.5%。同时，天然气产量在不断上升，由 2000 年 2.6% 上升到 2019 年的 5.6%。从能源生产总量上来看，我国能源生产总量呈现上升的趋势，从 2000 年的 138 570 万吨标准煤增长到了 2019 年的 397 317 万吨标准煤。总体来说，我国能源生产中，煤炭能源的生产仍然处于绝对的优势地位，但是清洁能源开始缓慢取代煤炭、石油，这在很大程度上与我国的经济高质量发展模式和国情有关。一方面的原因是国家开始重视生态环境问题，大力推进清洁能源的开发和利用；另一方面是我国为了可持续性发展，开始改变能源供给结构，考虑到我国现有能源禀赋，国家开始探索逐步转变能源生产结构。

表 7 - 1　2000—2019 年中国能源生产总量及构成

年份	一次能源生产量（万吨标准煤）	占能源生产总量比重（%）			
		原煤	原油	天然气	一次电力及其他能源
2000	138 570	72.9	16.8	2.6	7.7
2001	147 425	72.6	15.9	2.7	8.8
2002	156 277	73.1	15.3	2.8	8.8
2003	178 299	75.7	13.6	2.6	8.1
2004	206 108	76.7	12.2	2.7	8.4
2005	229 037	77.4	11.3	2.9	8.4
2006	244 763	77.5	10.8	3.2	8.5
2007	264 173	77.8	10.1	3.5	8.6
2008	277 419	76.8	9.8	3.9	9.5
2009	286 092	76.8	9.4	4.0	9.8
2010	312 125	76.2	9.3	4.1	10.4
2011	340 178	77.8	8.5	4.1	9.6
2012	351 041	76.2	8.5	4.1	11.2
2013	358 784	75.4	8.4	4.4	11.8
2014	362 212	73.5	8.3	4.7	13.5
2015	362 193	72.2	8.5	4.8	14.5
2016	345 954	69.8	8.3	5.2	16.7

（续）

年份	一次能源生产量（万吨标准煤）	占能源生产总量比重（%）			
		原煤	原油	天然气	一次电力及其他能源
2017	358 867	69.6	7.6	5.4	17.4
2018	378 859	69.2	7.2	5.4	18.2
2019	397 317	68.5	6.9	5.6	19.0

数据来源：《中国统计年鉴》。

（二）能源生产现状

本章选取国内生产总值全球排名靠前的十个国家为例，分析 2010—2016 年世界能源生产现状（受制于数据来源的限制，使用的数据截至 2016 年）。如图 7-1 所示，2010—2016 年中国能源生产总量在世界十个国家中位居第一，美国能源生产总量排名世界第二，远远超过世界上其他经济强国。中国在 2010—2016 年能源生产总体上呈现上升的趋势，2010 年能源生产总量最低，2014 年能源生产总量最高；美国在 2010—2016 年能源生产总量呈现上升的趋势，在 2010 年能源生产总量最低，2016 年能源生产总量最高。其他能源生产

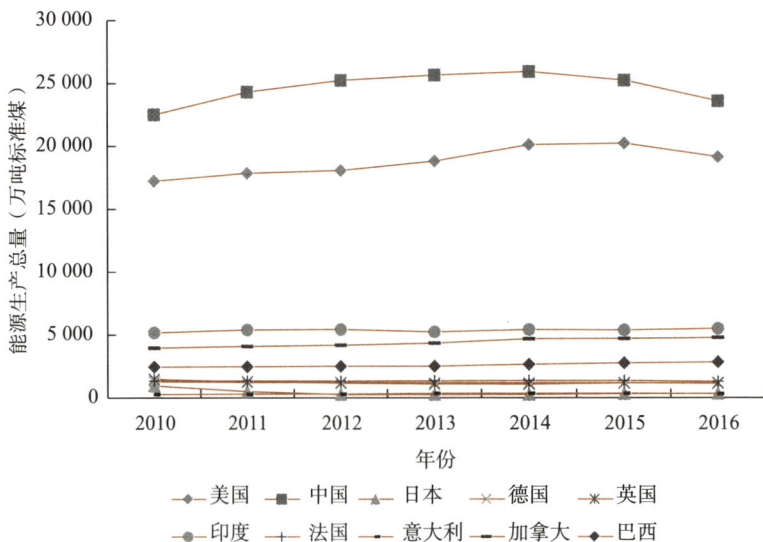

图 7-1　2010—2016 年世界十大经济体能源生产总量

数据来源：EPS 数据库，数据目前仅可以搜集整理到 2016 年。

总量排名为印度、加拿大、巴西、法国、英国、德国、日本、意大利。这 8 个国家的能源生产总量在 2010—2016 年变化比较稳定。

图 7 - 2、图 7 - 3 是我国 2000—2019 年的主要能源生产量，从图中可以看出，我国能源生产具有如下的特点和趋势。

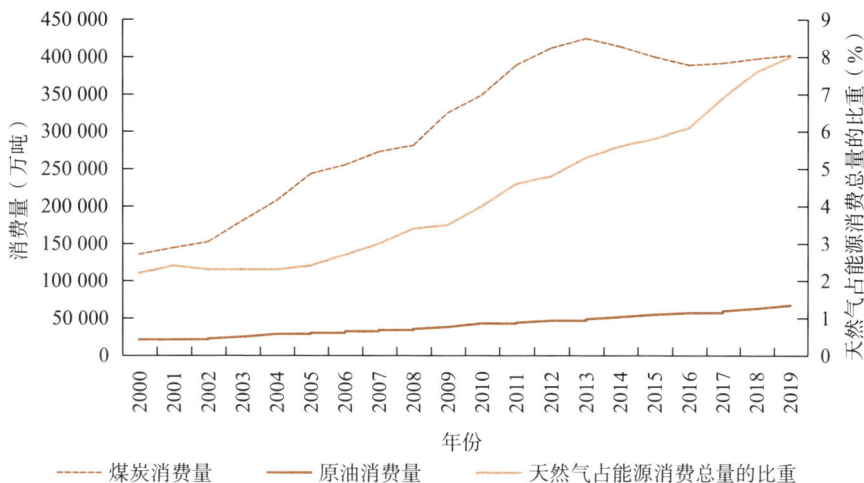

图 7 - 2　2000—2019 年中国煤炭、原油消费量及天然气占能源消费总量的比重

数据来源：《中国能源统计年鉴》。

图 7 - 3　2000—2019 年中国水电生产电力量及核电生产电力量

数据来源：《中国能源统计年鉴》。

一是与中国经济发展走势一致，能源生产量不断增长，然而能源生产增长速率下降，2015年和2016年能源生产甚至呈现出负增长趋势。

二是煤炭依旧是中国主要能源生产类型。煤炭的不可再生性使得其资源禀赋有限，所以长时间的过度开采会使煤炭资源的数量出现下降。我国目前正在不断调整能源生产结构，预计未来的某一时间，我国经济发展对于煤炭的依赖程度将大幅度地下降。

三是石油的生产处在不断上升的趋势中。石油生产量在缓慢增加，但是近些年开始出现下降的趋势，预计这种下降趋势将在未来一段时间内持续保持，这主要是我国对能源需求巨大，短时间内无法找到其他足够的替代品。

四是天然气能源的生产总量以及占比正在不断增加。相对来讲，天然气污染相对较小，虽然目前天然气生产量所占比重在总量中依旧很小，但是随着我国天然气开发技术和运输储存技术的不断完善，加上我国对其开发的政策支持，可以预计在未来某一时间，天然气的开发将出现显著的增长，其占比也将稳步提升。

五是水电和核电的生产量将稳步上升。作为清洁能源的主要代表，改革开放以来，我国一直持续推进水电和核电建设，先后建成并投入使用了多个有影响力的水电及核电项目，目前受制于技术等限制，其份额相对较小，不过其占比增速十分明显。

图7-4是世界十大经济体生物燃料总产量图。对于新型生物能源，目前学术界对其定义有一个统一的界定：生物能源是指利用自然界的植物以及城乡有机废物通过转化、生产将其作为燃料，替代传统能源使用的新型清洁能源。中国目前生物质类型丰富，如林木、秸秆以及畜牧养殖过程中产生的固体废物都能够通过加工，转化为生物能源。以世界国内生产总值排名前十的国家来说，如图7-4所示，2021年生物燃料总产量最高的国家是美国，位居世界第二的是巴西，然后依次是德国、中国、法国、加拿大、印度、英国、意大利、日本（日本没有搜集到相关数据）。美国和巴西的生物燃料生产总量远超于世界上其他经济体。就中国来看，其生物能源与世界上发达国家相比，生产能力还比较弱，这很大程度上与我国政府政策密切相关，目前我国国内对发展生物能源还是基本上持限制态度，主要是我国人口众多，在粮食安全战略中，确保粮食绝对安全是首要任务，不能让"人车抢粮"的局面出现。

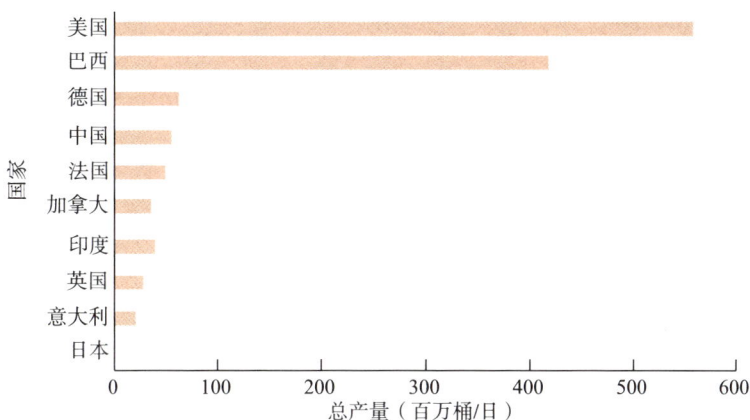

图 7 - 4　2021 年十大经济体生物燃料总产量

数据来源：《BP 世界能源统计年鉴报告 2021》。

二、能源消费现状

（一）能源消费结构现状

改革开放以来，伴随着我国经济的快速发展，我国对能源需求不断攀升，尤其是 2000 年以来中国能源消费总量逐步上升，2010 年之后成为世界能源消费第一大国。2000—2020 年，中国能源消费远高于世界同期水平，平均每年增长 11.37%。随着我国经济的不断发展，我国逐步探索未来的能源消费模式要告别敞开式的消费，积极推动能源生产绿色化以及不断优化能源消费结构。截至 2020 年年底，我国能源消费总量为 498 000 万吨标准煤，消费总量十分庞大。

表 7 - 2 是 2000—2020 年中国能源消费总量变化情况，从中可以看出，从中国的能源消费结构来看，从 2000 年开始，我国能源消费中煤炭的消费占比最高，超过了所有能源消费，但是随着国家和人民越来越重视由于化石燃料的燃烧所导致的生态环境问题，积极地推进能源消费结构的持续优化，煤炭、石油的消费占比开始逐年下降。煤炭消费量从 2000 年的 68.5% 下降到了 2020 年的 56.8%，相比较于 2000 年比重下降了 11.7 个百分点。石油的消费量截至 2020 年年底，消费占比达到 18.9%，相比较于 2000 年，比重下降了 3.1 个百分点。

表 7 - 2　2000—2020 年中国能源消费总量

年份	能源消费总量（万吨标准煤）	占能源消费总量的比重（%）			
		原煤	原油	天然气	水电、核电、风电
2000	146 964.00	68.5	22.0	2.2	7.3
2001	155 547.00	68.0	21.2	2.4	8.4
2002	169 577.00	68.5	21.0	2.3	8.2
2003	197 083.00	70.2	20.1	2.3	7.4
2004	230 281.00	70.2	19.9	2.3	7.6
2005	261 369.00	72.4	17.8	2.4	7.4
2006	286 467.00	72.4	17.5	2.7	7.4
2007	311 442.00	72.5	17.0	3.0	7.5
2008	320 611.00	71.5	16.7	3.4	8.4
2009	336 126.00	71.6	16.4	3.5	8.5
2010	360 648.00	69.2	17.4	4.0	9.4
2011	387 043.00	70.2	16.8	4.6	8.4
2012	402 138.00	68.5	17.0	4.8	9.7
2013	416 913.00	67.4	17.1	5.3	10.2
2014	428 333.99	65.6	17.4	5.7	11.3
2015	434 112.78	63.7	18.3	5.9	12.1
2016	441 491.81	62.0	18.5	6.2	13.3
2017	455 826.92	60.4	18.8	7.0	13.8
2018	471 925.15	59.0	18.9	7.8	14.3
2019	487 488.00	57.7	19.0	8.0	15.3
2020	498 000.00	56.8	18.9	8.4	15.9

数据来源：《中国统计年鉴》。

（二）能源消费现状

本书选取了国内生产总值在全球排名前十的国家进行分析，如图 7 - 5 所示，2010—2020 年，全球十大经济体在近 10 年的一次能源消费总量并没有太大的波动，2010 年一次能源消费总量最多的国家为中国，其次为美国。排名第三的印度与前两国能源消耗总量差距较大，第三名与第十名之间差距较小。主要是因为中国在过去的几十年的时间发展速度较快，一跃成为世界上第二大经济体。除印度外，其余国家均呈现出水平区间内运行或略微下降的态势。同时，受到新冠疫情的影响，从 2020 年的一次能源消费总量来看，新冠疫情对美国、巴西等国均造成了不同程度的影响，使得除了中国以外的其余国家在 2020 年的一次能源消费总量均呈现不同程度的下降。中国在新冠疫情的影响下表现强势，一次能源消费总量呈现出逆经济态势增长的情况，成为 2020 年唯一一个实现一次能源消费总量增长的国家。我们也可以看出，能源消费总量与经济生产总值并没有绝对的关系，经济发展水平高也可以与能源消费总量达到平衡的关系。

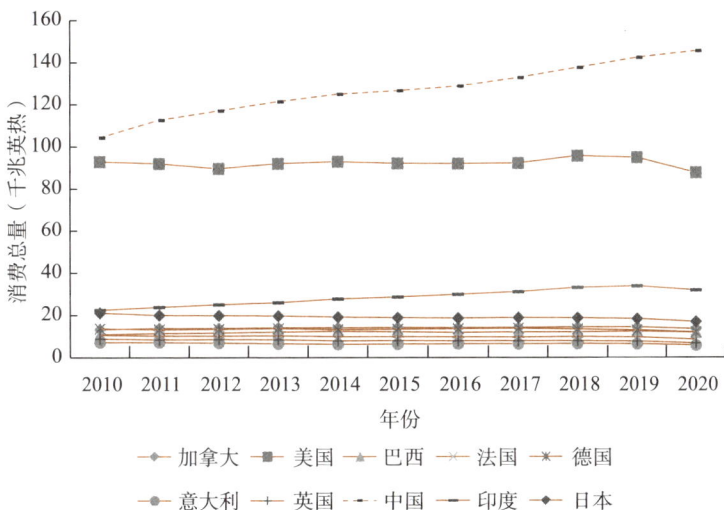

图 7-5　2010—2020 年全球十大经济体一次能源消费总量

数据来源：《BP 世界能源统计年鉴报告 2021》。

　　图 7-6、图 7-7 是中国主要能源品种消费总量变化图，如图所示，中国能源消费具有如下的特点和趋势：①经济快速增长需要能源作为动力支持，因此中国能源消费量也随之增加，但是增长速度在逐年放缓。②煤炭依旧是中国主要的能源消费品，煤炭的消耗也加剧了国家的环境保护压力。我国目前正处于能源消费结构不断优化升级调整的过程中，未来对于煤炭的消费使用将不断

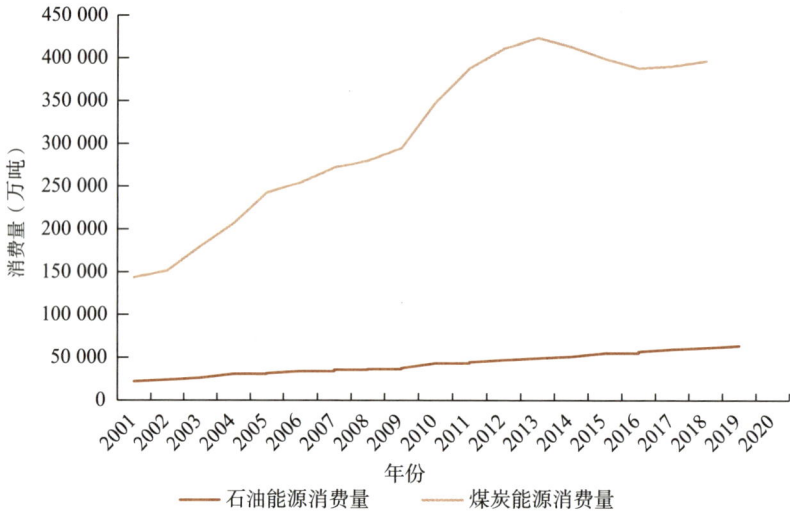

图 7 - 6 2001—2020 年中国石油能源消费量及煤炭能源消费量

数据来源:《中国能源统计年鉴》。

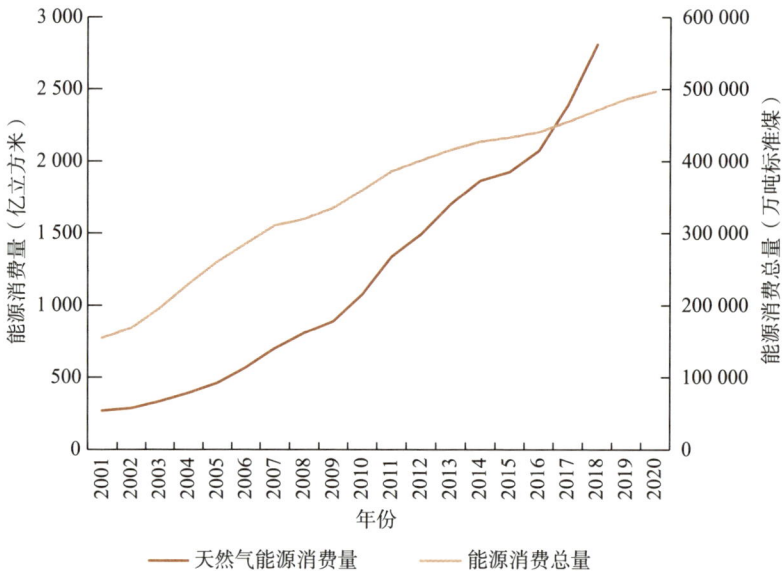

图 7 - 7 2001—2020 年中国天然气能源消费量及能源消费总量

数据来源:《中国能源统计年鉴》。

减少，煤炭的消费占比将逐渐下降。③中国经济的快速发展带动了人民消费水平的提升，中国机动车消费量呈现出不断增长趋势。据公开数据，2021 年中国新注册机动车 3 674 万辆，同比增长 10.38％[①]。机动车消费数量的持续上升也加剧了石油等能源燃料的消耗，使得石油的消费量在一定时期内还会保持稳定上升的趋势。但是随着我国新能源汽车和电动汽车的研发和普及，我们有充分的理由相信，石油的消费量在未来某一时间内将开始逐渐下降。④天然气能源的消费总量以及消费占比正在不断增加，尤其是 2010 年之后。但是与世界发达国家相比，我国对于天然气的利用水平仍然比较低，还有待进一步提升。天然气作为清洁能源的主要类型之一，它的普遍利用不仅对于地球的生态环境产生有利的影响，而且对于我国的可持续发展和绿色发展来说也是有利的。因此，我国已经在加速推进天然气的利用进程，预计未来，天然气的消费占比将大幅度地提高。⑤非化石能源的消费占比将稳定上升。党的十八大以来，我国逐步调整能源消费结构，先后出台了一系列鼓励新能源利用的政策方针，要求进一步加大对于清洁能源的开发力度和使用，未来非化石能源将会得到大范围的使用。

在生物能源消费方面，截至 2021 年，中国新型生物能源的利用中，生物质发电量 1 637 亿千瓦时，同比增长 23.6％；生物质发电新增装机 808 万千瓦，累计装机达 3 798 万千瓦；中国垃圾焚烧发电量为 1 003.68 亿千瓦时，占比为 61.2％；农林生物质发电近两年由于受到政策和原料供应方面相关影响，发电量增长率有所下降，2021 年农林生物质发电量为 582.19 亿千瓦时，占比为 35.5％。同时，"十四五"期间，我国加大对生物质能源使用的补贴，生物质发电投资规模已达到约 1 800 亿元，同比增长 6.58％[②]。图 7‐8 描绘了 2021 年全球大型经济体生物燃料消费总量（非洲与中东地区由于数据缺失未显示）。2021 年美国的生物燃料消费总量位居世界第一，其次是巴西和亚太地区。美国和巴西的生物燃料消费总量远远超过世界其他经济体。如图 7‐8 所示，亚太地区的生物燃料消费总量虽然位居世界第四，但是与美国和巴西相比，还是有一定的差距，还具有很大的消费潜力。

---

① 数据来源：中国公安部网站。

② 关于中国生物能源使用数据来源于国际新能源网：《2021 我国可再生能源整体发展稳步推进，生物质发电逐渐成新生力量》，https://newenergy.in-en.com/html/newenergy-2411421.shtml。

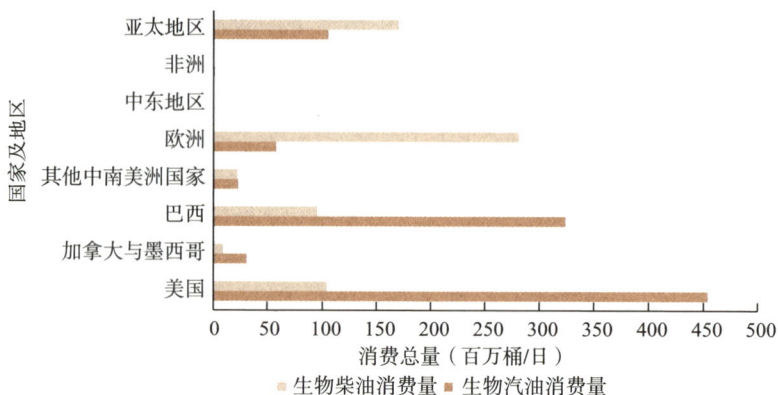

图 7 - 8　2021 年全球大型经济体生物燃料消费总量
数据来源：《世界能源统计年鉴》。

三、能源进出口现状

图 7 - 9、图 7 - 10 是我国 2001—2019 年主要能源品种进口量，从图中可以看出，2001—2019 年我国主要进口能源品种是煤炭和石油。煤炭的进口量在 2001—2019 年呈现波动趋势，但总体来说是上涨趋势，从 2001 年的 212 万吨，上涨到 2019 年的 29 977 万吨，在 20 年的时间里翻了 140 倍。石油的进口量在 2001—2019 年一直呈现稳定上升的趋势，且增长速度不断攀升。除了在 2012—2014 年，煤炭的进口数量紧逼石油之外，石油一直是我国第一大进口能源，进口数量从 2001 年的 7 027 万吨增加到 2019 年的 50 568 万吨，翻了 7 倍多。天然气进口量增速也较为明显，然而电力进口量增速在这 20 年的时间内不太明显。

图 7 - 11、图 7 - 12 是 2001—2019 年中国主要能源品种出口量统计，从图中可以看出，煤炭的出口数量在 2001—2019 年大致呈现下降的趋势，且下降速度在 2005—2014 年尤为明显。出口数量从 2001 年的 9 000 万吨，下降到 2019 年的 603 万吨，相较于 2001 年来说，下降了 89.05%，出口量在近 20 年时间内减少了近九成。石油出口量在 2001—2019 年呈现不断波动的趋势，但总体来说是有所上升的。其出口量从 2001 年的 2 031 万吨，下降到 2019 年的 8 100 万吨，相比较于 2001 年来说，上升了 92.14%，出口减少也较为明显。相反，天然气和电力的能源出口数量却在增加，主要是因为我国近些年的开采技术和运输技术的不断创新和成熟。天然气出口量从 2004 年的 24 亿米^3，增加

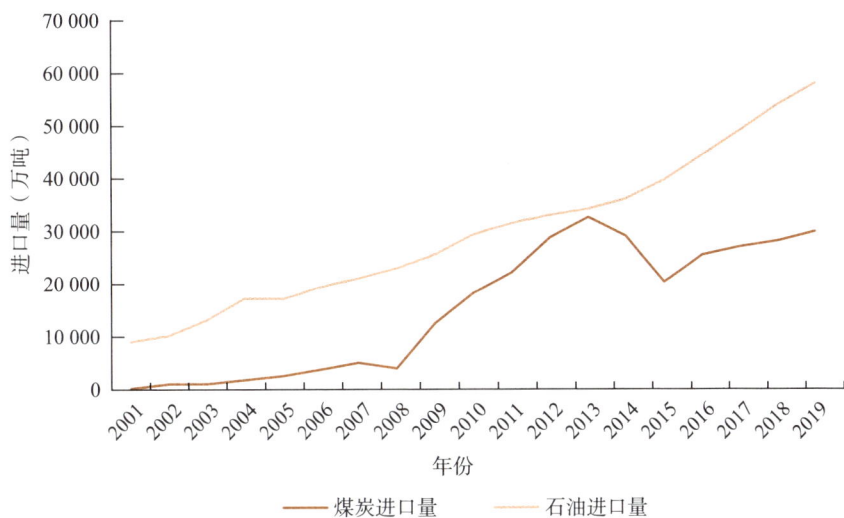

图 7 - 9　2001—2019 年中国煤炭及石油进口量

数据来源：《中国能源统计年鉴》。

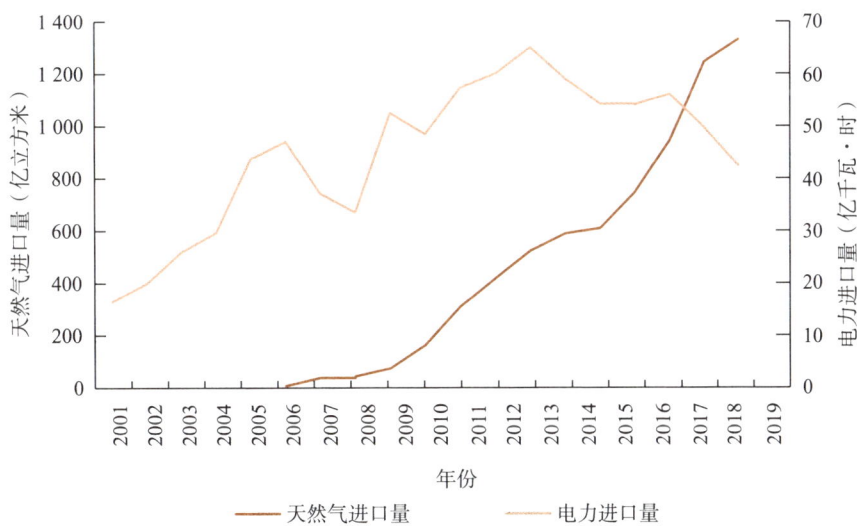

图 7 - 10　2001—2019 年中国天然气及电力进口量

数据来源：《中国能源统计年鉴》。

到了 2019 年的 36 亿米^3，增长了 50％。电力出口量从 2001 年的 9.9 亿千瓦·时，增加到 2019 年的 21.7 亿千瓦·时，增长了 119.19％。

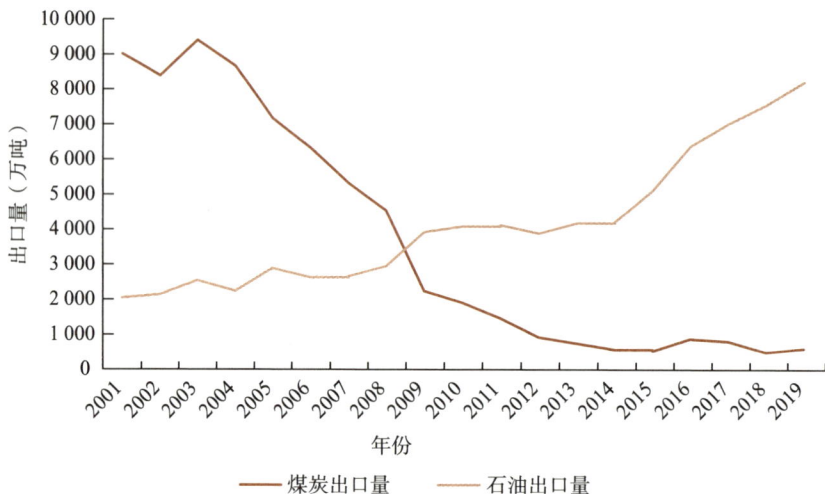

图 7 - 11　2001—2019 年中国煤炭及石油出口量

数据来源：《中国能源统计年鉴》。

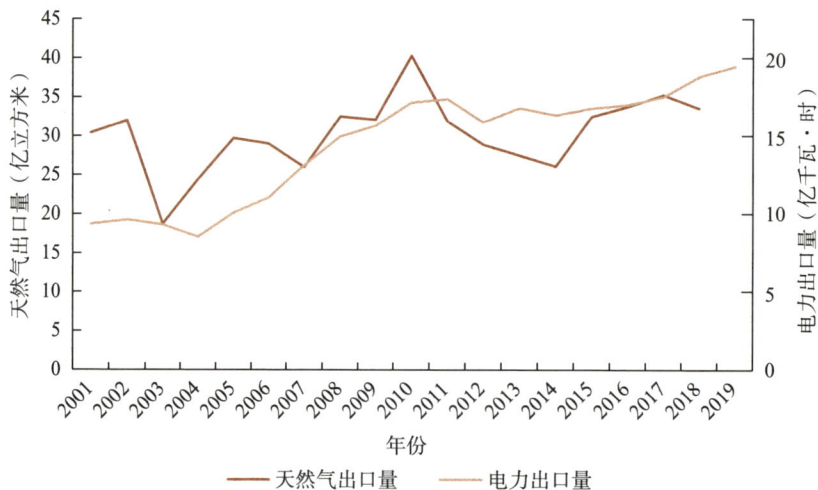

图 7 - 12　2001—2019 年中国天然气及电力出口量

数据来源：《中国能源统计年鉴》。

四、中国能源自给情况及强度现状分析

（一）能源自给率

能源自给率指一定时期内某个国家或地区能源的自我供给能力，一般使用能源生产总量与能源消费总量的比值表示，以衡量某个国家或地区能源生产情况以及对国外能源市场的依赖程度[①]。能源自给率与进口依赖度之间存在反向关系，如果能源进口依赖程度高，那么能源自给率就会低。反之，表明国家自身能源储备量与开发能力较强，能源安全可以掌握在自己国家手中，能源对外依赖度较低。中国 2000—2019 年能源自给率情况如图 7 – 13 所示。

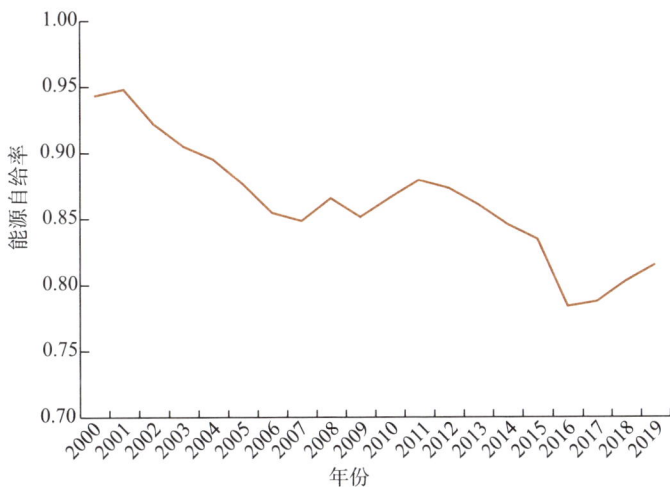

图 7 – 13　2000—2019 年中国能源自给率
数据来源：《中国能源统计年鉴》。

如图 7 – 13 所示，自 2000 年以来，我国的能源自给率一直处于不断波动的状态，但是从整体上来看能源自给率都比较高：2016 年以前，中国能源自给率整体上呈现下降趋势；2016 年，我国的能源自给率降至最低（0.784），低于其余年份的能源自给率；但在 2016 年之后，能源自给率出现缓慢上升态势。其原因可能是总体上煤炭、石油等传统燃料依旧是我国主要能源消费品，清洁能源作为补充，2016 年以来随着我国资源节约型、环境友好型社会的发展以及居

---

① 杨薇：《中国金融发展对能源消费的影响研究》，东北师范大学，2021 年。

民节能减排意识的增强，使得煤炭、石油等化石能源的使用大幅度下降，从而能源自给率虽然没有之前年份高，但依旧逐年上升。

（二）能源强度

能源强度又称为单位国内生产总值能耗，一般用于度量某个国家或地区生产一单位的生产总值所需要消耗的能源量[1]。能源强度的测算能够直接展示能源投入所带来的经济收益以及能源节能消耗能力，以此来反映该国家或地区能源利用效率的情况。

图 7-14 分析了中国 2000—2020 年能源强度情况，可以看出，自 2000 年以来，我国能源强度开始不断下降，从 2000 年的 1.47 下降到 2020 年的 0.49，能源强度的下降表明在经济生产中所需能源资源减少，反映在指标中即为原有的能源消耗量可以产出更多的经济产值。其中，2008 年能源强度增速降至最低。由此可见，中国经济不断迈向绿色发展阶段，能源高效率利用成为未来经济高质量发展的重要方向。

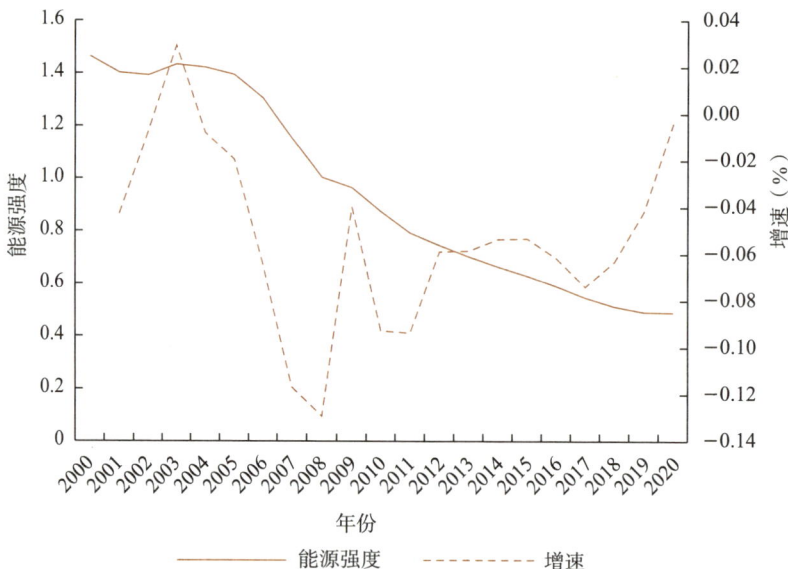

图 7-14 2000—2020 年中国能源强度

数据来源：《中国能源统计年鉴》，EPS 数据库。

---

① 杨薇：《中国金融发展对能源消费的影响研究》，东北师范大学，2021 年。

第三节　研究设计

基于本章提出的能源价格对粮食价格波动具有显著影响、地缘政治风险能够通过影响能源价格进而间接影响粮食价格波动两个研究假设，本节通过构建地缘政治风险、能源价格对粮食价格影响的向量自回归模型、中介效应模型、对变量进行描述性统计与解释数据来源等，为后续章节展开实证分析奠定实证基础。

一、模型设计

为了验证 H6 和 H7，考察地缘政治风险和能源价格对粮食价格的影响及传导机制，本书分别以粮食价格指数（$PRICE$）、小麦中等集贸市场价格（$Wheat$）、玉米中等集贸市场价格（$Corn$）、大豆中等集贸市场价格（$Soybean$）和粳稻中等集贸市场价格（$JaponicaRice$）作为因变量，国际原油价格（EN）作为自变量，建立向量自回归模型：

$$PRICE_t = c_1 + \alpha_1 PRICE_{t-1} + \alpha_2 EN_t + u_t$$

$$Wheat_t = c_1 + \alpha_1 Wheat_{t-1} + \alpha_2 EN_t + u_t$$

$$Corn_t = c_1 + \alpha_1 Corn_{t-1} + \alpha_2 EN_t + u_t$$

$$Soybean_t = c_1 + \alpha_1 Soybean_{t-1} + \alpha_2 EN_t + u_t$$

$$JaponicaRice_t = c_1 + \alpha_1 JaponicaRice_{t-1} + \alpha_2 EN_t + u_t$$

其中 $PRICE_t$ 表示 t 期的中国粮食价格指数，$Wheat_t$、$Corn_t$、$Soybean_t$、$JaponicaRice_t$ 分别代表第 t 期的小麦、玉米、大豆和粳稻中等集贸市场价格。被解释变量 EN_t 表示 t 期的国际原油价格，u_t 为随机干扰项，t 为时间。

中国粮食价格除了受到自身价格的影响和国际能源价格波动的影响外，同样还受到诸如通货膨胀率和外汇储备量等外生变量的影响。所以本章运用最小二乘回归模型估计方法（OLS），加入主解释变量国际原油价格（EN）和控制变量外汇储备量对数值（FE）、农副食品加工业资产对数值（$Total$）、农业固定资产投资额对数值（$FAPI$）、货币和准货币供应量对数值（$M2$）和反映通货膨胀率的变量——居民消费价格指数（CPI）对粮食价格回归。其回归模型如下：

$$PRICE_t = \alpha_0 + \alpha_1 EN_t + \alpha_2 M2_t + \alpha_3 FE_t + \alpha_4 Total_t + \alpha_5 FAPI_t$$
$$+ \alpha_6 CPI_t + \varepsilon_t$$

$$Wheat_t = \alpha_0 + \alpha_1 EN_t + \alpha_2 M2_t + \alpha_3 FE_t + \alpha_4 Total_t + \alpha_5 FAPI_t$$
$$+ \alpha_6 CPI_t + \varepsilon_t$$

$$Corn_t = \alpha_0 + \alpha_1 EN_t + \alpha_2 M2_t + \alpha_3 FE_t + \alpha_4 Total_t + \alpha_5 FAPI_t$$
$$+ \alpha_6 CPI_t + \varepsilon_t$$

$$Soybean_t = \alpha_0 + \alpha_1 EN_t + \alpha_2 M2_t + \alpha_3 FE_t + \alpha_4 Total_t + \alpha_5 FAPI_t$$
$$+ \alpha_6 CPI_t + \varepsilon_t$$

$$JaponicaRice_t = \alpha_0 + \alpha_1 EN_t + \alpha_2 M2_t + \alpha_3 FE_t + \alpha_4 Total_t + \alpha_5 FAPI_t$$
$$+ \alpha_6 CPI_t + \varepsilon_t$$

其中，$PRICE_t$ 表示 t 期的中国粮食价格指数，$Wheat_t$、$Corn_t$、$Soybean_t$、$JaponicaRice_t$ 所代表的与前文相同。被解释变量 EN_t 表示 t 期的国际原油价格，u_t 为随机干扰项。t 为时间，与前文中保持一致。模型中新加入的控制变量的含义分别是：$M2_t$ 代表 t 期货币和准货币供应量对数值，FE_t 代表 t 期外汇储备量对数值，$Total_t$ 代表 t 期农副食品加工业资产对数值，$FAPI_t$ 代表 t 期农业固定资产投资额对数值，CPI_t 代表 t 期消费价格指数。

为了验证前文提出的中介效应的理论假设，即地缘政治风险能够通过国际能源价格波动传导渠道，进而对粮食价格产生重要影响及其作用机制，本章在该部分对中介效应的研究依旧借鉴温忠麟（2014）对中介效应的检验方法，模型构建如下[①]：

$$PRICE_t = \alpha_0 + \alpha_1 GPR_t + \alpha_2 M2_t + \alpha_3 FE_t + \alpha_4 Total_t + \alpha_5 FAPI_t$$
$$+ \alpha_6 CPI_t + \varepsilon_t \qquad\qquad (7-1)$$

$$EN_t = \gamma_0 + \gamma_1 GPR_t + \gamma_2 M2_t + \gamma_3 FE_t + \gamma_4 Total_t + \gamma_5 FAPI_t$$
$$+ \gamma_6 CPI_t + \varepsilon_t \qquad\qquad (7-2)$$

$$PRICE_t = \varphi_0 + \varphi_1 GPR_t + \varphi_2 EN_t + \varphi_3 M2_t + \varphi_4 FE_t + \varphi_5 Total_t$$
$$+ \varphi_6 FAPI_t + \varphi_7 CPI_t + \varepsilon_t \qquad\qquad (7-3)$$

本章构建中介效应模型主要检验国际原油价格在地缘政治风险和粮食价格指数之间的作用机制。也就是说，作用机制检验是用来验证地缘政治通过影响国际能源价格进而影响中国粮食价格的作用机制是否成立。其研究思路为：首先验证地缘政治风险对粮食价格的影响是否显著，若模型 7-1 显著，则继续验

① 温忠麟、叶宝娟：《中介效应分析：方法和模型发展》，《心理科学进展》，2014 年第 5 期，第 731-745 页。

证模型 7-2 的显著性，即验证地缘政治风险对国际能源价格是否显著，若模型
7-2 未通过显著性检验，则作用机制检验就此结束，证明地缘政治风险、国际
能源价格和粮食价格波动之间不存在作用机制，假设不成立。若模型 7-2 通过
了显著性检验，则进一步检验作用机制是否成立，若模型 7-3 的解释变量显著，
则证明作用机制存在。

二、数据来源

为了研究地缘政治风险的影响，结合本章研究需要以及数据可得性，本部
分以中国 2000 年 1 月至 2022 年 1 月数据为研究样本进行实证研究。对于部分
缺失的样本值，使用插值法进行补全，以确保数据的完整性和实证的顺利进
行。国际原油价格月度数据来自国泰安（CSMAR）数据库和万德（Wind）数
据库，粮食价格指数的月度数据来自中华粮网数据库，粳稻、小麦、玉米和大
豆（中等）集贸市场价格当期值（元/千克）数据来自国家统计局，地缘政治
风险指数在前文中已经有介绍，这部分不再赘述。控制变量——外汇储备量对
数值（FE）、农副食品加工业资产对数值（Total）、农业固定资产投资额对数
值（FAPI）、货币和准货币供应量对数值（M2）、衡量通货膨胀率的居民消费
价格指数（CPI）均来自国家统计局发布的统计年鉴，外汇储备变量的样本数
据来自国家外汇管理局（SAFE）网站公布的月度统计数据。

表 7-3 是变量的描述性统计结果，这里仅以国际原油价格对数值为例进行
分析，从中可以看出，国际原油价格对数值的平均值为 3.790，最小值和最大
值为 2.418 和 4.942，由此可见，各个月份之间的国际原油价格呈现出显著的
差异。其峰度和偏度分别为 1.883、-0.281，峰度大于 0、偏度小于 0，说明
国际原油价格样本分布整体上比较陡峭且呈现左偏态的趋势。其他变量的峰度
和偏度数据存在差异。

表 7-3　变量描述性统计

变量名 （中文）	变量名 （英文）	均值	标准偏差	最小值	最大值	样本数	峰度	偏度
粮食价格指数	PRICE	4.634	0.104	4.453	5.102	339	11.506	2.605
国际原油价格 对数值	EN	3.790	0.614	2.418	4.942	339	1.883	-0.281

（续）

变量名 （中文）	变量名 （英文）	均值	标准偏差	最小值	最大值	样本数	峰度	偏度
地缘政治风险 指数	*GPR*	0.463	0.266	0.098	2.052	339	7.895	1.774
外汇储备量 对数值	*FE*	9.603	1.054	7.344	10.595	339	2.454	−0.980
农副食品加工业 资产总计对数值	*Total*	10.257	0.146	9.818	10.439	339	4.257	−1.383
农业固定资产 投资额对数值	*FAPI*	3.144	0.747	−0.916	4.805	339	8.066	−1.250
居民消费价格 指数对数值	*CPI*	3.511	5.455	−2.200	27.700	339	10.447	2.688
货币和准货币 供应量对数值	*M2*	12.884	1.230	10.434	14.684	339	1.783	−0.205

注：变量描述性统计结果由笔者使用 STATA16 软件分析得出。

整体来看，所有变量并没有出现异常值，因此可以进行回归检验。并且所有变量的 JB 检验的 p 值均在 5% 的显著性水平下通过了检验，说明所有变量的样本分布基本上符合正态分布。

第四节　实证分析

本书第六章运用向量自回归模型检验了粮食进出口贸易对粮食价格的影响。本节将在前面章节研究结论的基础上进一步检验国际能源价格波动在地缘政治风险和粮食价格之间发挥的中介效应，即我们想验证地缘政治风险通过影响国际能源价格波动，进而影响国内粮食价格波动。本节的研究思路大致如下：首先，我们借鉴第六章的估计方式，验证国际能源价格波动对粮食价格指数的影响，同时检验国际能源价格波动对我国小麦、大豆、玉米和粳稻价格的影响，之后使用格兰杰因果分析研究能源价格与粮食价格之间的关系，通过脉冲响应和方差分解，用来检验国际能源价格波动的外部冲击对内生变量所带来的影响。其次，在验证国际能源价格波动对粮食价格的影响后，我们通过中介效应模型检验国际能源价格波动的作用机制，分别验证国际能源价格波动在地缘政治风险与粮食价格指数、地缘政治风险与小麦价格、地缘政治风险和玉米价格、地缘政治风险和大豆价格、地缘政治风险和粳稻价格的作用机制，用来对比分析地缘政治风险通过原油价格作用于粮食价格是否存在差异性。

一、国际能源价格波动对粮食价格的总体估计

本节主要使用向量自相关模型（VAR）研究国际原油价格波动对中国粮食价格的影响，首先对全样本进行单位根检验，确保数据的平稳性。之后在VAR模型的检验中确定最优滞后阶，根据最优滞后阶进行VAR模型的回归分析，但其回归结果的参数并没有实际意义，也就是其经济意义无法解释，所以在本章中呈现回归结果意义不大，故在书中报告了方程联合显著性回归结果，用来检验方程的显著性。最后我们进行格兰杰因果检验，进而检验能源价格与中国粮食价格波动之间是否具有因果关系，在此基础上进行脉冲响应函数分析和方差分析。

（一）单位根检验

在进行VAR回归中所需要用到的时间序列需保证其平稳性，如果使用非平稳的序列进行VAR分析，可能出现伪回归的现象。文中主要使用Fisher-ADF检验法测度时间序列是否平稳。中国粮食价格和国际能源价格的平稳性检验结果如表7-4所示。

表7-4　平稳性检验

变量	ADF值	显著水平下的检验结果			p值	结论
		1%	5%	10%		
PRICE	−3.166	−3.453	−2.876	−2.570	0.021*	平稳
EN	−16.161	−3.453	−2.877	−2.570	0.000***	平稳

注：①平稳性检验结果由笔者使用STATA16软件分析得出。②"*"表示在10%显著水平上显著，"**"表示在5%显著水平上显著，"***"表示在1%显著水平上显著。

如表7-4所示，在10%显著水平上，被解释变量粮食价格指数和解释变量国际原油价格波动都呈现出平稳的特征，可以进行下一步的检验分析。

（二）最优滞后阶数选择

在验证了数据的平稳性后，接下来研究中通过5种不同的信息检验模式构建了不同滞后阶数的模型，对VAR滞后阶数选择如表7-5所示。

表7-5 最优滞后阶数选择

滞后阶数	似然函数	似然比检验	自由度	p值	最终预测误差	AIC	HQIC	SBIC
0	575.207				0.000 11	−3.442 68	−3.433 56	−3.419 81
1	1 256.580	1 362.700 0	4	0.000	1.90E-06	−7.510 99	−7.483 63	−7.442 37
2	1 323.380	133.610 0	4	0.000	1.30E-06	−7.888 19	−7.842 59	−7.773 83*
3	1 326.370	5.980 7	4	0.201	1.30E-06	−7.882 12	−7.818 28	−7.722 02
4	1 337.890	23.027 0*	4	0.000	1.20E-06*	−7.927 25*	−7.845 17*	−7.721 40
5	1 339.130	2.491 3	4	0.646	1.30E-06	−7.910 71	−7.810 38	−7.659 12

注：最优滞后阶数选择检验结果由笔者使用STATA16软件分析得出。

如表7-5所示，LL为似然函数，LR为关于似然函数的似然比检验，FPE为 Akaike's Final Prediction Error。不同信息模式下对滞后阶数的最优选择存在差异。根据 LR、FPE、AIC、HQIC 准则"少数服从多数"原则，均应选用4阶滞后。因此，VAR 模型的阶数是4。

（三）VAR 回归结果检验

在得出最优滞后期的基础上，接下来进行估计，方程联合显著性检验结果如表7-6所示。

表7-6 方程联合显著性检验

滞后阶数	卡方检验	自由度	p值	滞后阶数	卡方检验	自由度	p值
方程：*PRICE*				方程：*ALL*			
1	775.019 00	2	0.000	1	783.984 40	4	0.000
2	39.647 38	2	0.000	2	49.234 12	4	0.000
3	10.328 27	2	0.006	3	13.921 24	4	0.008
4	13.862 26	2	0.001	4	19.510 48	4	0.001
方程：*EN*							
1	8.260 212	2	0.016				
2	9.333 560	2	0.009				
3	3.501 286	2	0.174				
4	5.615 667	2	0.060				

注：方程联合显著性检验结果由笔者使用STATA16软件分析得出。

如表7-6中所示，在 *PRICE* 的单一方程中，所有滞后阶数的系数都满足方程显著性。在 EN 的单一方程中，除了 3 阶滞后的方程不满足方程显著性，其余滞后阶数均满足方程显著性检验。将三个方程作为一个整体，各阶段系数均高度显著。

对残差项的自相关检验结果如表 7－7 所示，对模型中的残差项进行自相关检验可以得出，在 1、2 阶滞后期中，其 p 值在 10% 的显著水平上均不显著，接受原假设，认为残差项是"无自相关"的，认为扰动项具有"白噪声"。

表 7－7　残差项自相关检验

滞后阶数	卡方检验	自由度	p 值＞卡方值
1	5.554	4	0.234 98
2	7.156	4	0.620 88

注：残差项自相关检验结果由笔者使用 STATA16 软件分析得出。

为了检验模型中所使用的 VAR 系统的稳定性，本书绘制了图 7－15，如图所示，所有特征值都在单位圆之内，故 VAR 系统是稳定的。其中，右侧有两个根距离单位圆最近，意味着某些冲击有较强的持续性。

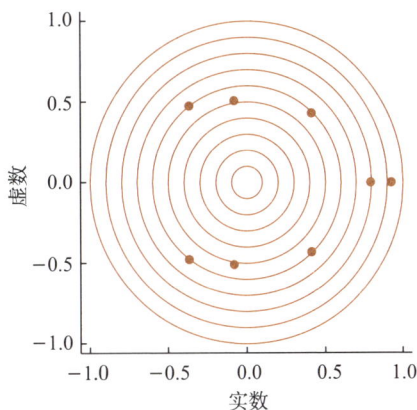

图 7－15　单位根检验
图表来源：单位根检验结果由笔者使用 STATA16 绘制。

（四）格兰杰因果检验

格兰杰因果检验主要是为了研究被解释变量与解释变量两者间是否存在显著的因果关系。根据格兰杰检验结果可知，国内粮食价格波动是国际能源价格波动的格兰杰原因，而国际能源价格波动也是国内粮食价格指数波动的原因，也即二者互为因果关系，具体检验结果如表 7－8 所示。

表 7－8　格兰杰因果检验

方程	排除变量	卡方检验	样本值	p 值＞卡方值
PRICE	EN	25.588	4	0.009
PRICE	ALL	25.588	4	0.009
EN	PRICE	45.231	4	0.003
EN	ALL	45.231	4	0.003

注：格兰杰因果检验结果由笔者使用 STATA16 软件分析得出。

（五）脉冲响应函数分析

在进行格兰杰因果分析之后，基于 VAR 模型进行脉冲响应函数分析，被解释变量粮食价格指数的脉冲响应结果如图 7 - 16 所示。图中实线表示粮食价格指数受到冲击之后的实际走势，阴影部分表示当这种冲击加大之后粮食价格指数的走势。从图中可以看出，当国际能源价格波动一个单位时粮食价格指数会先做出一个正向的反应，但这种正向反应在缓慢变小，直至接近于零。

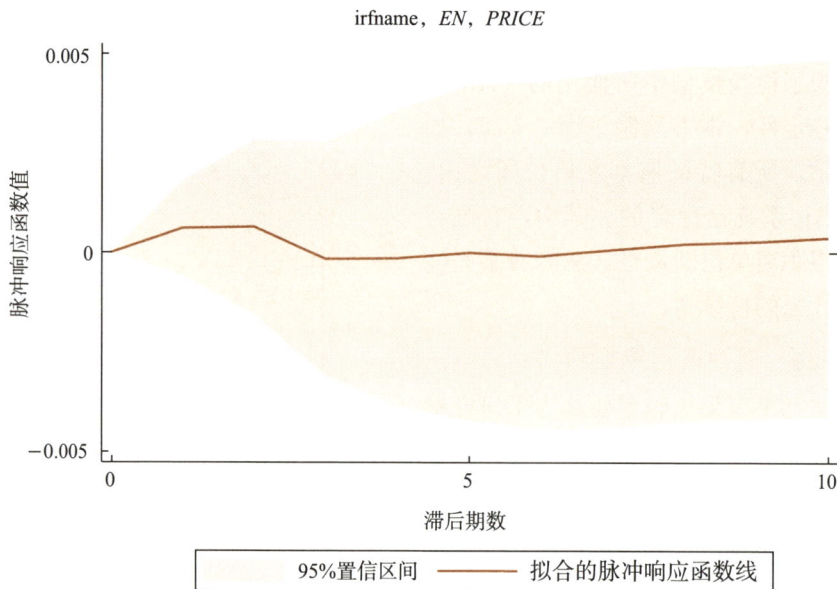

图 7 - 16　脉冲响应检验

图表来源：脉冲响应检验结果由笔者使用 STATA16 绘制。

（六）方差分解

表 7 - 9 展示了方差分解的结果。从表可以看出，粮食价格指数波动的过程中，随着期数的不断增加，其自身能够解释的部分开始逐渐下降，从第一期的 1 降至第十期的 0.999 751，虽然所占比重有所下降，但是仍然是占据主要部分。由国际能源价格所解释的比重开始缓慢增加，到了第十期，达到 0.000 249。

表 7 - 9　方差分解

期数	(1)	(2)
1	1.000 000	0.000 000
2	0.999 122	0.000 878
3	0.998 991	0.001 009
4	0.999 343	0.000 657
5	0.999 519	0.000 481
6	0.999 624	0.000 376
7	0.999 687	0.000 313
8	0.999 730	0.000 270
9	0.999 747	0.000 253
10	0.999 751	0.000 249

注：①方差分解检验结果由笔者使用 STATA16 软件分析得出。②表中（1）irfname＝irfname，impulse＝$PRICE$，and response＝$PRICE$，（2）irfname＝irfname，impulse＝EN，and response＝$PRICE$。

综上分析可知，无论是格兰杰因果检验，还是脉冲响应检验、方差分解分析，均得出了国际原油价格对我国国内粮食价格指数产生了显著影响，这就验证了 H6 的正确性，即能源价格波动会对国内粮食价格产生显著影响。

二、基于四大主要粮食品种的分类估计

与上一节相同，本节主要使用向量自相关模型（VAR）研究国际能源价格波动对中国小麦、玉米、大豆和粳稻四种主要粮食价格的影响。根据本章研究目的，这里的研究思路如下：首先对全样本进行单位根检验，确保数据的平稳性，之后确定 VAR 的最优滞后阶数，进行 VAR 模型回归估计，最后进行格兰杰因果检验，进而检验粮食进出口贸易与中国小麦、玉米、大豆、粳稻价格波动之间是否有因果关系，进而分析脉冲响应函数和方差分解，分析步骤如下。

第一，单位根检验。进行 VAR 回归的前提是所研究的时间序列为平稳序列。这里使用 Fisher-ADF 单位根检验方法进行检验，中国小麦、玉米、大豆、粳稻价格和国际能源价格波动的平稳性检验结果如表 7 - 10 所示，检验结果表明，上述变量均在 1％显著水平上平稳。

表 7 - 10 平稳性检验

变量	ADF 值	显著水平下的检验结果			p 值	结论
		1%	5%	10%		
		小麦				
Wheat	−10.583	−3.453	−2.877	−2.570	0.000***	平稳
EN	−16.161	−3.453	−2.877	−2.570	0.000***	平稳
		玉米				
Corn	−0.959	−3.453	−2.876	−2.576	0.000***	平稳
EN	−16.161	−3.453	−2.877	−2.570	0.000***	平稳
		大豆				
Soybean	−9.497	−3.453	−2.877	−2.570	0.000***	平稳
EN	−16.161	−3.453	−2.877	−2.570	0.000***	平稳
		粳稻				
JaponicaRice	−14.465	−3.453	−2.877	−2.570	0.000***	平稳
EN	−16.161	−3.453	−2.877	−2.570	0.000***	平稳

注：①平稳性检验结果由笔者使用 STATA16 软件分析得出。②"*"表示在 10%显著水平上显著，"***"表示在 5%显著水平上显著，"****"表示在 1%显著水平上显著。

第二，最优滞后阶数的选择。在验证数据的平稳性后，本成果使用 STA-TA16 软件分析了不同滞后阶数的情况下 5 种不同的信息模式，通过对比信息选择最优滞后阶的方法。最优滞后阶数选择结果如表 7 - 11 所示。根据多数原则，小麦、大豆价格与国际能源价格之间的 VAR 模型应选用 5 阶滞后，玉米价格与国际能源价格之间的 VAR 模型应选用 3 阶滞后，粳稻价格与粮食进出口之间的 VAR 模型应选用 2 阶滞后。

表 7 - 11 最优滞后阶数选择

滞后阶数	似然函数	似然比检验	自由度	p 值	最终预测误差	AIC	HQIC	SBIC
				小麦				
0	20.281 6				0.003 072	−0.109 80	−0.100 68	−0.086 93
1	1 041.660 0	2 042.700 00	4	0.000	6.80E-06	−6.220 15	−6.192 79	−6.151 54
2	1 074.070 0	64.833 00	4	0.000	5.70E-06	−6.390 82	−6.345 22*	−6.276 46*
3	1 074.360 0	0.582 65	4	0.965	5.90E-06	−6.368 55	−6.304 71	−6.208 45

（续）

滞后阶数	似然函数	似然比检验	自由度	p 值	最终预测误差	AIC	HQIC	SBIC
4	1 085.700 0	22.684 00	4	0.000	5.60E-06	−6.412 64	−6.330 56	−6.206 80
5	1 090.660 0	9.913 10*	4	0.042	5.60E-06*	−6.418 39*	−6.318 06	−6.166 80
玉米								
0	−502.765				0.070 425	3.022 55	3.031 65	3.045 37
1	940.200	2 885.900 00	4	0.000	0.000 013	−5.594 01	−5.566 72	−5.525 55
2	989.300	98.200 00	4	0.000	9.70E-06	−5.864 07	−5.818 58	−5.749 97*
3	996.566	14.532 00*	4	0.006	9.50E-06*	−5.883 63*	−5.819 94*	−5.723 88
4	997.743	2.352 90	4	0.671	9.70E-06	−5.866 72	−5.784 83	−5.661 33
5	1 002.140	8.800 00	4	0.066	9.70E-06	−5.869 12	−5.769 03	−5.618 09
大豆								
0	−798.538				0.413 906	4.793 64	4.802 74	4.816 46
1	674.066	2 945.200	4	0.000	0.000 063	−4.000 39	−3.973 10	−3.931 93
2	743.289	138.450	4	0.000	0.000 042	−4.390 95	−4.345 46	−4.276 85*
3	751.587	16.596	4	0.002	0.000 041	−4.416 69	−4.353 00*	−4.256 94
4	753.407	3.640	4	0.457	0.000 042	−4.403 64	−4.321 74	−4.198 25
5	760.089	13.364*	4	0.010	0.000 041*	−4.419 70*	−4.319 61	−4.168 66
粳稻								
0	−648.972				0.169 023	3.898 04	3.907 14	3.920 86
1	986.127	3 270.200 00	4	0.000	9.70E-06	−5.869 02	−5.841 73	−5.800 56
2	1 000.920	29.578 00*	4	0.000	9.10E-06*	−5.933 63*	−5.888 13*	−5.819 52*
3	1 002.960	4.093 90	4	0.393	9.20E-06	−5.921 93	−5.858 24	−5.762 19
4	1 003.330	0.737 93	4	0.947	9.40E-06	−5.900 19	−5.818 30	−5.694 80
5	1 007.100	7.544 30	4	0.110	9.40E-06	−5.898 83	−5.798 74	−5.647 79

注：①最优滞后阶数选择检验结果由笔者使用 STATA16 软件分析得出。②"*"表示在 10％ 显著水平上显著，"**"表示在 5％ 显著水平上显著，"***"表示在 1％ 显著水平上显著。

第三，VAR 回归模型。根据信息准则，这里选择滞后 5 期建立小麦、大豆的粮食价格与国际能源价格之间的 VAR（5）模型，选择滞后 3 期建立玉米价格与国际能源价格之间的 VAR（3）模型，选择滞后 2 期建立粳稻价格与国际能源价格的 VAR（2）模型。方程联合显著性检验结果如表 7-12 所示。

表 7 - 12　方程联合显著性检验

滞后阶数	卡方检验	自由度	p 值	滞后阶数	卡方检验	自由度	p 值
			小麦				
	方程：*Wheat*				方程：*ALL*		
1	581.297 000	2	0.000	1	1 008.558 000	4	0.000
2	25.698 120	2	0.000	2	37.484 600	4	0.000
3	3.259 298	2	0.196	3	10.910 140	4	0.028
4	1.941 893	2	0.379	4	7.104 383	4	0.013
5	8.654 322	2	0.013	5	13.326 600	4	0.001
	方程：*EN*						
1	426.000 500	2	0.000				
2	11.650 780	2	0.003				
3	7.520 686	2	0.023				
4	5.099 697	2	0.078				
5	4.488 304	2	0.106				
			玉米				
	方程：*Corn*				方程：*ALL*		
1	766.152 600	2	0.000	1	1 179.804 000	4	0.000
2	40.907 160	2	0.000	2	52.632 810	4	0.000
3	11.032 720	2	0.004	3	14.980 080	4	0.005
	方程：*EN*						
1	420.666 400	2	0.000				
2	12.027 450	2	0.002				
3	3.413 607	2	0.181				
			大豆				
	方程：*Soybean*				方程：*ALL*		
1	702.504 400 0	2	0.000	1	1 120.796 000	4	0.000
2	12.808 440 0	2	0.002	2	26.808 700	4	0.000
3	0.894 681 5	2	0.639	3	5.852 120	4	0.21
4	0.917 044 8	2	0.632	4	7.517 624	4	0.111
5	4.415 636 0	2	0.11	5	13.515 400	4	0.009

（续）

滞后阶数	卡方检验	自由度	p 值	滞后阶数	卡方检验	自由度	p 值
			大豆				
		方程：EN					
1	427.772 000	2	0.000				
2	14.292 340	2	0.001				
3	4.744 132	2	0.093				
4	6.686 829	2	0.035				
5	9.136 152	2	0.01				
			粳稻				
		方程：$JaponicaRice$			方程：ALL		
1	516.920 500	2	0.000	1	947.435 800	4	0.000
2	16.393 600	2	0.000	2	31.079 080	4	0.000
		方程：EN					
1	437.349 700	2	0.000				
2	15.554 500	2	0.000				

注：方程联合显著性检验结果由笔者使用 STATA16 软件分析得出。

如表 7 - 12 所示，在 $Wheat$ 的单一方程中，方程的 3 阶和 4 阶滞后阶数均不满足显著性，其余系数都满足方程显著性；在 EN 的单一方程中，仅有方程的 5 阶滞后不满足显著性，其余滞后阶数均满足显著性；将三个方程作为一个整体，各阶段系数均高度显著。在 $Corn$ 的单一方程中，方程的所有滞后阶数均显著；在 EN 的单一方程中，方程的 1 阶滞后和 2 阶滞后均显著；但方程的 3 阶滞后并未通过显著性检验。在两者的联合方程中，所有的滞后阶数均通过了显著性检验，说明方程的联合显著性较好，方程具有稳定性。在 $Soybean$ 的单一方程中，方程的 1 阶和 2 阶滞后均显著，但其余滞后阶数均未满足；在 EN 的单一方程中，方程的 1 阶、2 阶和 5 阶滞后均通过了显著性检验，其余滞后阶数均不显著；将三个方程作为一个整体，方程的 3 阶和 4 阶均未通过显著性检验，其余阶数均通过了显著性检验，整体上方程显著性良好。在 $JaponicaRice$ 的单一方程中，方程的 1 阶滞后和 2 阶滞后均显著，表明单一方程的显著性得到验证；在 EN 的单一方程中，方程的 1 阶滞后和 2 阶滞后均显著，即 En 的单一方程的显著性得到验证；将两个方程作为一个整体，方程的 1 阶滞后和 2 阶滞后均显著，表明方程整体的联合显著性得到验证。

对残差项的自相关检验结果如表 7-13 所示，从表中可以看出小麦、玉米、大豆、粳稻的粮食价格和国际能源价格之间关于残差项的显著结果超出了 10% 的显著水平，即认为两者残差项为"非自相关"，关于白噪声的检验也说明扰动项存在白噪声。

表 7-13　残差项自相关检验

滞后期数	卡方检验	自由度	p 值＞卡方值
		小麦	
1	3.352 2	4	0.500 70
2	1.902 4	4	0.753 70
		玉米	
1	2.101 1	4	0.717 16
2	5.766 1	4	0.217 30
		大豆	
1	4.610 0	4	0.329 00
2	9.601 9	4	0.476 00
		粳稻	
1	4.042 5	4	0.400 00
2	3.674 7	4	0.451 00

注：残差项自相关检验结果由笔者使用 STATA16 软件分析得出。

进一步检验回归中的 VAR 系统是否平稳，如图 7-17 所示，此时四类粮食作物的特征值均分布在单位圆内，因此小麦、大豆的粮食价格与国际能源价格之间的 VAR7-5 模型，玉米价格与国际能源价格之间的 VAR7-3 模型，粳稻价格与国际原油价格之间的 VAR7-2 模型均具有稳定性。在上述研究的 VAR 系统里，四类作物中均有 1~2 个特征根在圆右侧接近单位圆，这也证明了系统内存在某些持久性的冲击。

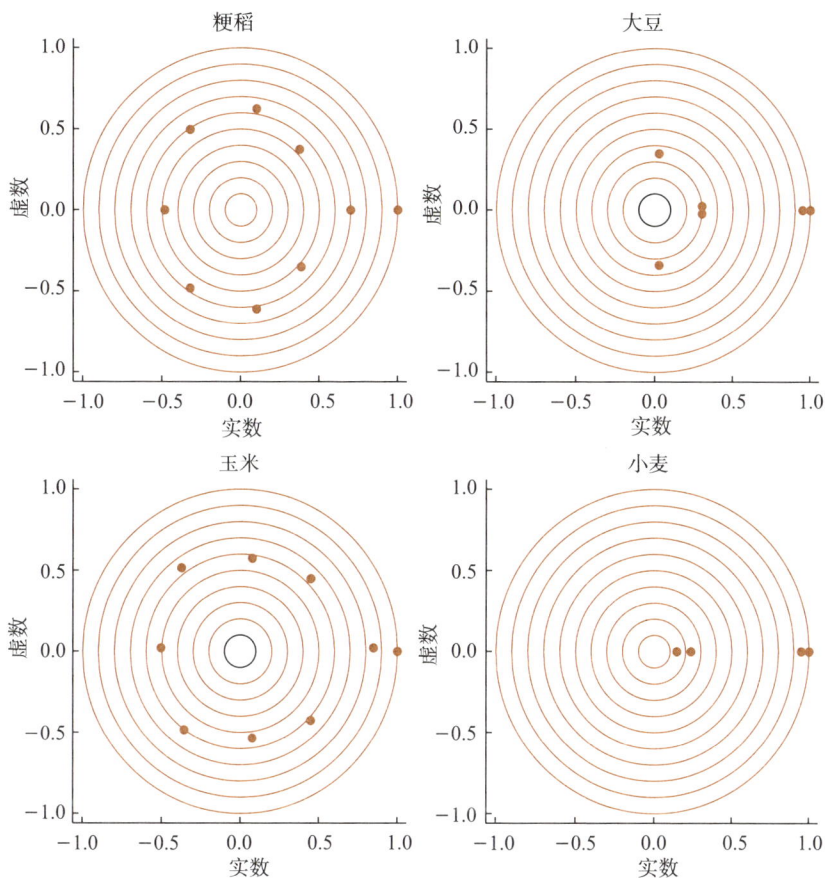

图 7 - 17　单位根检验

图表来源：单位根检验结果由笔者使用 STATA16 绘制。

第四，格兰杰因果检验。国际原油价格对小麦、玉米、大豆、粳稻价格影响的格兰杰因果检验结果如表 7 - 14 所示。

表 7 - 14　格兰杰因果检验

方程	排除变量	卡方检验	自由度	p 值＞卡方值
		小麦		
Wheat	EN	11.007	5	0.051
Wheat	ALL	11.007	5	0.051
EN	Wheat	9.861	5	0.000
EN	ALL	9.861	5	0.000

（续）

方程	排除变量	卡方检验	自由度	p 值＞卡方值
玉米				
Corn	EN	11.067	3	0.011
Corn	ALL	11.067	3	0.011
EN	Corn	10.843	3	0.013
EN	ALL	10.843	3	0.013
大豆				
Soybean	EN	4.866 8	5	0.432
Soybean	ALL	4.866 8	5	0.432
EN	Soybean	23.210 0	5	0.000
EN	ALL	23.210 0	5	0.000
粳稻				
JaponicaRice	EN	2.029 2	2	0.363
JaponicaRice	ALL	2.029 2	2	0.363
EN	JaponicaRice	12.313 0	2	0.002
EN	ALL	12.313 0	2	0.002

注：格兰杰因果检验结果由笔者使用 STATA16 软件分析得出。

如表 7-14 所示，中国小麦价格与国际原油价格波动之间存在双向的格兰杰因果关系，且对两种类型的模型检验时，两者均通过了格兰杰因果检验。国内玉米价格的波动是国际原油价格波动的格兰杰原因，同时国际原油价格波动也是国内玉米价格波动的格兰杰原因。与小麦、玉米不同，国内大豆价格与国际原油价格之间的格兰杰因果关系是单向的，即大豆价格并不是国际原油价格的格兰杰原因，而国际原油价格波动是国内大豆价格波动的格兰杰原因，也即通过了格兰杰因果检验。与大豆类似，国内粳稻价格的波动对国际能源价格波动并未通过格兰杰检验，而国际能源价格波动对粳稻价格的因果关系则更加显著。大豆、粳稻两类作物之间存在着单项因果关系，即国际能源价格波动能够对国内大豆与粳稻价格产生影响，而国际能源价格波动受到国内粳稻价格波动的影响较小。

第五，脉冲响应函数分析。利用脉冲响应函数，对 VAR 模型进行分析，脉冲响应函数如图 7-18 至图 7-21 所示。小麦价格的脉冲响应函数图如

图 7 - 18 所示。这里主要分析小麦价格对国际能源价格波动所作出的反应。图中实线表示小麦价格受到冲击之后的实际走势，阴影部分表示当这种冲击加大之后小麦价格的走势。从图中可以看出，当国际能源价格波动一个单位时，小麦价格会先做出一个正向的反应，而且这种正向反应缓慢变大，在第十期接近 0.015。

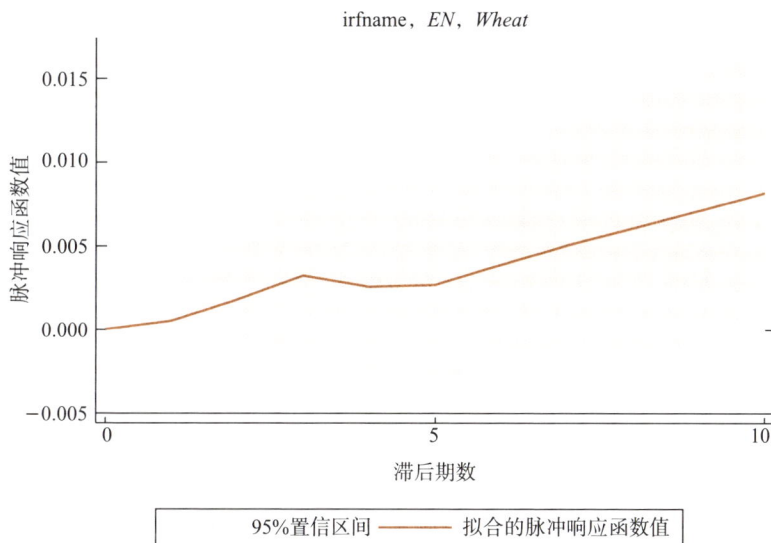

irfname，*EN*，*Wheat*

图 7 - 18 小麦价格脉冲响应检验

玉米价格的脉冲响应函数如图 7 - 19 所示。这里主要分析玉米价格对国际能源价格波动所作出的反应。图中实线表示玉米价格指数受到冲击之后的实际走势，阴影部分表示当这种冲击加大之后玉米价格指数的走势。从图中可以看出，当国际能源价格波动一个单位时，玉米价格会先做出一个正向的反应，而且这种正向反应在缓慢变小。

大豆价格的脉冲响应函数如图 7 - 20 所示。这里主要分析大豆价格对国际能源价格波动所作出的反应。图中实线表示大豆价格受到冲击之后的实际走势，阴影部分表示当这种冲击加大之后大豆价格的走势。从图中可以看出，当国际能源价格波动一个单位时，大豆价格会先做出一个正向的反应，且这种反应随着时间推移在缓慢变大，意味着国际能源价格对大豆的冲击更加持久。

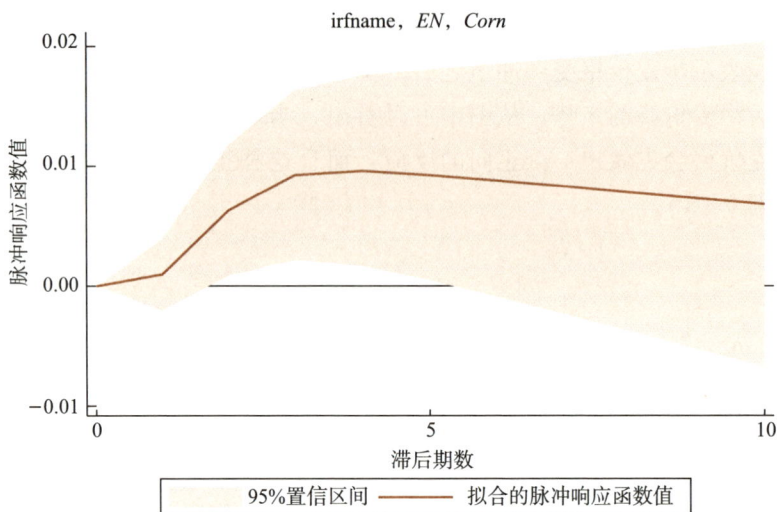

图 7-19　玉米价格脉冲响应检验

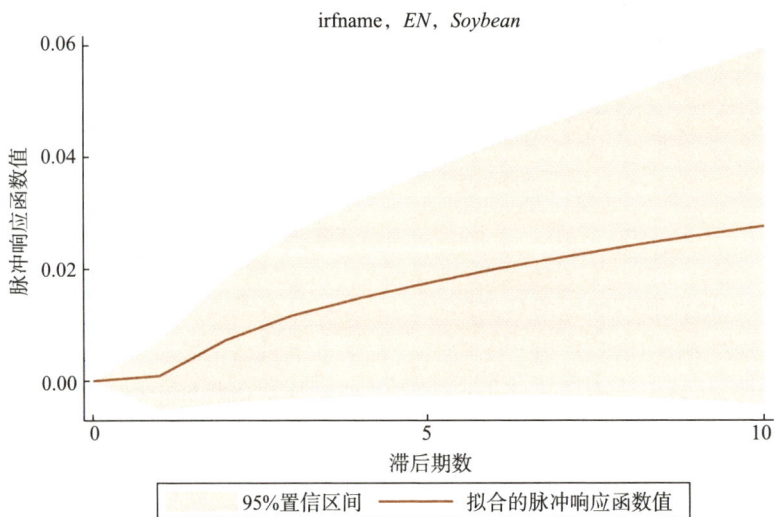

图 7-20　大豆价格脉冲响应检验

　　粳稻价格的脉冲响应函数如图 7-21 所示。这里主要分析粳稻价格对国际能源价格波动所作出的反应。图中实线表示粳稻价格受到冲击之后的实际走势，阴影部分表示当这种冲击加大之后粳稻价格的走势。从图中可以看出，当国际能源价格波动一个单位时，粳稻价格会先做出一个正向的反应，且这种反应随着时间推移在缓慢变大，意味着国际能源价格对粳稻的冲击更加持久。

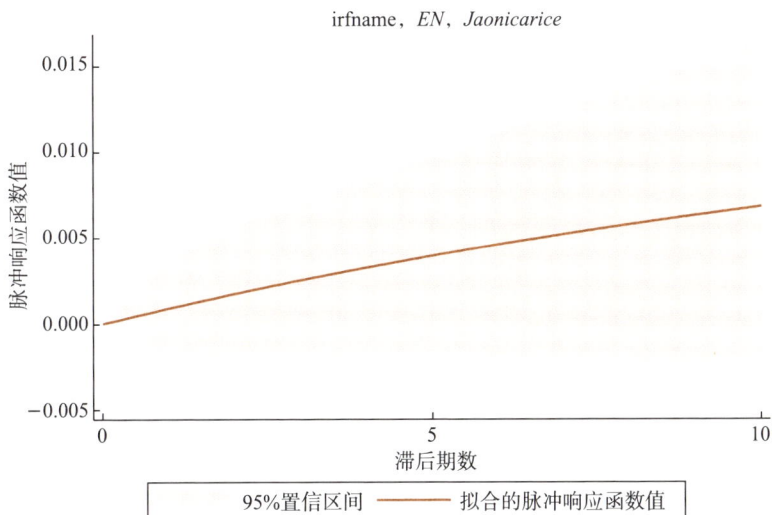

图 7-21　粳稻价格脉冲响应检验

图表来源：粮食价格脉冲响应检验结果由笔者使用 STATA16 软件分析得出。

　　第六，方差分解。表 7-15 展示了粮食价格的方差分解的结果。对表 7-15 进行综合分析来看，小麦、玉米、大豆以及粳稻的价格伴随着期数的增加，其自身可以解释的部分均出现不同程度的下降，四类作物第一期解释能力均为1，而到第十期时，四种作物分别下降到了 0.987 659、0.976 435、0.984 256以及 0.986 752，其中玉米价格随着期数变动解释能力下降最快。

　　具体来看，如表 7-15 所示，小麦价格变动的过程中，随着期数的不断增加，其自身能够解释的部分开始逐渐下降。虽然所占比重有所下降，但是仍然是占据主要部分。由国际能源价格所解释的比重开始缓慢增加，到了第十期，所占比重为 0.012 341。如表 7-16 所示，玉米价格变动的过程中，随着期数的不断增加，其自身能够解释的部分开始逐渐下降。虽然所占比重有所下降，但是仍然是占据主要部分。由国际能源价格所解释的比重开始缓慢增加，到了第十期，所占比重为 0.023 565。如表 7-17 所示，大豆价格变动的过程中，随着期数的不断增加，其自身能够解释的部分开始逐渐下降。虽然所占比重有所下降，但是仍然是占据主要部分。由国际能源价格所解释的比重开始缓慢增加，第十期所占比重为 0.015 744。如表 7-18 所示，粳稻价格变动的过程中，随着期数的不断增加，其自身能够解释的部分开始逐渐下降。虽然所占比重有所下降，但是仍然是占据主要部分。由国际能源价格所解释的比重开始缓慢增加，第十期所占比重为 0.013 248。

表 7－15 小麦方差分解

期数	(1)	(2)
1	1.000 000	0.000 000
2	0.999 799	0.000 201
3	0.998 446	0.001 554
4	0.995 654	0.004 346
5	0.995 415	0.004 585
6	0.995 341	0.004 659
7	0.994 308	0.005 692
8	0.992 521	0.007 479
9	0.990 291	0.009 709
10	0.987 659	0.012 341

表 7－16 玉米方差分解

期数	(3)	(4)
1	1.000 000	0.000 000
2	0.999 634	0.000 366
3	0.991 768	0.008 232
4	0.983 355	0.016 645
5	0.978 798	0.021 202
6	0.976 709	0.023 291
7	0.975 856	0.024 144
8	0.975 693	0.024 307
9	0.975 943	0.024 057
10	0.976 435	0.023 565

表 7－17 大豆方差分解

期数	(5)	(6)
1	1.000 000	0.000 000

（续）

期数	(5)	(6)
2	0.999 928	0.000 072
3	0.997 700	0.002 300
4	0.995 191	0.004 809
5	0.993 048	0.006 952
6	0.991 123	0.008 877
7	0.989 307	0.010 693
8	0.987 569	0.012 431
9	0.985 891	0.014 109
10	0.984 256	0.015 744

表 7 - 18 粳稻方差分解

期数	(7)	(8)
1	1.000 000	0.000 000
2	0.999 604	0.000 396
3	0.998 809	0.001 191
4	0.997 702	0.002 298
5	0.996 331	0.003 669
6	0.994 736	0.005 264
7	0.992 951	0.007 049
8	0.991 008	0.008 992
9	0.988 933	0.011 067
10	0.986 752	0.013 248

注：①方差分解检验结果由笔者使用 STATA16 软件分析得出。②表中（1）irfname＝irfname，impulse＝$Wheat$，and response＝$Wheat$；（2）irfname＝irfname，impulse＝EN，and response＝$Wheat$；（3）irfname＝irfname，impulse＝$Corn$，and response＝$Corn$；（4）irfname＝irfname，impulse＝EN，and response＝$Corn$；（5）irfname＝irfname，impulse＝$Soybean$，and response＝$Soybean$；（6）irfname＝irfname，impulse＝EN，and response＝$Soybean$；（7）irfname＝irfname，impulse＝$JaponicaRice$，and response＝$JaponicaRice$；（8）irfname＝irfname，impulse＝EN，and response＝$JaponicaRice$。

第七，国际能源价格波动对粮食价格的线性回归检验。前文已经详细阐述国际能源价格波动对粮食价格波动的影响以及两者之间是否存在因果关系，同时也检验了国际能源价格波动对中国小麦、大豆、玉米和粳稻之间是否存在格兰杰因果关系。但粮食价格不仅受到国际能源价格波动的影响，同时还受到诸如通货膨胀率和外汇储备量等外生变量的影响。所以本成果运用最小二乘回归模型（OLS），加入解释变量——能源价格波动和控制变量——外汇储备量对数值（FE）、农副食品加工业资产对数值（Total）、农业固定资产投资额对数值（FAPI）、货币和准货币供应量对数值（M2）和反映通货膨胀率的变量——居民消费价格指数（CPI）对粮食农产品价格（PRICE）进行回归，回归结果如表7-19所示。

表7-19　国际能源价格波动对粮食价格波动的最小二乘估计结果分析

变量	(1) PRICE	(2) Wheat	(3) Corn	(4) Soybean	(5) JaponicaRice
EN	0.010***	0.131***	0.107	0.267***	−0.009
	(2.84)	(6.55)	(1.60)	(2.89)	(−0.61)
M2	−0.012**	0.641***	1.148***	2.184***	0.098***
	(−2.19)	(19.66)	(10.57)	(14.47)	(4.23)
FAPI	0	0.029***	0.167***	0.198***	0.022***
	(0.20)	(2.91)	(5.09)	(4.33)	(3.10)
Total	−0.027***	−0.124**	−1.474***	−1.330***	0.151***
	(−2.83)	(−2.30)	(−8.20)	(−5.32)	(3.94)
FE	0.048***	0.729***	2.404***	2.630***	0.170***
	(3.80)	(10.08)	(9.99)	(7.87)	(3.32)
CPI	−0.001	−0.006	−0.055**	−0.063*	−0.009
	(−0.85)	(−0.79)	(−2.09)	(−1.74)	(−1.56)
_cons	4.538***	−13.482***	−24.764***	−40.070***	−1.551**
	(30.22)	(−15.59)	(−8.60)	(−10.01)	(−2.53)
N	339	339	339	339	339
r2_a	0.717	0.905	0.742	0.795	0.704
F	41.875	155.725	47.584	63.648	39.453

注：①国际能源价格波动对粮食价格波动的最小二乘估计结果分析由笔者使用STATA16软件分析得出。②"*"表示在10%显著水平上显著，"**"表示在5%显著水平上显著，"***"表示在1%显著水平上显著。

如表7-19所示，模型（1）为国际能源价格波动对中国粮食价格波动的回归结果，从回归结果可知国际能源价格波动对粮食价格波动的回归系数为0.010，且通过了1%水平的显著性检验，表明国际能源价格波动可以促进国内粮食价格的上涨，这就说明，国际能源如原油等农用机械所需的原料价格上涨，必然会导致粮食播种过程所需耗费的成本上升，进而导致粮食价格上涨，即国际能源价格的正向冲击将会导致国内粮食总体价格的同方向移动。控制变量中，货币和准货币供应量对数值（$M2$）、农副食品加工业资产对数值（$Total$）和外汇储备量对数值（FE）均通过了显著性检验，表明货币和准货币的供应、对农业的资产投入和外汇储备量都会影响国内粮食价格波动情况。模型（2）为国际能源价格波动对中国小麦价格波动的回归结果，从回归结果可以看出，国际能源价格波动对小麦价格波动的回归系数为 0.131，且通过了 1％水平的显著性检验，表明国际能源价格波动会使得国内小麦价格上涨，作为国内粮食主要作物，小麦的价格波动同样符合供求定理，在供求定理下，国际能源价格的波动首先影响到小麦的生产过程，提升了其生产成本，之后影响传导至国内，使得小麦供给减少、价格提升。模型（3）为国际能源价格波动对中国玉米价格波动的回归结果，从回归结果可以看出，国际能源价格波动对大豆价格波动的回归系数为 0.107，但并未通过显著性检验。模型（4）为国际能源价格波动对中国大豆价格波动的回归结果，从回归结果可以看出，粮食进口贸易对大豆价格波动的回归系数为 0.267，且通过了 1％水平的显著性检验，表明国际能源价格波动将会使得国内大豆价格上涨，作为国内粮食主要作物，大豆的价格波动同样符合供求定理，在供求定理下，国际能源价格的波动与小麦作用相似，首先影响到大豆的生产过程，提升了其生产成本，进而导致国内大豆价格上涨，符合理论预期。模型（5）为国际能源价格波动对中国粳稻价格波动的回归结果，从回归结果可以看出，粮食进口贸易对粳稻价格波动的回归系数为－0.009，但并未通过显著性检验。

综上分析可知，无论是格兰杰因果检验，还是脉冲响应检验、方差分解，以及最后的最小二乘分析，均得出了国际原油价格对我国国内粮食价格指数产生了显著影响，这就验证了 H6 的正确性，即能源价格波动会对国内粮食价格产生显著影响。

三、基于国际能源价格的中介效应检验

（一）地缘政治风险、国际能源价格波动和粮食价格

为了验证国际能源价格在地缘政治风险和粮食价格波动间发挥的中介作用

是否显著，这里对前文构建的中介效应模型进行检验，具体结果如表 7 - 20 所示。

表 7 - 20　国际能源价格对粮食价格中介效应检验

变量	(1) PRICE	(2) EN	(3) PRICE
GPR	0.051**	0.236**	0.002**
	(2.42)	(2.23)	(2.44)
EN			0.010***
			(2.86)
M2	4.441***	0.238	−0.012**
	(2.70)	(1.41)	(−2.04)
FAPI	−0.276	0.033	0
	(−1.39)	(0.66)	(0.15)
Total	−9.368***	−1.373***	−0.026***
	(−5.50)	(−5.82)	(−2.81)
FE	3.876***	1.873***	0.045***
	(2.86)	(5.42)	(3.35)
CPI	−0.167	0.060	−0.001
	(−1.19)	(1.50)	(−0.84)
_cons	98.148***	−4.999	4.552***
	(6.43)	(−1.11)	(29.55)
N	339	339	339
r2 _ a	0.726	0.556	0.714
F	43.890	21.260	35.605

注：①国际能源价格对粮食价格中介效应检验结果由笔者使用 STATA16 软件分析得出。②" * "表示在 10％显著水平上显著，" ** "表示在 5％显著水平上显著，" *** "表示在 1％显著水平上显著。

表 7 - 20 解释了地缘政治风险、国际能源价格波动对粮食价格影响的作用机制检验。模型（1）为地缘政治风险对中国粮食价格波动的回归结果，关于地缘政治风险对粮食价格的影响，在第四章已经作了详细介绍，本节不再赘述。从模型（1）的回归结果可知，地缘政治风险对国内粮食价格具有显著的影响，进而可以进行模型（2）的回归，从模型（2）可知，地缘政治风险的增加会显著促进国际原油价格波动，在面对全球政治经济不确定性和巨大的地缘

政治风险时，国际原油价格会随之波动，进而表现出同向变动效应。模型（3）为作用机制检验结果，即在模型（1）中加入国际能源价格波动得到的回归结果，再加入粮食进口贸易变量后，地缘政治风险对中国粮食价格波动的影响依旧十分显著，同时回归系数也从 0.051 下降为 0.002，且通过了 5% 的显著性检验。同时，国际能源价格波动变量同样显著，中介效应结果十分显著，表明地缘政治风险可以通过影响国际能源价格波动进而影响中国粮食价格波动。综上本节研究可以得出结论，国际能源价格波动在地缘政治风险和粮食价格波动之间发挥着部分中介效应。

进一步地，为了检验能源价格对粮食价格的中介效应是否存在差异性，这里分别检验国际能源价格在地缘政治风险和小麦、大豆、玉米和粳稻等四类主粮价格之间的中介效应。

（二）地缘政治风险、国际能源价格波动和小麦价格

为了验证国际能源价格在地缘政治风险和小麦价格波动间发挥的中介作用是否显著，对前文构建的中介效应模型进行检验，具体结果如表 7-21 所示。

表 7-21　国际能源价格对小麦价格中介效应检验

变量	(1) Wheat	(2) EN	(3) Wheat
GPR	0.023***	0.236**	0.008***
	(3.921)	(2.232)	(3.388)
EN			0.133***
			(6.432)
M2	0.675***	0.238	0.644***
	(16.972)	(1.411)	(19.230)
FAPI	0.033***	0.033	0.028***
	(2.729)	(0.658)	(2.829)
Total	−0.306***	−1.373***	−0.124**
	(−5.486)	(−5.822)	(−2.276)
FE	0.966***	1.873***	0.717***
	(11.832)	(5.422)	(9.181)
CPI	0.002	0.060	−0.006
	(0.192)	(1.503)	(−0.774)

（续）

变量	(1) *Wheat*	(2) *EN*	(3) *Wheat*
Constant	−14.074***	−4.999	−13.412***
	(−13.288)	(−1.115)	(−15.111)
Observations	339	339	339
R-squared	0.871	0.584	0.911

注：①国际能源价格对小麦价格中介效应检验结果由笔者使用 STATA16 软件分析得出。②" * "表示在 10％显著水平上显著，" *** "表示在 5％显著水平上显著，" **** "表示在 1％显著水平上显著。

表 7 - 21 解释了地缘政治风险、国际能源价格波动对小麦价格影响的作用机制检验。模型（1）为地缘政治风险对中国小麦价格波动的回归结果，从模型（1）的回归结果可知，地缘政治风险对国内小麦价格具有显著的影响，进而可以进行模型（2）的回归，从模型（2）可知，地缘政治风险的增加会显著促进国际原油价格波动，在面对全球政治经济不确定性和巨大的地缘政治风险时，国际原油价格会随之波动，进而表现出同向变动效应。模型（3）为作用机制检验结果，即在模型（1）中加入国际能源价格波动得到的回归结果，再加入小麦进口贸易变量后，地缘政治风险对中国小麦价格波动的影响依旧十分显著，且通过了 5％的显著性检验。同时，国际能源价格波动变量同样显著，中介效应结果十分显著，表明地缘政治风险可以通过影响国际能源价格波动进而影响中国小麦价格波动。综上研究可以得出结论，国际能源价格波动在地缘政治风险和小麦价格波动之间发挥着部分中介效应。

（三）地缘政治风险、国际能源价格波动和玉米价格

为了验证国际能源价格在地缘政治风险和玉米价格波动间发挥的中介作用是否显著，对前文构建的中介效应模型进行检验，具体结果如表 7 - 22 所示。

表 7 - 22　国际能源价格对玉米价格中介效应检验

变量	(1) *Corn*	(2) *EN*	(3) *Corn*
GPR	0.206***	0.236**	0.243***
	(3.100)	(2.232)	(3.674)
EN			0.160**
			(2.501)

（续）

变量	(1)	(2)	(3)
	Corn	EN	Corn
M2	1.265***	0.238	1.227***
	(11.947)	(1.411)	(11.789)
FAPI	0.159***	0.033	0.154***
	(4.998)	(0.658)	(4.956)
Total	−1.674***	−1.373***	−1.454***
	(−11.295)	(−5.822)	(−8.614)
FE	2.374***	1.873***	2.074***
	(10.934)	(5.422)	(8.541)
CPI	−0.042*	0.060	−0.052**
	(−1.685)	(1.503)	(−2.101)
Constant	−23.501***	−4.999	−22.700***
	(−8.340)	(−1.115)	(−8.229)
Observations	339	339	339
R-squared	0.775	0.584	0.790

注：①国际能源价格对玉米价格中介效应检验结果由笔者使用 STATA16 软件分析得出。②"*"表示在 10%显著水平上显著，"**"表示在 5%显著水平上显著，"***"表示在 1%显著水平上显著。

表 7－22 解释了地缘政治风险、国际能源价格波动对玉米价格影响的作用机制检验。模型（1）为地缘政治风险对中国玉米价格波动的回归结果。从模型（1）的回归结果可知，地缘政治风险对国内玉米价格具有显著的影响，进而可以进行模型（2）的回归，从模型（2）可知，地缘政治风险的增加会显著促进国际原油价格波动，在面对全球政治经济不确定性和巨大的地缘政治风险时，国际原油价格会随之波动，进而表现出同向变动效应。模型（3）为作用机制检验结果，在模型（1）中加入国际能源价格波动得到的回归结果，再加入玉米进口贸易变量后，地缘政治风险对中国玉米价格波动的影响依旧十分显著，且通过 1%的显著性检验。同时，国际能源价格波动变量同样显著，中介效应结果十分显著，表明在地缘政治风险、国际能源价格波动、中国玉米价格三者的关系中，国际能源价格充当中介传导作用，地缘政治风险对国际能源价格产生影响，从而传导给中国玉米价格。上述研究可以得出结论，国际能源价格波动在地缘政治风险和玉米价格波动之间发挥着部分中介效应。

（四）地缘政治风险、国际能源价格波动和大豆价格

为了验证国际能源价格在地缘政治风险和大豆价格波动间发挥的中介作用是否显著，对前文构建的中介效应模型进行检验，具体结果如表7-23所示。

表7-23　国际能源价格对大豆价格中介效应检验

变量	(1) Soybean	(2) EN	(3) Soybean
GPR	0.273***	0.236**	0.354***
	(2.856)	(2.232)	(3.881)
EN			0.345***
			(3.904)
M2	2.380***	0.238	2.298***
	(15.593)	(1.411)	(16.017)
FAPI	0.190***	0.033	0.178***
	(4.134)	(0.658)	(4.166)
Total	−1.773***	−1.373***	−1.300***
	(−8.301)	(−5.822)	(−5.586)
FE	2.796***	1.873***	2.150***
	(8.930)	(5.422)	(6.420)
CPI	−0.038	0.060	−0.059*
	(−1.063)	(1.503)	(−1.737)
Constant	−38.788***	−4.999	−37.064***
	(−9.546)	(−1.115)	(−9.744)
Observations	339	339	339
R-squared	0.807	0.584	0.835

注：①国际能源价格对大豆价格中介效应检验结果由笔者使用STATA16软件分析得出。②"*"表示在10%显著水平上显著，"**"表示在5%显著水平上显著，"***"表示在1%显著水平上显著。

表7-23解释了地缘政治风险、国际能源价格波动对大豆价格影响的作用机制检验。模型（1）为地缘政治风险对中国大豆价格波动的回归结果，从模型（1）的回归结果可知，地缘政治风险对国内大豆价格具有显著的影响，进而可以进行模型（2）的回归，从模型（2）可知，地缘政治风险的增加会显著促进国际原油价格波动，在面对全球政治经济不确定性和巨大的地缘政治风险

时，国际原油价格会随之波动，进而表现出同向变动效应。模型（3）为作用机制检验结果，即在模型（1）中加入国际能源价格波动得到的回归结果，再加入大豆进口贸易变量后，地缘政治风险对中国大豆价格波动的影响依旧十分显著，且通过了 1% 的显著性检验。同时，国际能源价格波动变量同样显著，中介效应结果十分显著，表明地缘政治风险可以通过影响国际能源价格波动进而影响中国大豆价格波动。上述研究可以得出结论，国际能源价格波动在地缘政治风险和大豆价格波动之间发挥着部分中介效应。

（五）地缘政治风险、国际能源价格波动和粳稻价格

为了验证国际能源价格在地缘政治风险和粳稻价格波动间发挥的中介作用是否显著，对前文构建的中介效应模型进行检验，具体结果如表 7 - 24 所示。

表 7 - 24　国际能源价格对粳稻价格中介效应检验

变量	(1) Japonicarice	(2) EN	(3) Japonicarice
GPR	0.035**	0.236**	0.039***
	(2.435)	(2.232)	(2.655)
EN			−0.017
			(−1.219)
M2	0.081***	0.238	0.085***
	(3.576)	(1.411)	(3.725)
FAPI	0.023***	0.033	0.024***
	(3.402)	(0.658)	(3.487)
Total	0.171***	−1.373***	0.148***
	(5.394)	(−5.822)	(3.982)
FE	0.190***	1.873***	0.222***
	(4.085)	(5.422)	(4.163)
CPI	−0.010*	0.060	−0.009*
	(−1.910)	(1.503)	(−1.702)
Constant	−1.793***	−4.999	−1.879***
	(−2.967)	(−1.115)	(−3.096)
Observations	339	339	339
R-squared	0.738	0.584	0.742

注：①国际能源价格对粳稻中介效应检验结果由笔者使用 STATA16 软件分析得出。②"*"表示在 10% 显著水平上显著，"**"表示在 5% 显著水平上显著，"***"表示在 1% 显著水平上显著。

表 7 - 24 解释了地缘政治风险、国际能源价格波动对粳稻价格影响的作用机制检验。模型（1）为地缘政治风险对中国粳稻价格波动的回归结果，从模型（1）的回归结果可知，地缘政治风险对国内粳稻价格具有显著的影响，进而可以进行模型（2）的回归，从模型（2）可知，地缘政治风险的增加会显著促进国际原油价格波动，在面对全球政治经济不确定性和巨大的地缘政治风险时，国际原油价格会随之波动，进而表现出同向变动效应。模型（3）为作用机制检验结果，即在模型（1）中加入国际能源价格波动得到的回归结果，再加入粳稻进口贸易变量后，地缘政治风险对中国粳稻价格波动的影响依旧十分显著，且通过了 1‰ 的显著性检验。但国际能源价格波动的回归系数为 −0.017，并未通过显著性检验，表明国际能源价格波动在地缘政治风险与国内粳稻价格波动之间的中介作用并不显著。

因此，无论是以粮食价格指数为例，还是以玉米、大豆、小麦和粳稻四类主粮价格为分析对象，中介效应模型的结果显示，地缘政治风险通过影响能源价格，进而影响国内粮食价格，这就验证了基于能源价格传导渠道的存在性，也就得出了 H7 的正确性。

综上所述，本章主要研究了国际能源价格波动在地缘政治风险和粮食价格之间的中介效应机制。本书通过构建向量自回归模型实证检验了国际能源价格波动对国内粮食价格的影响，同时分别以大豆、小麦、玉米和粳稻四种粮食价格为代表，研究国际能源价格波动如何影响四种粮食价格。实证研究发现，国际能源价格波动会对中国粮食价格产生显著影响，同时从国内四类主要粮食作物的对比分析中发现，国际能源价格的变动会对四类主粮价格产生显著影响，且国际能源价格波动对于国内粮食价格的冲击效应具有持续性，而随着时间推移，这种冲击将会缓慢减弱。中介效应回归结果发现，地缘政治风险能够通过影响国际能源价格波动，进而对国内粮食物价总指数以及国内大豆、小麦、玉米和粳稻的价格产生显著影响。

第五节　实证结论

本章采用中国 2000 年 1 月至 2022 年 1 月的地缘政治风险指数、国内粮食价格指数及四大主要粮食品种的国内价格等为研究对象，采用时间序列分析模型中的 VAR 模型和中介效应模型，实证检验了地缘政治风险影响粮食价格的能源价格中介效应的存在性及显著性。实证分析中,首先,采用时间序列分析方法,验证国际能源价格波动对粮食价格指数的影响,同时检验国际能源价格波动对我国小麦、大豆、玉米和粳稻价格的影响,进而使用格兰杰因果分析研究能源价格与粮食价格之间的关系,通过脉冲响应和方差分解用来检验国际能源价格波动的外部冲击对内生变量所带来的影响。其次,在验证国际能源价格波动对粮食价格的影响后,本书通过中介效应模型检验国际能源价格波动的作用机制,分别验证国际能源价格波动在地缘政治风险与粮食价格指数、地缘政治风险与小麦价格、地缘政治风险和玉米价格、地缘政治风险和大豆价格、地缘政治风险和粳稻价格的作用机制,用来对比分析地缘政治风险通过原油价格作用于粮食价格是否存在差异性。

通过时间序列分析模型的单位根检验、协整分析、格兰杰因果检验、脉冲响应函数分析和方差分解等分析步骤展开了相关的实证分析,在此基础上,进行中介效应模型检验。实证结果显示,无论是格兰杰因果检验,还是脉冲响应检验、方差分解,以及最小二乘分析,均得出了国际原油价格对我国国内粮食价格指数产生了显著影响,这就验证了 H6 的正确性。二是基于能源价格的中介效应显著存在。地缘政治风险能够通过影响国际能源价格波动,进而对国内粮食物价总指数以及国内大豆、小麦、玉米和粳稻的价格产生显著影响。这就验证了基于能源价格的传导渠道的存在性,也就得出了 H7 的正确性。本章的相关研究结论对后文构建粮食价格稳定的保障机制和应对策略具有十分重要的现实意义。

第八章
地缘政治风险下中国粮食价格稳定的保障机制

　　当前，我国面临前所未有的"两个大局"。粮食作为应变局和开新局的"压舱石"，成为近几年中央1号文件的高频词，出现频率多达76次。党的十九大报告指出，"确保国家粮食安全，把中国人的饭碗牢牢端在自己手中"。中美贸易摩擦对管控风险、保障国家经济安全提出了更高要求。可以预测，在短期内，中国粮食供求紧平衡的格局不会发生改变，今后一个时期粮食需求还会持续增加，供求紧平衡将越来越紧。加上国际形势复杂严峻，确保粮食安全的"弦"要始终牢牢绷紧。因此，在地缘政治风险不断增加、贸易政策不确定性等背景下，需要加强中国粮食安全保障，确保粮食价格平稳运行，不出现大的波动。

　　此外，通过前文实证部分的探讨可知，目前全球经济政治局势持续动荡，中国面临的外部风险不断增加，地缘政治风险需高度关注。地缘政治风险对粮食价格波动具有显著影响，且地缘政治风险能够引起粳稻、大豆、玉米、小麦四种粮食价格上涨；地缘政治风险分别通过"粮食金融化""粮食进出口贸易""能源价格"三个渠道间接地对粳稻、大豆、玉米、小麦的价格产生显著影响，验证了基于"粮食金融化""粮食进出口贸易""能源价格"三个传导渠道的存在性；各国在不同发展阶段面临的地缘政治风险显著不同，发达国家整体处于地缘政治风险溢出地位，发展中国家整体处于被溢出的地位。各国地缘政治风险对各自国内粮食价格波动产生显著影响，且不同国家之间的影响效果存在显著差异。因此，为了有效化解地缘政治风险对粮食价格的冲击，需要从全局角度、基于战略眼光来构建稳定中国粮食价格的机制，以国内稳产保供的确定性应对外部地缘政治风险带来的不确定性，牢牢守住国家粮食安全底线。

第一节　保障机制

为了在地缘政治风险不断增加、贸易政策不确定性增强的国际环境下，更好地保障中国粮食安全，本节基于前文的实证检验，从种子保障、"两藏"保障、粮食应急保障、国际合作、财税金融保障五个方面提出相应的保障机制。

一、种子保障机制

习近平总书记指出，"种子是我国粮食安全的关键。只有用自己的手攥紧中国种子，才能端稳中国饭碗，才能实现粮食安全"[①]。在地缘政治风险不断加大的背景下，习近平总书记深刻认识到种子对粮食安全的极端重要性，通过梳理近年习近平总书记的重要讲话精神，可以看出，我国实施种子战略十分紧迫。2020年12月习近平总书记在中央经济工作会议上提出要解决好种子和耕地的问题。随后，习近平总书记又在2020年中央农村工作会议上强调要早日实现重要农产品种源的自主可控。2021年5月，习近平总书记在河南考察时指出，"从培育好种子做起，加强良种技术攻关，靠中国种子来保障中国粮食安全"[②]。2021年7月习近平总书记在中央深改委第二十次会议上强调，"把种源安全提升到关系国家安全的战略高度，集中力量破难题、补短板、强优势、控风险"[③]。习近平总书记在2022年全国两会期间指出，"推进种业领域国家重大创新平台建设，加强基础性前沿性研究，加强种质资源收集、保护和开发利用，加快生物育种产业化步伐"[④]。2021年中央1号文件将"打好种业翻身仗"作为重要的工作内容进行专题规划，2022年中央1号文件将"大力推进种源等农业关键核心技术攻关"作为全面推进乡村振兴的一项重点工作。

---

① 新华社微博：《习近平：只有攥紧中国种子，才能端稳中国饭碗》，http://www.xinhuanet.com/2022-04/11/c_1128549235.htm。

② 《人民日报》：《沿着总书记的足迹·河南篇：谱写新时代中原更加出彩的绚丽篇章》，https://www.xuexi.cn/lgpage/detail/index.html? id = 18013399375089648251& item _ id = 18013399375089648251。

③ 中央广播电视总台：《中央深改委会议 习近平为这些事指明方向》，https://www.xuexi.cn/lgpage/detail/index.html? id=5851702253299964916& item _ id=5851702253299964916。

④ 新华网：《习近平看望参加政协会议的农业界社会福利和社会保障界委员》，https://www.gov.cn/xinwen/2022-03/06/content _ 5677564.htm。

因此，为有效应对地缘政治风险，在动荡的国际经济政治环境下确保中国粮食价格稳定和粮食安全，需要从源头做起。种子是中国农业生产的"芯片"，种业是保证国家粮食安全的重要源头。中国的粮食安全，就是要实现种源自主可控，种业科技靠自己。种子虽然微不足道，但它却有"国之大者"的战略地位，实行种子战略，从根源着手，已经刻不容缓。

为了在新时代构建种子保障机制，需要从如下几个方面努力：一是培育种子供给和需求两端市场。实施种子战略，需要从种子市场的供给和需求双端同时发力，形成有效和可持续的发展格局。供给方面，突出种子企业在市场中的主导作用，加大科技投入，强化自主创新。需求方面，强化市场主导，发挥市场配置资源作用，培育种子需求市场高质量发展。二是大力加强科技创新。加大科技和研发投入，支持重点粮食种子研发，实现农业科技自主。组建种业实验室，加大科技攻关，在关键技术领域争分夺秒，强化技术保障，力争从源头上解决"卡脖子"问题，打好种业翻身仗。三是集中精力，加快品种改良试验。在源头研发种子的基础上，加快推进小麦、玉米、大豆和粳稻等主要粮食作物的品种改良及试验。在我国农作物种植面积中有95%以上都是自主选育的农作物品种，真正做到"中国粮主要用中国种"。同时，由于育种、种植、自然环境等原因，我国大豆、玉米的单产仅达到美国单产的60%左右，这就需要加快品种改良试验，早日实现单产突破。四是加强制度保障。实施种业战略"光靠喊"是解决不了实际问题的，这需要政府加强顶层设计，逐步建立健全种子振兴的制度体制保障，完善相关法律法规，确保保障政策的顺利运行。2021年7月中共中央全面深化改革委员会第二十次会议召开，在会议上审议通过了《种业振兴行动方案》，这一方案的通过为推动我国从种业大国迈向种业强国提供了指导路线，明确了发展任务。这也从制度上有效保障种业振兴的顺利推进，为实现我国掌握种子的主动权提供政策和制度保障。

二、"两藏"保障机制

习近平总书记指出，保障粮食安全，关键在于落实"藏粮于地、藏粮于技"战略。在不断动荡的国际局势下，国际粮食价格波动越来越频繁，为确保中国粮食价格基本稳定，这就要求我国倍加珍惜耕地资源，加大科技投入，走科技兴农之路。为此，需要从如下两个方面持续强化"两藏"保障机制。

一是坚守十八亿亩耕地红线，为稳定粮食价格奠定坚实保障。耕地是粮食生产的命根，近年，随着我国工业化、城镇化等快速发展，我国耕地资源面临一系列挑战。如媒体曝出侵占基本农田、耕地污染等恶性事件频发。这就要求我国政府高度重视耕地问题，不仅注重耕地数量，还应注重其质量。各级政府应围绕耕地保护，不断强化政府责任，从制度上确保耕地资源不被占用；政府应出台相关法律法规，从法律上确保耕地资源保持良好运行。比如近年我国政府先后出台和修订了一系列法律法规，确保从制度上保护耕地资源，如 2019 年 1 月 1 日，《中华人民共和国土壤污染防治法》正式施行。2020 年 1 月 1 日，新修订的《中华人民共和国土地管理法》正式施行，基本农田上升为永久基本农田①。此外，在粮食主产区大力建设高标准农田，完善农田灌排设施、机耕道路等基础设施建设，建立旱涝保收、高产稳产的优质良田，确保粮食生产平稳。

二是加大科技投入，走农业科技自立自强之路。"藏粮于技"战略要求粮食产业立足自身，加大科技投入，对影响增产稳产的相关关键环节加大研发力度，实现科技自主自强。不断加强种子研发，不断掌握优质种子资源；就粮食增产稳产模式、先进农业技术、智慧农业、防灾减灾等领域，展开科研攻关，加大技术支持力度。

三、粮食应急保障机制

《中共中央关于制定国民经济和社会发展第十四个五年规划和二〇三五年远景目标的建议》强调实施粮食安全战略，强化经济安全风险预警、防控机制和能力建设，着力提升粮食、能源、金融等领域安全发展能力。中美贸易摩擦、新冠疫情以及近几年发生的其他自然灾害、极端气候等突发事件，都对中国粮食安全供应造成巨大的影响。上述一系列突发事件表明，在全社会粮食供求形势总体平稳态势下，突发事件的发生仍然会对粮食市场的供需和粮食安全产生巨大影响，而这些突发公共事件的发生会增加未来粮食不安全的可能性和市场供需的不稳定性，给我国的粮食安全带来潜在威胁。因此，在地缘政治风险不断上升的不可预测背景下，如何构建粮食产业应急保障体系，确保突发事件发生后粮食市场供应稳定成为重点关注领域。

基于高效应对突发事件，需要政府各部门联动，发挥各自优势，逐步探索

---

① 《瞭望》：《瞭望·治国理政纪事　藏粮于地、藏粮于技　端牢中国饭碗》，http://www. moj. gov. cn/pub/sfbgw/gwxw/ttxw/202206/t20220612_457122. html。

构建"信息互联共享、粮源统筹调度、多级协同联动、快速高效响应"的应急保障机制。为应对突发情况，科学有效地构建粮食应急保障体系是一个十分紧迫的现实问题。粮食应急保障包括应急储备、应急加工、应急物流、应急配送、风险预警五个体系，上述五个体系紧密相连，共同确保国内粮食价格平稳，确保粮食安全。

为了高效地实现应急保障机制的建构，实现路径包括完善粮食应急设施布局（应急供应网点、应急配送中心、应急储运及加工企业）、加快粮食应急物流网络构建（粮食物流节点和枢纽、粮食物流重点线路）、部门协同调度（信息分享、部门协同及分工、响应机制协同）等。需要政府部门建立多部门协同应对、联动管理的紧急救援体系；强化供需预警系统，建立动态分级应对机制；拓宽融资渠道，引导社会资本投入粮食仓储物流领域；建立农产品应急供应链骨干物流网络；政府各部门之间应定期进行协同演练；坚持政府主导，社会共建，多元互补，建立中央与地方、政府与企业相结合的应急储备机制，探索政府、市场、社会三者相互协同的粮食供应链保障体系，通过市场化改革推动粮食储备主体的多元化发展等。

四、国际合作机制

基于中国发起的"一带一路"倡议，与共建"一带一路"国家加强合作，探索构建海外粮源合作机制，加强粮食供应国际合作，形成双赢的国际合作机制。

首先，构建跨国粮食供应链。借助"一带一路"倡议中的基础设施建设，加快中班列的快速发展，与海洋运输的跨国粮食运输网络形成优势互补。探索建立跨国粮食供应链的危机预警机制、建立健全粮食贸易与投资风险监测识别系统、预警分析系统以及评估预报系统，不断确保跨国粮食供应链的安全。

其次，加强跨国粮食供应链治理。着眼于增强粮食供应链的安全性、稳定性和协同性，实现中国国内粮食稳定供应，不断强化跨国粮食供应链治理。延伸跨国粮食产业链，明确农业和粮食"走出去"。延伸粮食产业链的目的不仅仅是为了满足国内的粮食需求而且还要有"大国"的担当。通过农业和粮食"走出去"、延伸跨国粮食产业在提升海外国家或地区粮食综合生产能力的同时，能够获取中国所需的粮食资源，增强中国粮食供应链的稳定性，从而提高我国的粮食安全。

最后，实现进口粮源多元化和分散化。在加强与传统友好合作国家的基础上，拓展共建"一带一路"国家粮食合作，注重外部粮源利用的风险防范，明晰关键风险因素（政治风险、运输渠道风险、法律政策不确定风险），探讨有效防范策略，不断实现进口粮源多元化和分散化，从而不断化解风险，确保国内粮食安全。

五、财税金融保障机制

金融是现代经济的血液，现代金融业健康发展对确保粮食安全和粮食价格稳定具有重要意义。针对新冠疫情冲击，中国政府先后采取了一系列措施，稳定国内粮食市场供应，确保粮食安全。如 2022 年 4 月，中国人民银行、国家外汇管理局印发《关于做好疫情防控和经济社会发展金融服务的通知》，要求全力做好粮食安全和重要农产品产销的金融保障。"用好支农再贷款、再贴现工具，适时增加再贷款额度，引导地方法人金融机构加大对涉农主体的支持力度。围绕春耕备耕、粮食流通收储加工等全产业链，制定差异化信贷支持措施。发挥政策性银行作用，及时保障中央储备粮信贷资金供给。鼓励金融机构参与粮食市场化收购，主动对接收购加工金融需求。金融机构要加大对大豆、油料等重要农产品生产、购销、加工等环节信贷投放力度，加强对种源等农业关键核心技术攻关金融保障"[①]。着眼于未来，中国粮食价格稳定和粮食安全，应该做好如下几个方面。

首先，创新粮食全产业链的金融支持模式。聚焦粮食全产业链，具体围绕粮食生产、储运、加工、销售等生产全过程中亟须资金支持的重要节点，加大政策资金支持力度，创新金融支持方式，探索供应链金融支持模式，全力确保粮食颗粒归仓、安全生产，让老百姓放心消费。

其次，构建精准金融支持的政策体系。粮食全产业链涉及从播种到餐桌的全过程，每个环节对金融支持的规模、方式、周期等均存在差异，这就要求发挥各类金融机构的积极性和主动性，金融机构应摸索不同的支持模式，提高金融支持的精准性，提高金融支持效率。

最后，构建有效的财政税收支持体系。围绕粮食全产业链，政府不断完善

---

① 中国人民银行：《关于做好疫情防控和经济社会发展金融服务的通知》，http：//www. scio. gov. cn/xwfb/gwyxwbgsxwfbh/wqfbh ＿ 2284/4942/49669/xgzc49675/202307/t20230704 ＿ 724814. html。

出台各类有针对性的财政支持体系，稳定实施耕地地力保护补贴制度，加大支持力度新建高标准农田，实施玉米、大豆生产者补贴和稻谷补贴，适当提高稻谷、小麦最低收购价，给予农用柴油、化肥、农药、机械等农资生产资料必要的补贴。同时，加大减税力度，对于收储粮食企业实施退税减税，确保"颗粒归仓"，加大对粮食生产其他环节的退税减税力度，确保粮食生产加工等环节正常运行。

第二节　应对策略

粮食安全是"国之大者"，确保粮食价格稳定和粮食安全是永恒话题，基于前文的深入探讨，为了更加有效地化解地缘政治风险对粮食市场上粮食价格的冲击，牢牢掌握粮食安全的主动权，本书最后提出如下应对策略。

一、发挥粮食金融化的正向作用

首先，加大金融支持力度。粮食安全问题是关系全局发展的重中之重，任何时候对于粮食安全问题都不能松懈，粮食价格和产量的稳定是保障粮食安全的基础，而粮食价格和产量的稳定则需要金融大力支持。因此，从金融角度来看，我国应该建立粮食投资和粮食储备银行，建立粮食发展的产业基金，密切关注价格变化，保证期货市场价格发现的真实性。要形成有效的期货价格，还要坚持创造公平、公正、公开的市场运行环境。只有粮食期货价格真实有效，才能为粮食产品的生产、消费和流通提供决策参考。同时，政府应该根据具体的市场情况保障粮食种植户和相关粮食企业的收益，大力培养现代化、金融化、资本化的粮食龙头企业，提高财政的补贴力度，增强其对粮食生产的积极性。政府也要加强对中国粮食价格的话语权。中国粮食生产的集约化程度不高，生产总体来说相对分散，粮食总产量可以实现自给自足，但同时要减少粮食进口的税收，降低粮食进口成本，增加粮食进口扩大粮食库存量，使政府对粮食价格更具有话语权，这样可以更好地对粮食价格进行宏观调控。

其次，发挥粮食金融化的积极作用。粮食金融化给粮食安全带来的不全是挑战和威胁，粮食期货价格可以反映未来粮食产品的价格变动趋势，可以为政府政策的制定提供客观的依据，帮助政府及时有效地发现问题，进行相应的宏观调控。粮食金融化可以帮助粮价发现、规避风险，提高粮价透明度，提高粮农对金融风险的控制力。除此之外，还有利于促进粮食产业规模效益的形成，加快粮食产业链的整合。从我国目前的情况来看，中国粮食从生产、加工到销售还未形成完整的产业链，而各个环节之间还会存在信息不对称等问题，这些问题促使中国粮食生产成本增加，使我国应对粮食危机的能力下降；而粮食金融化可以降低粮食生产的成本，使粮食生产形成完整的产业链，从而提高我国应对粮食危机的能力。然而，在粮食金融化的大环境下，投机者们更多地将粮食作为利润的目标，为了避免粮食金融化给粮食安全带来的负面影响，必须充分发挥期货的保值作用，减少投机获利，最大限度地利用期货的价格。通过"优质优价"的交易，可以指导农户按照市场的需要，对其进行合理的布局，从而实现长期的增收。转移国有粮食企业经营风险，提高国有粮食企业经营效率，也是粮食期货价格的突出优势。目前，郑州商品交易所和大连商品交易所的主要交易品种是粮食产品，这不仅给部分投资者带来了投资机会，也为粮食产品的生产加工提供了套期保值和规避风险的机会。因此，我们需要积极看待粮食金融化问题，加强期货市场操作，创新粮食期货品种，发挥期货市场的套期保值功能。

二、加强粮食贸易国际合作

在粮食进出口贸易全球化背景下，积极推进国际合作，确保粮食供应链安全十分重要。虽然中国粮食产量连年攀升，但是由于我国国内消费结构面临优化升级的问题，使得现阶段中国粮食产品的进口依存度仍在不断加深，而美国作为世界上的粮食生产大国和最具影响力的国家，一旦其实施粮食禁运，将给我国乃至世界其他国家的粮食生产和供应带来严重影响。因此，我国应当积极倡导和参与国际合作，加强与世界上其他粮食生产国的密切联系和合作，推动国际上实施对原油、粮食等大宗农产品的货币多元化定价战略，减少对美国粮食出口国的依赖。此外，还应与诸如联合国粮农组织等国际组织开展合作，只有加强国际合作，才可以增强中国粮食价格的国际话语权，尽可能地降低国际粮食价格波动带来不利的影响。

此外，我国还应坚定不移地推进高层次的粮食市场开放，要充分利用超大型市场的优势，建立多元化的市场，逐步脱离对特定市场的依赖性，减少进口风险。涉粮企业要进一步强化国际粮食供应链的管理水平，加强与国内外粮食企业、货运企业、运营企业的合作，拓展与国际粮食企业的合作，以提高企业面对市场风险的能力，同时积极与共建"一带一路"国家开展农林产业深度合作。

三、逐步降低粮食生产成本

粮食生产成本的高低，直接关系到粮食价格和农户的种粮收入。随着全球粮食价格的不断攀升，我国政府积极应对，先后采取了多项有力措施，成功阻断了国际粮食价格的传导，确保国内粮食价格稳定运行。但是，我国的粮食生产成本居高不下，仍然会对农民的种粮热情造成一定的影响。如何有效地控制粮食种植成本，是保证粮食稳定供应和稳定播种面积的关键。因此，为了保障粮食供给，降低粮食生产成本，增加农民收入，保持农民的积极性，政府部门应该积极采取有效的措施。

一般的粮食生产成本包括土地租金、人工成本、化肥、农药、种子等生产资料的投资、农机作业等。粮食价格的上升对粮食生产的成本有一系列的交互作用，如农民种植粮食的热情提高，土地租金的增加；粮食生产的综合机械化程度明显提高，劳动力成本也相应降低；石油价格的不断攀升使农机具操作成本上升，因此，降低粮食生产的成本显得尤为重要。

为了有效降低粮食生产成本，首先，应积极落实国家出台的各类保障政策，把储备的化肥、农药等农资向市场投放，缓解化肥市场压力，同时把化肥等农资价格降到适当价位。其次，必须通过调整和完善农业扶持和保护政策，以实现适度规模经营，降低粮食生产成本。再次，加大科技投入。对农业生产环节加大科技投入，减少人力投入，提高生产效率。最后，做好政策法规制度保障。为了降低粮食生产成本，政府部门应针对粮食生产过程中存在的瓶颈问题，出台有针对性的政策法规，不断降低成本，确保粮食价格稳定和粮食安全。

四、加强农产品全球供应链治理

由于新冠疫情的影响，当前全球粮食供应链的物流体系正面临着严峻的挑战，粮食进口的安全风险也随之增大。此外，近些年国际社会的政治经济形势发生了巨大的变化，单边主义、贸易保护主义的兴起，给粮食生产、物流、终端配送等带来了一定的冲击，进而引起粮食市场的不稳定，导致粮食价格的剧烈波动。我国目前还在努力形成一条完整的国际粮食供应链，为确保我国从国外进口粮食的运输安全，需要提高全球粮食供应链的治理水平。要不断推动国际物流合作，与世界其他国家共同努力，强化全球物流体系，建立铁路、海运、空运等多种立体交通网络，保障粮食运输的安全。不断培育国际粮商，鼓励和扶持国内粮食企业"走出去"，建立大型的海外生产、加工、储运基地；积极践行"一带一路"倡议，在该倡议的框架下与各国政府、国际组织、商会、企业等开展多种形式的合作。通过建立多元化的粮食合作机制，实现粮食进口的多样化，减少贸易风险。

参考文献

Virginia，2012. 点燃生物燃料的新革命 ［J］. 绿色中国（15）：70-72.

柏建成，张芮，高增安，2021. 数字货币会成为金融犯罪放大器吗？基于地缘政治风险对数字货币的影响研究 ［J］. 财经科学（9）：1-13.

卞靖，2019. 国际重要农产品贸易格局变化及应对思路研究 ［J］. 宏观经济研究（4）：116-129.

卜林，孙丽玲，李政，2020. 地缘政治风险、经济政策不确定性与股票市场波动 ［J］. 南开经济研究（5）：185-205.

卜林，赵航，凡慧敏，2021. 地缘政治风险、经济政策不确定性与汇率波动 ［J］. 国际金融研究（11）：55-65.

曹胜强，2014. 人文社会科学基础 ［M］. 北京：高等教育出版社.

车圣保，2015. 地缘政治影响国际原油价格的机理分析 ［J］. 价格月刊（11）：23-25.

陈枫，2022. 地缘政治和金融压力对我国商品期货的影响研究 ［J］. 金融与经济（1）：12-23.

陈锡文，2022. 大国粮食的永恒课题 ［J］. 人民周刊（8）：60-62.

陈旭华，2014. 我国粮食国际贸易竞争力现状及影响因素实证研究：基于 GR 分析方法 ［J］. 价格月刊（5）：88-91.

程国强，2019. 推进粮食产业高质量发展的思考 ［J］. 中国粮食经济（9）：54-59.

崔海莹，卢新海，柯善淦，2022. 新冠感染疫情对中国粮食价格的影响效应及作用机制 ［J］. 价格月刊（1）：44-51.

崔学东，李春磊，2009. 当代资本主义所有制结构研究 ［M］. 北京：经济科学出版社.

邓俊锋，郑钊，石建，等，2022. 美国贸易政策不确定性对粮食价格的时变冲击效应与政策启示 ［J］. 农业经济与管理（1）：79-92.

邓文博，庄贝妮，2021. 能源消费、出口贸易与经济增长的关系研究：基于 PVAR 模型对 G20 的实证分析 ［J］. 技术经济与管理研究（5）：18-22.

邓小平，1994. 邓小平文选 第二卷 ［M］. 北京：人民出版社.

杜志雄，2019.70 年中国粮食发展的成效与经验 ［J］. 人民论坛（32）：16-19.

杜志雄，2019. 占全球 9％耕地、养活近 20％人口，看中国粮食 70 年发展［EB/OL］. https：//www. thepaper. cn/newsDetail＿forward＿5251303.

杜志雄，高鸣，韩磊，2021. 供给侧进口端变化对中国粮食安全的影响研究［J］. 中国农村经济（1）：15-30.

范成方，2019. 中国粮食价格波动内在机理研究：基于供给侧改革背景下的分析［J］. 价格理论与实践（1）：67-70.

方燕，袁茵，2015. 国际石油价格与我国粮食价格均衡关系研究［J］. 价格理论与实践（6）：85-87.

冯满敬，花培鹏，李文，等，2021. 中美贸易政策不确定性对中国大豆价格的影响研究［J］. 河南农业大学学报（6）：1142-1151.

付莲莲，朱红根，2016. 基于 GED-GARCH 模型的中国粮食价格波动特征研究［J］. 统计与决策（1）：132-135.

付宗平，2021. 新冠疫情持续冲击下印度粮食安全危机及其应对策略［J］. 南亚研究季刊（1）：95-108，158.

傅龙波，钟甫宁，徐志刚，2001. 中国粮食进口的依赖性及其对粮食安全的影响［J］. 管理世界（3）：135-140.

富景筠，2020. 新冠疫情冲击下的能源市场、地缘政治与全球能源治理［J］. 东北亚论坛（4）：99-112，128.

高道明，田志宏，2018. 国家粮食进口的决定因素：来自国际面板数据的证据［J］. 国际贸易问题（9）：25-37.

高帆，龚芳，2011. 国际粮食价格的波动趋势及内在机理：1961—2010 年［J］. 经济科学（5）：5-17.

高永久，郑泽玮，2018. "人类命运共同体"视域下西部边境牧区地缘政治治理测量指标构建［J］. 广西民族研究（5）：1-10.

葛汉文，2013. 印度的地缘政治思想［J］. 世界经济与政治论坛（5）：19-36，109.

公茂刚，王学真，2017. 国际粮价与我国粮价的相互溢出效应分析：基于 DCC-MGARCH 模型的实证检验［J］. 江汉论坛（12）：16-20.

龚芳，高帆，2012. 中国粮食价格波动趋势及内在机理：基于双重价格的比较分析［J］. 经济学家（2）：51-60.

顾智鹏，2017. 国际粮食价格与石油价格交互关系的多重分形分析［J］. 粮食经济研究（2）：17-29.

郭夏月，2018. 金融发展对中国能源消费的影响研究［D］. 武汉：武汉大学.

郭志军，李飞，覃巍，2007. 中国产业结构变动对能源消费影响的协整分析［J］. 工业技术经济（11）：97-101.

国际新能源网，2022.2021 我国可再生能源整体发展稳步推进，生物质发电逐渐成新生力量 [EB/OL]. https://newenergy. in-en. com/html/newenergy-2411421. shtml.

国家粮食和物资储备局，2019. 解决好吃饭问题始终是治国理政的头等大事 [N]. 人民日报，2019-10-16.

韩冬，李光泗，2020. 中国与"一带一路"沿线国家粮食贸易格局演变与影响机制：基于社会网络学视角 [J]. 农业经济问题（8）：24-40.

韩璟，周金佩，卢新海，2021. 中国海外耕地投资东道国空间分布及地缘关系影响 [J]. 华中农业大学学报（社会科学版）（6）：155-164，193-194.

韩磊，2018. 国际粮食价格对中国粮食价格的非对称传导：基于门限自回归模型的研究 [J]. 当代经济科学（2）：78-84，127.

韩杨，2022. 中国粮食安全战略的理论逻辑、历史逻辑与实践逻辑 [J]. 改革（1）：43-56.

韩智勇，魏一鸣，焦建玲，等，2004. 中国能源消费与经济增长的协整性与因果关系分析 [J]. 系统工程（12）：17-21.

何昌垂，2012. 生物燃料对粮食安全的威胁及政策建议 [J]. 国际关系学院学报（5）：93-99.

何光强，刘云刚，2022. 地图投影与地缘政治理论构建：以麦金德地缘政治思想为例 [J]. 地理学报（4）：818-834.

何树全，高旻，2014. 国内外粮价对我国粮食进出口的影响：兼论我国粮食贸易的"大国效应" [J]. 世界经济研究（3）：33-39，88.

胡志丁，王丰龙，安宁，等，2020. 洋能否为中用？西方政治地理与地缘政治发展的借鉴与反思 [J]. 地理研究（2）：217-231.

花俊国，郑钊，张俊华，2020. 国际因素对国内粮食价格的冲击效应 [J]. 世界农业（9）：81-93.

黄飞，2021. 粮代处出席《2021 年世界粮食和农业领域土地及水资源状况》高级别发布会 [EB/OL]. http://www. moa. gov. cn/xw/bmdt/202112/t20211210 _ 6384543. htm.

黄凤志，金新，2012. 地缘政治学理论的困境与创新 [J]. 国际论坛（3）：1-6，79.

黄季焜，杨军，仇焕广，等，2009. 本轮粮食价格的大起大落：主要原因及未来走势 [J]. 管理世界（1）：72-78.

黄先明，王奇，肖挺，2021. 疫情冲击下的粮食贸易政策不确定性与全球治理 [J]. 国际贸易（6）：47-55.

黄正多，2019. 地缘政治考量下尼泊尔对外政策及我国的策略选择 [J]. 南亚研究季刊（3）：25-31，79，4-5.

贾世云，洪曼绮，2022. 预计今年河南主要粮食价格整体处于偏强态势 [N]. 粮油市场报，2022-01-29.

蒋姮，2015. "一带一路"地缘政治风险的评估与管理 [J]. 国际贸易（8）：21-24.

解楠楠，张晓通，2020. "地缘政治欧洲"：欧盟力量的地缘政治转向？[J]. 欧洲研究（2）：1-34.

科林·弗林特，张晓通，2016. "一带一路"与地缘政治理论创新 [J]. 外交评论（外交学院学报）（3）：1-24.

李丹，董琴，武杰，2021. 地缘风险、政策不确定性与 RCEP 贸易合作 [J]. 安徽师范大学学报（人文社会科学版）（3）：125-135.

李国祥，2011. 2003 年以来中国农产品价格上涨分析 [J]. 中国农村经济（2）：11-21.

李浩，贾林州，赵清斌，2012. 币缘政治时代的中国粮食安全战略选择 [J]. 金融与经济（10）：63-66.

李剑，宋长鸣，项朝阳，2013. 中国粮食价格波动特征研究：基于 X-12-ARIMA 模型和 ARCH 类模型 [J]. 统计与信息论坛（6）：16-21.

李靓，穆月英，2015. 基于 CMS 模型的中澳粮食贸易及其影响因素分解研究 [J]. 国际经贸探索（9）：20-30.

李竟涵，2017. 中国人的饭碗牢牢端在自己手里：党的十八大以来粮食生产稳定发展综述 [EB/OL]. http://www.moa.gov.cn/hdllm/zbft/js18dylncgzjz/xgxw/201709/t20170921_5822054.htm.

李俊茹，2021. 粮食金融化问题研究述评 [J]. 农业农村部管理干部学院学报（4）：41-45.

李俊茹，石自忠，胡向东，2021. 地缘政治风险对中国粮食价格的影响 [J]. 华中农业大学学报（社会科学版）（6）：15-26，186.

李立辉，曾福生，2016. 新常态下中国粮食安全面临的问题及路径选择：基于日本、韩国的经验和启示 [J]. 世界农业（1）：75-78.

李青召，方毅，2019. 地缘政治风险、政策不确定性与短期国际资本流动 [J]. 商业研究（10）：78-85.

李先德，孙致陆，贾伟，等，2020. 新冠疫情对全球农产品市场与贸易的影响及对策建议 [J]. 农业经济问题（8）：4-11.

李辛一，韩啸，齐皓天，2021. 中国粮食保供稳价局势：现状、挑战与政府的应对：基于新冠疫情视角 [J]. 价格月刊（1）：9-15.

李援亚，2012. 粮食金融化：界定、背景及特征 [J]. 金融理论与实践（10）：42-45.

李政，石晴，卜林，2021. 地缘政治风险是国际原油价格波动的影响因子吗？基于 GARCH-MIDAS 模型的分析 [J]. 世界经济研究（11）：18-32，135.

李治国，王杰，2021. 黄河流域金融发展与能源消费：节能效应与空间溢出 [J]. 系统工程（1）：1-15.

廖家惠，陈光燕，汪建，2016. 我国粮食进口依存度影响因素分析 [J]. 商业经济研究（17）：141-143.

廖淑萍，2014. 地缘政治风险及其对全球经济金融的影响 [J]. 国际金融（11）：46-50.

瞭望，2022. 瞭望·治国理政纪事：藏粮于地、藏粮于技　端牢中国饭碗 [EB/OL]. http:// www. moj. gov. cn/pub/sfbgw/gwxw/ttxw/202206/t20220612 _ 457122. html.

林伯强，2001. 中国能源需求的经济计量分析 [J]. 统计研究（10）：34-39.

林艳兴，葛如江，沈翀，2006. 粮食能源化撞警钟 [J]. 瞭望新闻周刊（50）：44-45.

刘浩杰，林楠，2021. 地缘政治风险、短期资本流动与外汇市场压力 [J]. 亚太经济（6）：31-41.

刘剑锋，2015. 金融发展与能源消费互动关系研究：基于 ARDL-ECM 模型的实证分析 [J]. 重庆工商大学学报（社会科学版）（3）：19-29.

刘玲，陈乐一，李玉双，2020. 全球经济政策不确定性与中国粮食价格：基于非对称性视角的分析 [J]. 农业技术经济（5）：17-31.

刘明宇，芮明杰，2012. 价值网络重构、分工演进与产业结构优化 [J]. 中国工业经济（5）：148-160.

刘诗萌，2021. 碳达峰、碳中和 "3060 目标" 开启低碳新时代：能源、环保行业如何迎接历史性机遇？ [EB/OL]. https://www. chinatimes. net. cn/article/105068. html.

刘文革，黄玉，2020. 地缘政治风险与贸易流动：理论机理与实证研究 [J]. 国际经贸探索（3）：46-59.

刘文革，周洋，2018. 地缘政治风险指数构建及其跨国比较 [J]. 区域与全球发展（2）：5-29，154.

刘永胜，张淑荣，兰德平，2010. 入世以来我国粮食贸易与粮食安全问题分析 [J]. 农业经济（8）：3-5.

罗锋，牛宝俊，2009. 国际农产品价格波动对国内农产品价格的传递效应：基于 VAR 模型的实证研究 [J]. 国际贸易问题（6）：16-22.

洛伊斯·惠勒·斯诺，1982. 斯诺眼中的中国 [M]. 王恩光，申葆青，许邦兴，等，译. 北京：中国学术出版社.

吕捷，王雨濛，2019. 当前国际粮食经济形势与中国粮食安全 [J]. 中共中央党校（国家行政学院）学报（4）：131-136.

吕心阳，张伟，2021. 国际地缘政治风险对中国投资者信心的影响 [J]. 统计与决策（15）：140-144.

马千里，付岱山，2018. 能源消费、技术进步与经济增长的关系研究 [J]. 经济问题探索（12）：183-190.

毛泽东，1991. 毛泽东选集　第二卷 [M]. 北京：人民出版社.

牟方君，孙利龙，2017. 世界海洋政治概论 [M]. 武汉：武汉理工大学出版社.

倪世雄，潜旭明，2008. 新地缘政治与和谐世界 [J]. 清华大学学报（哲学社会科学版）（5）：

123-130，160.

潘忠岐，2008. 地缘学的发展与中国的地缘战略：一种分析框架［J］. 国际政治研究（2）：21-39.

庞敏，邱代坤，张志伟，2017. 技术进步影响能源消费的机制与对策分析［J］. 统计与决策（16）：60-63.

澎湃网，2022. 商务部谈"一带一路"倡议：与沿线国家年度贸易额增长73%［EB/OL］. https://www.thepaper.cn/newsDetail_forward_18183460.

齐建华，2011. "中国与法语国家关于世界粮食安全的地缘政治"国际研讨会综述［J］. 外交评论（外交学院学报）（2）：158-159.

齐绍洲，李杨，2018. 能源转型下可再生能源消费对经济增长的门槛效应［J］. 中国人口·资源与环境（2）：19-27.

人民日报，1999. 中国粮食供求状况发生历史性变化，总产量居世界首位［N］. 人民日报，1999-10-19.

人民日报，2022. 沿着总书记的足迹·河南篇：谱写新时代中原更加出彩的绚丽篇章［EB/OL］. https://www.xuexi.cn/lgpage/detail/index.html?id=18013399375089648251&item_id=18013399375089648251.

人民网，2000. 中国共产党第十五届中央委员会第五次全体会议公报［EB/OL］. http://cpc.people.com.cn/GB/64162/64168/64568/65404/4429268.html.

宋伟良，方梦佳，2012. 贸易自由化对中国粮食安全的影响及对策研究［J］. 宏观经济研究（10）：30-37.

苏芳，刘钰，黄德林，等，2021. 经济政策不确定性对中国粮食安全的影响［J］. 中国农业大学学报（7）：245-258.

苏浩，2004. 地缘重心与世界政治的支点［J］. 现代国际关系（4）：54-61.

孙林，唐锋，2012. 粮食出口限制、粮食安全与区域合作框架下的约束机制［J］. 国际经贸探索（10）：25-35.

孙致陆，2022. 贸易开放改善了粮食安全状况吗？来自跨国面板数据的经验证据［J］. 中国流通经济（3）：80-92.

孙中叶，李治，杨繁，2021. 我国粮食价格制度改革路径与保障机制［M］. 北京：中国农业出版社.

谭莹，胡洪涛，李大胜，2018. 经济政策不确定性对农产品产业链的价格冲击研究：基于供需双方"议价能力"视角［J］. 农业技术经济（7）：80-92.

田清淞，肖小勇，李崇光，2018. 经济政策不确定性对我国粮食期货价格波动的影响研究［J］. 中国农业大学学报（2）：204-212.

田志宏，2020. 疫情冲击全球粮食安全 中国粮食安全的底气从何而来［J］. 人民论坛

（17）：80-83.

童万民，潘焕学，2014. 我国农产品价格波动与价格预期关系研究［J］. 价格理论与实践（5）：47-49.

童馨乐，佴逸潇，谢戎蓉，2022. 粮食期货市场对粮食现货市场价格的影响：以玉米为例［J］. 农业技术经济（3）：61-72.

王爱俭，王韩，刘浩杰，2021. 地缘政治风险对金融周期波动的溢出效应研究［J］. 亚太经济（3）：35-46.

王海鹏，田澎，靳萍，2006. 基于变参数模型的中国能源消费经济增长关系研究［J］. 数理统计与管理（3）：253-258.

王磊，吕璐，解明明，2012. 经济增长、结构变迁与中国能源消费：基于半参数广义可加模型的经验研究［J］. 华东经济管理（8）：59-65.

王龙林，2014. 页岩气革命及其对全球能源地缘政治的影响［J］. 中国地质大学学报（社会科学版）（2）：35-40，138-139.

王巧，尹晓波，2022. 技术创新、产业结构升级对能源消费的影响研究：以长三角地区为例［J］. 工业技术经济（2）：107-112.

王秋彬，2010. 工业行业能源效率与工业结构优化升级：基于2000—2006年省际面板数据的实证研究［J］. 数量经济技术经济研究（10）：49-63.

王溶花，曾福生，2015. 世界粮食贸易格局的演变及发展趋势分析［J］. 世界农业（2）：94-98，122，203.

王锐，刘春雨，2015. 开放框架下中国粮食价格波动的影响因素分析［J］. 河南农业大学学报（3）：417-422.

王锐，卢根平，陈倬，等，2020. 经贸环境不确定背景下中国粮食进口风险分析［J］. 世界农业（5）：47-56，75.

王树娟，唐学玉，2022. 我国粮食价格指数的"十四五"预测［J］. 农业经济（1）：129-131.

王帅，2017. 全球粮食贸易中关键点的风险与我国粮食安全［J］. 国际经济合作（11）：20-28.

王孝松，谢申祥，2012. 国际农产品价格如何影响了中国农产品价格？［J］. 经济研究（3）：141-153.

王新华，狄强，2014. 中国粮食进口影响因素的实证研究［J］. 统计与决策（22）：108-111.

王学真，公茂刚，吴石磊，2015. 国际粮食价格波动影响因素分析［J］. 中国农村经济（11）：77-84.

王彦，2016. 中国粮价波动及其影响因素的实证分析：以小麦为例［J］. 江西社会科学（8）：39-45.

王铮，韩钰，胡敏，等，2016. 地理本性进化与全球地缘政治经济基础探析［J］. 地理学报（6）：940-955.

王正毅，1999. 21 世纪中国的地缘发展战略［J］. 南开学报（哲学社会科学版）（6）：63-71.

王智新，靳思嘉，2022. 地缘政治风险的测度与经济效应分析［J］. 重庆工商大学学报（社会科学版）（2）：86-96.

王仲瑀，2017. 京津冀地区能源消费、碳排放与经济增长关系实证研究［J］. 工业技术经济（1）：82-92.

魏泳安，2020. 习近平新时代粮食安全观研究［J］. 上海经济研究（6）：14-23.

魏中京，张兵兵，2018. 全球经济政策不确定性冲击与国际粮食价格波动：理论与实证分析［J］. 经济问题（3）：90-95.

温铁军，2015. 粮食金融化挑战中国粮食安全［J］. 农村工作通讯（4）：36.

温铁军，计晗，高俊，2014. 粮食金融化与粮食安全［J］. 理论探讨（5）：82-87.

温忠麟，叶宝娟，2014. 中介效应分析：方法和模型发展［J］. 心理科学进展（5）：731-745.

吴玲霞，2020. 贸易战和新冠疫情背景下中国稳定粮食价格策略研究［J］. 价格月刊（8）：20-23.

吴巧生，陈亮，张炎涛，等，2008. 中国能源消费与 GDP 关系的再检验：基于省际面板数据的实证分析［J］. 数量经济技术经济研究（6）：27-40.

吴献金，黄飞，付晓燕，2008. 我国出口贸易与能源消费关系的实证检验［J］. 统计与决策（16）：101-103.

夏天，2008. 粮食真的能源化了吗？来自农产品与原油期货市场的经验证据［J］. 农业技术经济（4）：11-18.

肖方昕，张晓通，2020. 中国在非洲铁路建设的地缘政治风险及应对［J］. 国际关系研究（3）：39-67，155-156.

辛毅，李宁，温铁军，2015. 我国应对国际粮食市场"金融化"的对策研究［J］. 价格理论与实践（2）：87-90.

新华社，2021. 中共中央关于党的百年奋斗重大成就和历史经验的决议［EB/OL］. http：//www. gov. cn/zhengce/2021-11/16/content _ 5651269. htm.

新华社微博，2022. 习近平：只有攥紧中国种子，才能端稳中国饭碗［EB/OL］. http：//www. xinhuanet. com/2022-04/11/c _ 1128549235. htm.

新华网，2022. 习近平看望参加政协会议的农业界社会福利和社会保障界委员［EB/OL］. http：//www. gov. cn/xinwen/2022-03/06/content _ 5677564. htm.

新华网，2022. 俄乌冲突增加全球粮食供应风险［EB/OL］. http：//www. news. cn/world/2022-03/14/c _ 1128468713. htm.

新华网，《习近平总书记在中法全球治理论坛闭幕式上的讲话》，https：//www. ccps. gov. cn/xxsxk/zyls/201903/t20190327 _ 130579. shtml.

邢新廷，2010. 我国大宗农产品价格影响因素分析［J］. 经济学动态（9）：21-22.

熊琛然，王礼茂，屈秋实，等，2020. 地缘政治风险研究进展与展望［J］. 地理科学进展
　　（4）：695-706.

熊文，王铮，2012. 新地缘政治经济框架下的经济危机可能性模拟［J］. 世界地理研究（4）：
　　1-12，22.

修阳，2020. 浅析粮食金融化实质［J］. 中国饲料（1）：107-110.

徐建山，2012. 论油权：初探石油地缘政治的核心问题［J］. 世界经济与政治（12）：115-
　　132，159-160.

徐振宇，李朝鲜，李陈华，2016. 中国粮食价格形成机制逆市场化的逻辑：观念的局限与体
　　制的制约［J］. 北京工商大学学报（社会科学版）（4）：24-32.

严复雷，张语桐，崔钟月，等，2022. 基于非参多元 Expectile 模型的原油价格风险测度研
　　究——宏观不确定性视角［J］. 中国管理科学（6）：1-14.

央视网，2020. 习近平在中央农村工作会议上强调　坚持把解决好"三农"问题作为全党工
　　作重中之重　促进农业高质高效乡村宜居宜业农民富裕富足［EB/OL］. https://news.
　　china. com/zw/news/13000776/20201230/39127841. html.

杨薇，2021. 中国金融发展对能源消费的影响研究［D］. 吉林：东北师范大学.

叶盛，2019. 粮食金融化与粮食价格：影响关系与传导路径［D］. 重庆：西南大学.

叶盛，谢家智，涂先进，2018. 粮食金融化能够解释粮食价格波动之谜吗？［J］. 农村经济
　　（5）：52-56.

叶自成，等，1998. 地缘政治与中国外交［M］. 北京：北京出版社.

尹靖华，2016. 国际能源对粮食价格传导的生产成本渠道研究［J］. 华南农业大学学报（社
　　会科学版）（6）：70-82.

尹靖华，2017. 能源价格与粮食价格关系的研究综述［J］. 浙江外国语学院学报（1）：
　　95-101.

应瑞瑶，郑旭媛，2013. 资源禀赋、要素替代与农业生产经营方式转型：以苏、浙粮食生产
　　为例［J］. 农业经济问题（12）：15-24，110.

于海洋，张微微，2021. 传统地缘政治理论的批判及中立性地缘议程建构的可能［J］. 社会
　　科学（11）：17-27.

于宏源，2021. 地缘政治与全球市场：全球资源治理的两种逻辑［J］. 欧洲研究，39（1）：
　　102-122，7-8.

余福海，彼得·韦恩斯，2020. 后疫情时代的欧盟粮食安全战略：改革趋向、体系架构与政
　　策启示［J］. 世界农业（12）：30-38，128.

袁平，2013. 国际粮食市场演变趋势及其对中国粮食进出口政策选择的启示［J］. 南京农业
　　大学学报（社会科学版）（1）：46-55.

原毅军，郭丽丽，孙佳，2012. 结构、技术、管理与能源利用效率：基于 2000—2010 年中国省际面板数据的分析 [J]. 中国工业经济 (7)：18-30.

张菡，2017. 地缘政治事件、金融危机与全球原油价格体系：基于内生结构性突变的实证分析 [J]. 金融评论 (3)：21-46，123.

张建华，2021. 全球化视角下国际粮价波动对我国粮食市场的影响研究：基于对大豆、玉米国际市场价格波动传导的影响分析 [J]. 价格理论与实践 (3)：58-61.

张俊华，花俊国，唐华仓，等，2019. 经济政策不确定性与农产品价格波动 [J]. 农业技术经济 (5)：110-122.

张礼卿，2019. 地缘政治风险加大，国际原油价格大起大落 [J]. 国际金融研究 (1)：11.

张丽华，姜鹏，2012. 地缘环境变迁与中国粮食安全战略选择 [J]. 理论探讨 (5)：141-144.

张娜，牛翠萍，2017. 中国粮食市场收购价的特殊波动规律性 [J]. 价格月刊 (9)：7-12.

张秋明，2007. 浅谈我国海外能源（主指石油）投资与地缘政治风险 [J]. 国土资源情报 (9)：5.

张微微，2010. 对冲突性地缘政治观的分析与反思 [J]. 学术论坛 (8)：70-75.

张务锋，2018. 加快建设粮食产业强国 [EB/OL]. http://www.rmlt.com.cn/2018/0910/527909.shtml.

张晓通，许子豪，2020. "一带一路"海外重大项目的地缘政治风险与应对：概念与理论构建 [J]. 国际展望 (3)：80-96，156.

张振霞，2016. 粮食金融化视角下粮食安全问题思考 [J]. 中国农业资源与区划 (2)：195-198.

赵川，宋艳，2021. 新冠感染疫情对中国粮食价格的冲击及应对策略：以大豆为例 [J]. 价格月刊 (3)：8-14.

赵进文，范继涛，2007. 经济增长与能源消费内在依从关系的实证研究 [J]. 经济研究 (8)：31-42.

赵丽霞，魏巍贤，1998. 能源与经济增长模型研究 [J]. 预测 (6)：33-35，50.

赵留彦，2007. 通货膨胀预期与粮食价格动态 [J]. 经济科学 (6)：30-42.

赵欣，姚兰，2019. 地缘政治视角下东北亚海岸线与第二次鸦片战争 [J]. 社会科学战线 (10)：137-145.

中共中央党史和文献研究院，2019. 习近平关于"三农"工作论述摘编 [M]. 北京：中央文献出版社.

中共中央文献研究室，中共湖南省委《毛泽东早期文稿》编辑组，2013. 毛泽东早期文稿 1912—1920 [M]. 长沙：湖南人民出版社.

中国人民银行，2022. 关于做好疫情防控和经济社会发展金融服务的通知 [EB/OL]. http://www.scio.gov.cn/xwfb/gwyxwbgsxwfbh/wqfbh_2284/49421/49669/xgzc49675/202307/

t20230704 _ 724814. html.

中国文明网，2021. 百年伟业"三农"华章：中国共产党在"三农"领域的百年成就及其历史经验 ［EB/OL］. http：// www. moa. gov. cn/jg/leaders/lingdhd/202112/t20211224 _ 6385425. htm.

中国新闻网，2022. 联合国粮农组织：俄乌冲突致世界粮价创历史新高 ［EB/OL］. https：// baijiahao. baidu. com/s？id＝1729540935264361816&.wfr＝spider&.for＝pc.

中华人民共和国国务院新闻办公室，1996. 中国的粮食问题 ［EB/OL］. https：//www. gov. cn/zhengce/2005-05/25/content _ 2615740. htm.

中华人民共和国国务院新闻办公室，2019. 中国的粮食安全 ［EB/OL］. http：//www. scio. gov. cn/ztk/dtzt/39912/41906/index. htm.

中央广播电视总台，2021. 中央深改委会议　习近平为这些事指明方向 ［EB/OL］. https：// www. xuexi. cn/lgpage/detail/index. html？id ＝ 5851702253299964916&.amp；item _ id ＝ 5851702253299964916.

周寂沫，2011. 粮食贸易"金融化"趋势分析及对策研究 ［J］. 社会科学辑刊 （3）：111-115.

周君婷，应瑞瑶，李天祥，等，2021. 经济政策不确定性与中国小麦价格波动：基于 SV-TVP-SVAR 模型的分析 ［J］. 世界农业 （6）：40-51，111.

周平，2016. "一带一路"面临的地缘政治风险及其管控 ［J］. 探索与争鸣 （1）：83-86.

周强，杨宇，刘毅，等，2018. 中国"一带一路"地缘政治研究进展与展望 ［J］. 世界地理研究 （3）：1-10，64.

周兴，2015. 粮食金融化对我国粮食安全影响的研究 ［D］. 长沙：湖南大学.

周勇，谭恒鑫，张腾元，等，2021. 贸易政策不确定性对中国企业农产品进口影响研究 ［J］. 宏观经济研究 （8）：59-70，98.

朱四海，2008. 粮食安全与国家粮食贸易政策 ［J］. 中共南京市委党校学报 （6）：36-41.

朱晓华，杨秀春，2001. 灾害对我国粮食生产的影响及其模式 ［J］. 农业系统科学与综合研究 （3）：196-198.

朱智敏，2015. 中国粮食价格波动特征研究：基于 ARCH 类模型 ［J］. 中国物价 （10）：64-66，88.

Abadie A，Gardeazabal J，2003. The Economic Costs of Conflict：A Case Study of the Basque Country ［J］. American Economic Review （1）：113-132.

Akarca A T，Long T V，1980. On the Relationship between Energy and GNP：Re-examination ［J］. Journal of Energy and Development （2）：326-311.

Bacon，Christopher M，2015. Food sovereignty，food security and fair trade：the case of an influential Nicaraguan smallholder cooperative ［J］. Third World Quarterly （3）：469-488.

Baffes J，2007. Oil spills on other commodities ［J］. Resources Policy （3）：126-134.

Barnett R C，Thompson B，1983. The Money Supply and Nominal Agricultural Prices［J］. American Journal of Agricultural Economics（2）：303-307.

Brown L R，1994. Who will feed China［J］. The Futurist（1）：14-18.

Caldara D，Iacoviello M，Duflo E，2022. Measuring Geopolitical Risk［J］. American Economic Review：112.

Charles H，Godfray J，2010. Food Security：The Challenge of Feeding 9 Billion People［J］. Science（327）：812.

Chen S T，Kuo H I，Chen C C，2010. Modeling the relationship between the oil price and global food prices［J］. Applied Energy（8）：2517-2525.

Chesney M，Reshetar G，Karaman M，2010. The impact of terrorism on financial markets：An empirical study［J］. Journal of Banking and Finance（2）.

Chikhuri，Krishna，2013. Impact of alternative agricultural trade liberalization strategies on food security in the Sub-Saharan Africa region［J］. International Journal of Social Economics（3）：188-206.

Conceicao，Pedro，Ronald，2009. Anatomy of the Global Food Crisis［J］. Third World Quarterly（6）：1159-1182.

Deng X，Huang J，Rozelle S，et al.，2006. Cultivated land conversion and potential agricultural productivity in China［J］. Land Use Policy（4）：372-384.

Dorosh P A，2008. Food Price Stabilisation And Food Security：International Experience［J］. Bulletin of Indonesian Economic Studies，（1）.

Gearoid O. Tuathail，1996. General Introduction：Thinking Critically about Geopolitics［M］. London：Routledge.

Gkillas K，Gupta R，Pierdzioch C.，2020Forecasting realized gold volatility：Is there a role of geopolitical risks?［J］. Finance Research Letters：35.

Hassan T T D R M，2009. Economic Impact of Climate Change on Crop Production in Ethiopia：Evidence from Cross-section Measures［J］. Journal of African Economies（4）：529-554.

Heidari H，Katircioglu S T，Saeidpour L，2015. Economic growth，CO_2 emissions，and energy consumption in the five ASEAN countries［J］. International Journal of Electrical Power & Energy Systems（1）：785-791.

Henryson J，Hkansson T，Pyrko J，2000. Energy efficiency in buildings through information-Swedish perspective-ScienceDirect［J］. Energy Policy（3）：169-180.

Islam Y，Malik S，1996. Food security and human development in South Asia：An overview［J］. Journal of Asian Economics（2）：251-263.

Lee C C，2005. Energy consumption and GDP in developing countries：A cointegrated panel analysis [J]. Energy Economics (3)：415-427.

Luo P，Tanaka T，2021. Food Import Dependency and National Food Security：A Price Transmission Analysis for the Wheat Sector [J]. Foods (8)：1715.

Masih A，Masih R，1997. On the temporal causal relationship between energy consumption，real income，and prices：Some new evidence from Asian-energy dependent NICs Based on a multivariate cointegration/vector error-correction approach [J]. Journal of Policy Modeling：19.

Masters M W，2008. Committee on Homeland Security and Governmental Affairs [J]. line in the sand confronting the threat at the southwest border (5)：143-156.

Matthews，A，2014. Trade rules，food security and the multilateral trade negotiations [J]. European Review of Agricultural Economics (3)：511-535.

Mitchell D，2008. A note on rising food prices [J]. Policy Research Working Paper：4682.

Moon W，2012. Is agriculture compatible with free trade? [J]. Ecological Economics (1)：13-24.

Ozcan B ，Ozturk I，2019. Renewable energy consumption-economic growth nexus in emerging countries：A bootstrap panel causality test [J]. Renewable and Sustainable Energy Reviews (4)：30-37.

Ozcan B，2013. The nexus between carbon emissions，energy consumption and economic growth in Middle East countries：A panel data analysis [J]. Energy Policy (11)：1138-1147.

Ozturk I ，Asian R，Kalyoncu R，2010. Energy consumption and economic growth relationship：Evidence from panel data for low and middle income countries [J]. Energy Policy (8)：4422-4428.

Parry M，Rosenzweig C，Livermore M，2005. Climate change，global food supply and risk of hunger [J]. Philosophical Transactions of the Royal Society B：Biological Sciences (1463) .

Rask K J，Rask N，2011. Economic development and food production-consumption balance：A growing global challenge [J]. Food Policy (2)：186-196.

Rosegrant M W，Kasryno F，Perez N D，1998. Output response to prices and public investment in agriculture：Indonesian grain crops [J]. Journal of Development Economics (2)：333-352.

Sadler M，Magnan N，2011. Grain import dependency in the MENA region：risk management options [J]. Food Security (1)：77-89.

Sadorsky P，2009. Renewable energy consumption and income in emerging economies [J]. Energy Policy (10)：4021-4028.

Saunders P J，1988. Causality of U. S. Agricultural Prices and the Money Supply：Further Empirical Evidence [J]. American Journal of Agricultural Economics (3) .

Serra T, 2011. Volatility spillovers between food and energy markets: A semiparametric approach [J]. Energy Economics (6): 1155-1164.

Smil V, 1995. Who Will Feed China? [J]. China Quarterly (143): 801-813.

Sugden C, 2010. Responding to High Commodity Prices [J]. Asian-Pacific Economic Literature (1): 79-105.

Tanaka T, Hosoe N, 2011. Does agricultural trade liberalization increase risks of supply-side uncertainty? Effects of productivity shocks and export restrictions on welfare and food supply in Japan [J]. Food Policy (3): 368-377.

Trostle R, 2008. Global Agricultural Supply and Demand: Factors Contributing to the Recent Increase in Food Commodity Prices [J]. electronic outlook report from the economic research service.

Uzunoz M, Akcay Y, 2009. Factors Affecting the Import Demand of Wheat in Turkey [J]. Bulgarian Journal of Agricultural Science (1): 60-66.

Veeman T S, Sudol M, Veeman M M, et al., 1992. Cereal Import Demand in Developing Countries [J]. 1992 Occasional Paper Series (6).

后 记

习近平总书记指出，"粮食安全是'国之大者'。悠悠万事，吃饭为大"，"当前，全球粮食产业链供应链不确定风险增加，我国粮食供求紧平衡的格局长期不会改变"，这是新时代做好我国粮食安全保障工作的总体判断和根本遵循。在中国共产党团结带领全国各族人民全面建成社会主义现代化强国、实现第二个百年奋斗目标，以中国式现代化全面推进中华民族伟大复兴的新征程中，我们应时刻警醒、保持战略定力、防范地缘政治风险对我国粮食价格的影响。

本书包括以下几方面的内容。第一，运用地缘政治学、经济学等理论，就地缘政治风险对粮食价格的作用机制进行理论解析。第二，基于我国粮食价格政策演进的历史阶段特征，分析地缘政治风险对粮食价格影响的演进，并剖析保持粮食价格基本稳定面临的现实困境。第三，采用时间序列 VAR 模型分析方法，实证研究地缘政治风险对粮食价格的影响效果。第四，从粮食金融化、粮食进出口贸易、能源价格三个方面，深刻分析地缘政治风险对粮食价格的传导渠道及影响效果。第五，提出保障粮食价格稳定的机制和对策。

借本书出版之际，对河南省高等学校哲学社会科学创新人才支持计划、河南省高等学校青年骨干教师培养计划资助表示感谢，对所有提供帮助和资料借鉴的专家、学者、研究人员表示诚挚的感谢。

在本书的写作过程中，参阅了大量的文献资料，借鉴了大量学者和专家的研究成果，在此，向这些专家学者们表示深深的谢意。同时，对中国农业出版社编辑的辛苦付出表示由衷的谢意。向参与资料搜集、数据整理和校对的庞文斌、范晶晶、牛健敏、高笑笑、郝甜甜表示感谢。

李文启

2023 年 6 月

图书在版编目（CIP）数据

地缘政治风险影响中国粮食价格的传导机制与实证研
究 / 李文启著 . —北京：中国农业出版社，2023.9
（中国粮食经济与安全丛书）
ISBN 978-7-109-31071-1

Ⅰ . ①地… Ⅱ . ①李… Ⅲ . ①地缘政治学－影响－粮
食－物价波动－研究－中国 Ⅳ . ①F323.7

中国国家版本馆 CIP 数据核字（2023）第 168570 号

地缘政治风险影响中国粮食价格的传导机制与实证研究
DIYUAN ZHENGZHI FENGXIAN YINGXIANG ZHONGGUO LIANGSHI JIAGE
DE CHUANDAO JIZHI YU SHIZHENG YANJIU

中国农业出版社出版
地址：北京市朝阳区麦子店街 18 号楼
邮编：100125
责任编辑：赵　刚　王佳欣　张林芳
版式设计：王　晨　责任校对：吴丽婷
印刷：北京通州皇家印刷厂
版次：2023 年 9 月第 1 版
印次：2023 年 9 月北京第 1 次印刷
发行：新华书店北京发行所
开本：720mm×960mm　1/16
印张：18.75
字数：316 千字
定价：115.00 元